DIE TUTTLE-ZWILLINGE
und das
INFLATIONS-INFERNO

Connor Boyack
Zeichnungen von Elijah Stanfield

© 2021 Connor Boyack
Alle Rechte vorbehalten.

ISBN 978-1-943521-68-5

Die Tuttle-Zwillinge und das Inflationsinferno

Covergestaltung: Elijah Stanfield
Herausgeber: Connor Boyack, Libertas Press
Deutsche Übersetzung und Satz: Enno Samp
Lektorat: Annika Hundt

Gedruckt bei flyerheaven.de

Mehr Bücher von Connor Boyack und seinen Tuttle-Zwillingen

Für Kinder

    Die Tuttle-Zwillinge und das Gesetz
    Die Tuttle-Zwillinge und der wunderbare Bleistift
    Die Tuttle-Zwillinge und das Ungeheuer von Jekyll Island
    Die Tuttle-Zwillinge und der Ärger um die Imbisswagen
    Die Tuttle-Zwillinge auf der Suche nach Atlas
    Die Tuttle-Zwillinge und die Goldene Regel
    Die Tuttle-Zwillinge auf dem Weg nach Surfdom
    Die Tuttle-Zwillinge und ihr spektakuläres Showbusiness
    Die Tuttle-Zwillinge im Bildungsurlaub
    Die Tuttle-Zwillinge und der gefährliche Leviathan

Für Jugendliche

    Dieses ist das erste Tuttle-Buch für Jugendliche.
    Die Serie wird fortgesetzt.

Weitere Bücher und Abenteuer der Tuttle-Zwillinge für Kinder und Jugendliche folgen.

www.kinder-der-freiheit.com

Inhalt

Im Auto 1
Der Plan 4
Am Flughafen 8
Gelandet 11
Vorzeitige Abreise 15
Schon wieder zurück 19
Auf dem Markt 20
Mercado Libre 22
Mercado Imbissstand „Nein" 24
Mercado Imbissstand „Ja" 26
ABC Markt 29
Noch einmal zum Geldautomaten 33
Der Geschäftsführer 35
Auf dem Weg nach Ychu 38
Stehenbleiben 41
Hinsetzen 42
Verdächtige Haltestelle 43
Aussteigen 45
Im Bus bleiben 47
Weiter im Bus 48
Taxifahrt 52
Zurück im Bus 58
Ein Tag frei 59
Leichtes Erdbeben 61
Meine Dollars werden schon reichen 64
Geld abheben 69
Erholungstag 72
Abbruch 76
Abflug sofort 79
Einen Tag warten 82
Erdbeben 84
Ankunft bei den Ruinen 90
Exklusive Führung 97

Keine exklusive Führung	103
Zusammen mit Thon	108
Die Erde bebt	117
Mit Jorge oder nicht?	121
Nicht mit Jorge	124
Auf dem Weg zu Thons Dorf	127
Im Dorf	132
Mit Jorge	135
Thon hinterher	138
Weiter mit Jorge	140
Nicht ins Hotel	146
Ins Hotel	149
Raus aus dem Hexenkessel	156
Ins Feuer	161
Die zerstörte Stadt	176
Im Bus	181
Blut	183
Ankunft im Stadion	185
Ohne Blut	188
Warten im Stadion	190
Auf zur Botschaft	195
Die provisorische Botschaft	202
Ersatzbotschaft	206
Bei der Botschaft bleiben	211
Auf ins Internet-Café	212
Endlich drinnen	217
Ein Telefon!	225
Zurück zur Botschaft	236
Abschied aus dem Café	238
Weiter mit Pietro	239
Zurück zur Botschaft	245
Von der Botschaft aus nach Hause	248
Das Abenteuer geht weiter	253
Wir versuchen es auf einem anderen Weg	263
Weiter auf der Autobahn	266

Immer noch auf der Autobahn	269
Über die Grenze	278
Der Geldhai	280
Im Flüchtlingslager	285
Auf dem Weg aus Thons Dorf	290
Bergsteigen	301
Vor den Banditen verstecken	305
Lauft!	310
Auf der Flucht	315
Beim Pater	318
Abschied nehmen	322
Pater Augustin	326
Die brennende Kirche	330
Überraschungen	339
Durch die Straßensperre	345
Ein anderer Ausweg	350
Abschied von Travis	354

Im Auto

„Habt ihr auch eine Jacke mit eingepackt?", fragte Mom. „Man kann gar nicht zu vorsichtig sein. Ihr wisst nie, was alles passieren kann auf so einer Reise."

„Ja, Mom", antwortete Ethan. „Sogar zwei Jacken. Eine leichte und eine dickere. Wir haben zweiundsechzig Stück Wechselsachen zum Anziehen dabei – plus die Unterwäsche. Du hast es selbst ja auch alles kontrolliert. Mehr als einmal. Wir sind fünfzehn Jahre alt, nicht sechs!" Dazu verdrehte er die Augen. Aber egal ob er schon fünfzehn war oder noch nicht, er achtete darauf, dass Mom es nicht sah.

Emily schaute aus dem Fenster und beobachtete, wie die Straße an ihr vorbeiflog. Ihre Straße. Äste bewegten sich in der frischen Morgenbrise, als wenn sie sich verabschieden wollten. Aber das war albern. Sie kommen ja wieder zurück. Selbstverständlich würden sie zurückkommen.

Ethan prüfte seine Hüfttasche. Diese war extra so gestaltet, dass Taschendiebe keine Chance hatten. In dieser Hüfttasche hatte er die „kritischen" Dinge verstaut – den Reisepass, Geld, Notfallkontakte und eine kleine Landkarte. Immer wieder öffnete er die Tasche, überprüfte den Inhalt mit seinen Fingern und zog den Reißverschluss dann wieder zu. Das machte er alle paar Minuten. So ähnlich, wie manche Menschen einen Talisman immer wieder berühren. Emily lehnte sich gegen das Fenster. Dad schaute über den Rückspiegel zu den beiden, so oft er konnte. Als wenn er sicher gehen wollte, dass sie tatsächlich noch da waren.

„Aufgeregt?", fragte er schließlich. Emily war sich nicht sicher, ob er damit meinte, dass er selbst aufgeregt sei, oder ob er fragen wollte, ob sie es wären.

Aber sie war aufgeregt. Ihr Magen rumorte. „Ein wenig", gab sie zu.

„Sehr", sagte Ethan.

„Ihr werdet Jorge mögen. Da bin ich sicher. Sein Vater Maita war ein sehr guter Reiseführer auf unserer Wanderung nach Ychurichuc damals. Er hat uns sehr viele interessante Dinge auch abseits der üblichen Route gezeigt."

„Über die Wanderung mache ich mir keine Gedanken, Dad", sagte Ethan. „Mich beunruhigt der Teil der Reise bis dorthin."

Mom lachte etwas. „Du hast es ja so genau geplant, wie es überhaupt möglich ist. Seit zwei Jahren hast du diese Reise praktisch auf die Minute genau geplant."

„Das war auch gut so", sagte Emily. „Wer weiß, wie teuer es sonst geworden wäre. Mit seiner intensiven Recherche und den günstigen Angeboten, die er entdeckt hat, hat Ethan uns hunderte Dollars gespart."

„Eintausendeinhundertzweiundsiebzig Dollar und sechszehn Cent", sagte Ethan.

„Wirklich?", fragte Mom und drehte sich zu ihnen um.

„Nein, nicht wirklich", sagte Ethan und grinste. „Ich habe nicht wirklich *alles* berücksichtigt."

Und auch abseits der Kosten hatte Ethan so viele Dinge wie möglich berücksichtigt. Seit er die Fotoalben von Dads alten Urlaubsreisen entdeckt hatte, hatte er alles, was er nur irgendwie finden konnte, über die Inkas, das alte Land Allqukilla und die historischen Ruinen on Ychurichuc gelesen.

Und nicht nur er. All die Architektur, die gestuften Pyramiden oder die von Hand gebauten Aquädukte hatten Emily zwar nicht beeindruckt. Aber dann war Ethan auf etwas Mysteriöses gestoßen: *Quipu*. Das war eine mysteriöse Knotenschrift der Inkas. Und Geheimnissen und Mysterien konnte Emily einfach nicht widerstehen. Von dem Moment an war sie genauso Feuer und Flamme gewesen wie Ethan.

Sie fuhren an dem Platz vorbei, auf dem sie damals ihren Jahrmarkt veranstaltet hatten. Das war eine von einem halben Dutzend

Aktionen gewesen, mit denen sie sich das Geld für ihre Reise erarbeitet hatten.

„Ich helfe euch mit allem, was möglich ist – außer bei der Finanzierung", hatte Dad gesagt. „Das Geld dafür müsst ihr selbst verdienen."

Alles zusammen kostete es mehrere tausend Dollar, selbst mit all den Angeboten und Frühbucherrabatten, die Ethan entdeckt hatte. Über zweieinhalb Jahre hatten sie jeden Penny dafür gespart.

Der große Verzicht, den diese Sparsamkeit bedeutet hatte, wurde Emily nun noch einmal ganz plötzlich bewusst, als sie an einer Einkaufspassage vorbeifuhren. All ihre Freundinnen hatten gefühlt pausenlos von den Modeläden, den Restaurants und ihren Besuchen in dem neuen Kino gesprochen. Emily kannte all das nur von ihren Erzählungen, sie war fast nirgends dabei gewesen. Stattdessen hatte sie als Babysitterin gearbeitet, Rasen gemäht, Kuchen gebacken, Förderer angesprochen und vieles mehr. Einfach alles, was ihr irgendwie eingefallen war, um ein paar weitere Dollars für die Reisekasse zu verdienen und sie beide damit wieder ein kleines Stückchen näher dazu zu bringen, Ychurichuc selbst zu sehen.

Jetzt saßen sie also im Auto und waren auf dem Weg zum Flughafen.

Der Plan

Die Fahrt zum Flughafen war ihnen noch nie so kurz vorgekommen.

Ethan wusste, dass Emily auch aufgeregt war. Sie aber lehnte gegen das Fenster, ließ die Stadt an sich vorbeiziehen und schien dabei vollkommen ruhig und gelassen.

Ethan dachte, dass er von außen betrachtet wahrscheinlich auch ruhig aussah. Niemand außer ihm selbst konnte fühlen, wie sich sein Magen bei jeder kleinen Unebenheit auf der Straße immer wieder drehte. Niemand wusste, dass er im Kopf immer wieder die Flugdaten, die Wechselkurse und ihre Geldreserve für den Fall, dass irgendetwas schief gehen sollte, durchging. In seinem Gepäck hatte er Ausdrucke von all diesen Dingen dabei – die Hotelangaben, die Bus-Route und die Stadtpläne der kleinen Städte bei den Ruinen, die sie besuchen wollten. Zur Sicherheit hatte er von allem noch eine Kopie in dem kleinen Rucksack, der neben ihm auf dem Boden stand. Außerdem kannte er das meiste davon längst auswendig.

Der Himmel war strahlend blau. Am Flughafen sahen sie kein Wölkchen am Himmel, sondern nur den Kontrollturm und einige wartende Flugzeuge.

Dad blickte wieder in den Rückspiegel und sah dabei in Ethans Augen. Er war sich unsicher, wie er Ethans Blick deuten sollte. Dann räusperte er sich und sagte: „Warum gehst du nicht alles noch ein weiteres Mal mit uns durch, mein Sohn?"

Ethan nickte und sagte: „Okay. Wir nehmen Flug 317. U.S. Southern Air nach Mexico City. Dort steigen wir um in die Maschine von AeroSud nach Taquewawa Municipal Airport. Dort ist eine andere Zeitzone. Also müssen wir unsere Uhren beim Abflug in Mexico eine Stunde vorstellen."

„Und dort tauscht ihr dann auch das Geld um, richtig?", fragte Mom – als wenn sie darüber nicht schon Dutzende Male gesprochen hätten.

Ethan schüttelte den Kopf. „Nein, das machen wir erst, wenn wir in Allqukilla sind. Also so spät wie möglich. Der Kurs wird umso besser für uns, je länger wir warten."

Emily war aus ihren Gedanken wieder aufgetaucht und sagte: „Heute früh war der Kurs 50 *Saladera* pro Dollar. Das ist sechs mehr als noch am Dienstag."

„Gut mitgedacht", sagte Ethan.

„Natürlich, du Dummkopf. Ich denke immer mit. Nur manchmal achte ich eben auf andere Dinge als du."

Ethan wandte sich wieder an seinen Vater. „Dort nach der Ankunft gibt es Geldautomaten am Flughafen. Das ist die beste Möglichkeit, um mit unseren Kreditkarten Geld abzuheben. Wir heben etwas Geld ab, um Proviant für den Rest der Reise zu kaufen. Denn im Flugzeug dürfen wir ja nichts mitnehmen."

„Ich würde so gerne ein paar Äpfel aus unserem Garten mitnehmen", sagte Emily. Sie nahm einen Apfel aus ihrer Jackentasche und biss genussvoll hinein.

„Emily!", sagte Mom. „Diese Äpfel sind für den Kuchen für die Wohltätigkeitsveranstaltung! Du weißt genau, dass keine anderen Äpfel so gut schmecken wie unsere eigenen."

„Entschuldigung", sagte Emily mit vollem Mund. Sie kaute und schmatzte. „Ich konnte einfach nicht widerstehen. Da ich den Apfel nicht mit ins Flugzeug nehmen darf, esse ich ihn lieber jetzt."

Ethan schnaubte. „Den hättest du schön zuhause am Baum lassen sollen."

Emily biss noch einmal besonders geräuschvoll zu. „Aber dann hätte ich schließlich nicht einen einzigen mitbekommen."

„Schluss jetzt", sagte Dad. Sie waren an der Abflughalle angekommen. Er fuhr auf die Parkspur und fragte: „Und was macht ihr, nachdem ihr den Proviant gekauft habt?"

„Wir nehmen den Bus nach Ychurichuc. Die Fahrt dauert sechs Stunden. Wenn wir ankommen, ist das Hotel gleich auf der anderen Seite des Platzes von der Bushaltestelle aus. Dort haben wir zwei Tage, um uns die Gegend anzuschauen, bevor die Tour losgeht."

Mom sagte: „Und danach kommt ihr dann wieder zu mir nach Hause."

„Wir haben dann noch drei Tage dort bei den Ruinen", sagte Ethan. „Und *dann* kommen wir wieder nach Hause."

„Habt ihr genug Geld dabei?", fragte Mom.

Emily lachte und zeigte ihr eine Hand voller Scheine. „Das sollte wohl reichen."

„Emily!", rief Mom. „Wo kommt das denn her …?"

Emily lachte nochmal und steckte das Geld schnell zurück in ihre Hüfttasche. „Das hatte ich noch extra gespart. Und ein kleines Geschenk von Oma ist auch noch darin enthalten."

„Das solltest du besser hierlassen", meinte Ethan. „Wir haben genug Geld dabei. Das haben wir ja mindestens viermal genau durchgerechnet."

„Ich möchte einfach die Möglichkeit haben, noch etwas zu kaufen, wenn es mir gefällt", sagte Emily.

Dad parkte das Auto und stieg aus. Ethan und Emily schauten sich an und spürten jeweils die Nervosität des anderen. Nun ging es also los.

Am Flughafen

Ethan und Emily schleppten ihr Gepäck zur Schlange vor dem Check-in-Schalter und warteten zusammen mit ihrer Mutter, bis sie an der Reihe waren. Dad parkte das Auto und kam dann nach. Die Zwillinge waren früher schon mal am Flughafen gewesen, aber Emily wunderte sich, wie neu und unbekannt ihr alles erschien. Der Gummigeruch des Kofferförderbands. Das Klicken der Koffer, wenn die Schlösser einrasteten. Und sie spürte Moms Hand auf ihrem Arm – warm und fest.

Klar, war sie aufgeregt. Es war die erste große Reise der beiden Zwillinge alleine. Aber Emily konnte es auch kaum erwarten, dass es endlich losging.

Die Koffer wogen jeweils exakt 19,5 kg. Genau ein halbes Kilo unter dem Limit. Das war wenig überraschend, denn Ethan hatte beide Koffer zuhause mehrfach gewogen. Sie zeigten ihre Pässe vor und bekamen ihre Bordkarten. Ihr Gepäck verschwand hinter dem Schalter und rollte nun zur Sicherheitskontrolle.

Dann kam der Abschied.

Mom hatte feuchte Augen, als sie die beiden umarmte. „Seid vorsichtig. Und kommt mir gesund zurück", sagte sie.

„Mom", sagte Ethan und rollte mit den Augen. „Selbstverständlich kommen wir heil zurück. Es wird eine großartige Reise werden. Wir haben alles ganz genau geplant."

Dad umarmte Emily. „Wir haben euch lieb. Habt eine tolle Zeit."

„Das werden wir, Dad. Das ist das Spannendste, was wir bisher gemacht haben", sagte Emily. Hinter einem breiten Lachen verbarg sich ihre Aufregung.

Die Riemen von Emilys Rucksack drückten auf ihre Schultern, als sie sich zu ihrer Mutter beugte und dieser einen Abschiedskuss gab. Vielleicht hatte sie doch ein bisschen zu viel eingepackt, aber sie hatte sich nicht entscheiden können, welche Bücher sie mitnehmen wollte.

Die brauchte sie, denn lesen auf dem Smartphone war einfach nicht das gleiche.

Die Schlange vor der Sicherheitskontrolle war kurz an diesem Morgen. Es waren nur wenige Leute vor ihnen.

„Ethan Tuttle", sagte Ethan und zeigte der Sicherheitsmitarbeiterin seine Bordkarte und seinen Pass. Die schaute ihn kaum an. Sie blätterte flink durch die Seiten in seinem Pass, sah dort keine Eintragungen und zeigte dann ein schmales Lächeln. Mit einem Filzstift markierte sie seine Bordingkarte.

„Nächster", sagte sie.

„Emily Tuttle." Auch Emily wurde genauso und auch genauso teilnahmslos abgefertigt. Wie musste es wohl sein, stundenlang dort zu sitzen und Papiere zu kontrollieren, die nahezu immer korrekt waren? Ob das wohl Spaß machte? Emily dachte, dass sie lieber etwas ganz anderes arbeiten würde. „Der allerschlimmste Job überhaupt", flüsterte sie zu Ethan, als sie ihre Taschen leerten und die Schuhe auszogen, bevor sie durch die Röntgenkontrolle gingen.

Emily würde es nicht aushalten, so eingesperrt arbeiten zu müssen. Eher würde sie als Reiseleiterin arbeiten. Oder noch besser: als eine berühmte Archäologin! Sie könnte dann das Rätsel von *Quipu* lösen und die Botschaft der Knoten entziffern. Danach würde sie von überall weitere Aufträge bekommen, um solche mysteriösen Rätsel zu entschlüsseln.

Als sie am Gate ankamen, hatten sie noch eine Stunde Wartezeit. Emily nahm eines ihrer Bücher aus dem Rucksack, um die Zeit zu überbrücken. Ihren Eltern war es wichtig gewesen, frühzeitig da zu sein, für den Fall, dass die Sicherheitskontrolle länger dauern würde. „Bürokraten sind nicht gerade für ihre Schnelligkeit bekannt", hatte Dad gesagt. Ethan öffnete seinen Rucksack und nahm die wasserdichte Hülle mit den Reiseunterlagen heraus. Emily bemerkte, dass er sie nicht wirklich las. Es hielt sie einfach nur in den Händen, um so zu spüren, dass all ihre Arbeit endlich Realität geworden war.

Aber sie spürte eine ganz besondere Schwingung – als wenn Ethan fühlte, dass ihre sorgfältigen Pläne bald über den Haufen geschmissen würden. Schnell schüttelte sie dieses gruselige Gefühl ab und vertiefte sich in ihr Buch.

Gelandet

Ethan hatte schon gedacht, der Flug würde ewig dauern. Aber mit der Vorfreude auf die tollen Dinge, die sie nun bald erleben würden, verging die Zeit tatsächlich wie im Flug. Gerade als die Zwillinge etwas unruhig wurden, setzte die Maschine zum Landeanflug auf Allqukilla an. Dort nahmen sie ihr Gepäck in Empfang und stellten sich in der Schlange vor der Zollkontrolle an.

Emily zog die Riemen von Ethans Rucksack stramm, dann tat Ethan das gleiche bei seiner Schwester. Sie rüttelten alles so zu Recht, dass die Rucksäcke bequem saßen. Ethan hatte das – selbstverständlich – vorher zuhause schon einmal ausprobiert. Und es hatte gut gepasst. Aber er hatte nicht erwartet, dass er so lange damit stehen und warten müsste. Die Schlange vor der Zollkontrolle bewegte sich nur im Schneckentempo. Aber sie hatten keine andere Wahl – sie mussten durchhalten.

Vor ihnen stand ein sehr übergewichtiger Mann in einem total verschwitzten Hemd. Er trug eine kleine Aktentasche und schob einen braunen Koffer mit seinen Füßen alle paar Minuten ein kleines Stückchen weiter vorwärts. Dahinter war eine Mutter, die versuchte, ihr kleines Kind ruhig zu halten, das leise weinte und immer und immer wieder sagte, dass es hungrig sei. Nachdem Emily ihm einen Apfel aus ihrem Rucksack gegeben hatte, ging es ihm gleich besser.

Ethan schüttelte mit dem Kopf. Sie winkte ab und verschloss ihren Rucksack wieder. „Das war der letzte", sagte sie. „So muss ich nicht einmal lügen, wenn ich gleich sage, dass ich keine Lebensmittel dabei habe."

Falls sie überhaupt jemals irgendjemandem etwas erklären müssten … woran Ethan allmählich zweifelte. Dad hatte schon Recht gehabt mit seiner Einschätzung der Bürokraten.

Der übergewichtige Mann wackelte in Richtung Schalter. Er hatte eine heftige Auseinandersetzung mit der Zollbeamtin und sie winkte ihn weiter zu zwei bewaffneten Männern in Uniform, die bei einem schmutzigen Holztisch standen. Er legte seinen Koffer darauf und öffnete ihn. Ethan war gespannt, was er wohl darin haben würde, aber er hatte keine Zeit mehr, um das mitzubekommen. Denn die nächste Zollbeamtin winkte ihn zu sich. Endlich.

Ethan und Emily gaben ihr ihre Pässe. Die Beamtin stöhnte und schaute hinein. „Touristen?", fragte sie.

„Sí", sagte Ethan. Die Beamtin kommentierte den Versuch der Gringos, Spanisch zu sprechen, mit einem weiteren Stöhnen. Sie nahm einen Stempel, knallte diesen in die Pässe und gab sie ihnen zurück.

„Willkommen in Allqukilla", sagte sie trocken und rief dann die nächste Person aus der Schlange zu sich.

Sollte das schon alles gewesen sein?

„Das war's?", fragte Emily.

„Scheint so", antwortete Ethan und rollte seinen Koffer vorwärts. „Jetzt sind wir offiziell eingereist. Was auch immer das bedeutet."

Vor ihnen war eine durchgehende Front von Glaswänden und das helle Nachmittagslicht drang dadurch in den gefliesten Innenraum ein. Auf der rechten Seite gab es mehrere Telefone. Links war eine Reihe von Schließfächern, dazwischen ein Geldautomat.

„Wir brauchen Bargeld", sagte Ethan. Aber Emily war abgelenkt durch die Fernsehbildschirme auf einer Wand in der Nähe. Die Sendung war auf Spanisch. Aber die gezeigten Grafiken machten es mehr als deutlich, worum es in dem Bericht ging.

„Ein Erdbeben", sagte Emily und zeigte auf die Bildschirme.

„Das scheint nur eine Warnung zu sein", sagte Ethan. „Das hier ist ein geologisch aktives Gebiet. Aber es gab seit sechzig Jahren kein großes Beben mehr."

„Es scheint aber, dass nun eines kommen wird."

„Mir scheint es, dass es keinen Grund gibt anzunehmen, dass es jemals wieder dazu kommen wird. Komm weiter."

Ethan zog seinen Koffer rüber zum Geldautomaten, öffnete seine Hüfttasche und nahm seine Kreditkarte raus. Der Geldautomat zog die Karte geradezu vergnüglich ein und Ethan hatte einen Moment lang Sorge, ob er sie wohl auch wieder hergeben würde.

„Schau", sagte Ethan. „Die *Saladera* ist weiter gefallen, der Dollar gestiegen. Es gibt noch einmal zehn mehr, als wenn wir gestern schon gewechselt hätten." Irgendwie faszinierte ihn die lange Abwärtsbewegung der lokalen Währung. Jeden Tag gab es neue Nachrichten über die Inflation. Es muss ziemlich übel sein, wenn man *Saladeras* als sein normales Geld hat, dachte er sich.

Aber Emily interessierte das gerade überhaupt nicht. Sie war gefesselt von den Fernsehnachrichten. Ein Mann erklärte gerade eine Grafik. Es sah aus wie ein Seismograf. Der Reporter stellte ihm Fragen dazu und der Mann nickte und schüttelte sich schließlich ganz komisch.

„Willst du auch Geld wechseln?", fragte Ethan.

Emily drehte sich vom Bildschirm weg. „Ja, ich denke schon. Ich hab' ein paar Dollars. Damit könnte ich zu der Wechselbude da drüben gehen. Wobei es ja heißt, dass es am Geldautomaten günstiger ist. Wie ist denn der Kurs dort?"

„Einundsechzig fünfzig je Dollar."

Emily kniff die Augen zusammen, um die Anzeige an der Bude zu entziffern. „Fünfundfünfzig dort drüben. Also nehme ich auch das Geld von meinem Konto und behalte die Dollars so. Bestimmt kann ich die auch später noch gebrauchen."

Wie Ethan zuvor steckte sie ihre Kreditkarte in den Automaten und nahm kurz darauf ein dickes Bündel an bunten Scheinen aus dem Automaten.

Jetzt schaute Ethan die Fernsehsendung. „Mein Spanisch ist nicht so gut für geologische Themen. Aber ich glaube, sie sagen, dass Wissenschaftler davor warnen, dass es sehr bald ein starkes Erdbeben geben könnte. Die Grafiken zeigen anscheinend, dass es in letzter Zeit eine Serie von kleinen Minibeben entlang der Linie dort gab. Ich denke … Ich kann den Akzent nur schlecht verstehen."

„Was machen wir nun, Ethan?", fragte Emily. Ihr Gesicht war ganz blass geworden. „Ein großes Erdbeben hier wäre schrecklich. Was, wenn wir dann nicht nach Hause kommen?"

Du entscheidest, wie es weiter geht.
Für „Vorzeitige Abreise" lies weiter auf der nächsten Seite.
Ansonsten geht's weiter „Auf dem Markt" auf Seite 20.

Vorzeitige Abreise

Die Schlange am Ticketschalter zog sich endlos. Anscheinend waren sie nicht die einzigen, die dachten, dass es besser wäre, die Stadt möglichst schnell zu verlassen. So standen Ethan und Emily also an – vor ihnen ein sichtlich nervöser Geschäftsmann und drei Jugendliche in Kampfuniformen hinter ihnen. Geduld war aber anscheinend bei niemandem von ihnen eine Stärke.

Die drei kämpferisch gekleideten Jugendlichen unterhielten sich hektisch in einer Mischung aus Spanisch, Englisch und noch einer anderen Sprache, die Emily nicht kannte. Am meisten benutzten sie dabei Schimpfworte für das Land an sich und den Flughafen im Speziellen. Der Geschäftsmann vor ihnen blickte ungefähr alle zwanzig Sekunden auf seine Uhr, jeweils gefolgt von einem tiefen Seufzer.

Einer der Jugendlichen stolperte etwas und stieß dabei gegen Emily. Sein kleinerer Freund fauchte daraufhin Emily an, als wenn es ihre Schuld gewesen wäre. Aber derjenige, der gestolpert war, beruhigte den anderen gleich wieder. „Sorry", sagte er zu Emily mit einem deutlichen Akzent. „Kein Spaß, hier in Schlange stehen."

Er hatte dichtes schwarzes Haar, das teilweise von seiner Baseballmütze bedeckt war. Auch seine Augen waren so dunkel, als wenn sie unendlich tief wären, dass es unmöglich war, bis auf den Grund zu sehen. Emily errötete. „Nein, das macht wirklich keinen Spaß", antwortete sie.

Sein Blick wanderte von Emily zu Ethan und wieder zu Emily zurück. „Wart ihr hier für Urlaub?"

Sie nickte. „Nur, dass wir noch gar keinen Urlaub hatten. Wir sahen die Erdbebenwarnung und wollen nun versuchen, unseren Flug umzubuchen … auf früher …" Sie wollte nicht zugeben, dass sie gerade erst vor zwei Stunden angekommen waren und den Flughafen noch gar nicht verlassen hatten.

Der Junge lachte. „Das ist clever. Gleich in die große Maschine?" Er begann sich zu bewegen und zu zucken, als wenn er in einer Folge von Star Trek mit dem Schiff unter Beschuss wäre.

Da lachte selbst Ethan. Endlich bewegte sich auch die Schlange wieder ein paar Zentimeter vorwärts. Emily fragte: „Wollt ihr auch wegen des Erdbebens weg?"

Der Junge übersetzte das für seine Kumpel, die die Stirn runzelten und sich wegdrehten. „Wir sind von Ecuador", sagte er. „Unser Urlaub jetzt zu Ende. Wir müssen zurück nach Ecuador zu Army."

„Ihr seid in der Armee?" fragte Emily. Dabei hoffte sie, dass sie nicht ganz so beeindruckt klang, wie sie es tatsächlich war.

„Sí", sagte er und lachte sie an. „Gestern sie haben uns zurückgerufen. Kann sein, dass auch bei uns Probleme mit Erdbeben gibt."

„Tatsächlich?", sagte sie und schaute sich um, um zu sehen, ob Ethan ihnen noch zuhörte. Das tat er. „Dann war es wohl die richtige Entscheidung, dass wir uns zur Abreise entschieden haben."

„Sehr clever Mädchen", sagte der Junge und tippte sich an die Schläfe. „Aber bei letzte Warnung nichts passiert. Vielleicht dieses Mal wieder nichts passiert."

Auf den restlichen Metern bis zum Schalter dachte Emily weiter darüber nach. Dort stellte es sich heraus, dass gerade die letzten Plätze für den Rückflug nach Hause morgen früh vergeben wurden.

Sie müssten noch ein paar Stunden am Flughafen warten, aber dann könnten sie direkt wieder an Bord gehen und zurück in die USA fliegen.

Emily hoffte, dass die Jungs hinter ihnen – also eigentlich nur der eine – noch Zeit hätten, um ihnen in der Wartezeit für eine Stunde oder so zumindest ein wenig von dem Land rund um den Flughafen zu zeigen. Dann könnten sie später wenigstens sagen, dass sie in der kurzen Zeit zumindest ein kleines bisschen von dem Land gesehen hatten. Aber es stellte sich heraus, dass bei seinem Flug schon in einer Stunde das Boarding begann.

So verabschiedete sich Emily mit einem Handschlag, der vielleicht einen Moment länger dauerte als nötig.

Dann wartete sie und schlenderte in der verbleibenden Zeit zusammen mit ihrem Bruder durch den Flughafen, bis ihre Maschine bereit zum Start war.

Von einem der Telefone in der Halle rief Ethan bei Mom und Dad an, um ihnen die Situation zu erklären.

„Wir haben die Erdbebenwarnung auch gesehen", sagte Dad. „Das sieht schon sehr gefährlich aus. Es scheint nicht wie sonst der Versuch, aus einem Nichts eine große Meldung zu machen."

„Das haben wir auch gedacht", sagte Ethan, aber er klang nicht sehr glücklich damit. „Hier sind sehr viele Menschen, die versuchen, das Land zu verlassen. Wenn wir nicht gleich umgebucht hätten, weiß ich nicht, ob wir noch einen Flug bekommen hätten."

„Wie gut, dass ihr euch so schnell entschieden habt", lobte sein Vater. „Auch wenn es mir leid tut um eure geplante Tour. Vor allem, nachdem ihr so hart dafür gearbeitet habt."

„Ja. Aber die Ruinen bleiben ja, wo sie sind. Wenn wir dann demnächst im Lotto gewinnen, können wir ja noch einmal herkommen."

Dann verabschiedete sich Ethan. Mom schien sogar ein wenig froh zu sein, dass sie nun schon früher wieder zurückkamen.

„Wir tun genau das Richtige", sagte er zu Emily. Aber es schien ihr, als wenn er damit vor allem sich selbst überzeugen wollte.

Der Rückflug war schrecklich. Niemand von ihnen sagte auch nur ein Wort.

Beide dachten sie an das Geld, für das sie so viel gearbeitet hatten und das sie so lange gespart hatten. Alles war nun weg für eine Reise, die sie so schnell wieder abgebrochen hatten.

Immerhin hatten sie einen Stempel in ihre Pässe bekommen und sie haben ein anderes Land gesehen, wenn auch nur für eine äußerst kurze Zeit.

Also war das Geld nicht ganz umsonst ausgegeben gewesen – auch wenn es sich so anfühlte.

Weiter geht es mit „Schon wieder zurück" auf der nächsten Seite.

Schon wieder zurück

Wie sich herausstellte, gab es ein Erdbeben in Allqukilla nur wenig später, nachdem Ethan und Emily wieder auf dem Rückweg waren. Es war ein eher kleines Beben mit der Stärke 4,3 auf der Richterskala. Es gab kleinere Schäden in der Stadt, einige Stromleitungen wurden zerstört, eine Wasserleitung ist gebrochen, wodurch Teile der Innenstadt überspült wurden. Aber es hat keine dauerhaften Schäden gegeben. Die Ruinen wurden nicht beschädigt und das Leben in dem Land ging weiter wie üblich.

Beinahe. – Denn durch die sehr hohe Staatsverschuldung hatte die Regierung des Landes schon länger Mühe, all ihre Rechnungen zu bezahlen. Die Zentralbank benutzte das Erdbeben als Vorwand, um noch viel mehr Geld aus dem Nichts zu schaffen. Es wirkte ein bisschen wie historische Nachrichtensendungen, als der Kurs der Saladera immer neue Höhen erklomm und schließlich außer Kontrolle geriet. Die Inflation erreichte 25%. Dann 40%. 110%. 1.000%. Die Leute kamen mit einer Schubkarre voller Bargeld, um ein wenig zu Essen zu kaufen. Es erinnerte Dad an die Hyperinflation in Deutschland nach dem Ende des Ersten Weltkriegs. Auch damals kamen die Leute mit Wäschekörben voller Geld, um damit ein paar kleine Einkäufe bezahlen zu können.

Die Zwillinge haben die Nachrichten aus dem Land natürlich besonders aufmerksam und intensiv verfolgt. Sie sahen, wie die Währung immer und immer mehr an Wert verlor, bis sie schließlich fast vollkommen wertlos war. Die Dinge standen sehr schlecht um Allqukilla.

Vielleicht würden Ethan und Emily irgendwann später noch einmal die Möglichkeit zu einer Reise dorthin bekommen. Immerhin würde es für sie dann wohl deutlich billiger dort sein, als es jetzt bei ihrem ersten Versuch gewesen war.

ENDE.

Auf dem Markt

Sie haben ihre Koffer in eines der Schließfächer gepackt, eine Münze in den Schlitz geworfen und den Schlüssel mitgenommen. Emily nahm einen stabilen Beutel aus ihrem Rucksack, damit sie ihren Einkauf an Proviant und einigen weiteren Dingen damit transportieren konnten. Sie gingen über die Fliesen im Schachbrettmuster zum Haupteingang des Flughafens. Dieser war das Tor zum Beginn ihres wirklichen Abenteuers.

Ethan hielt mit seiner Hand an der Tür kurz an, als wenn er vor einer wichtigen Entscheidung noch einmal tief durchatmen müsste. Dann ging er hindurch und Emily flitzte hinter ihm her und drehte einige Pirouetten im hellen Sonnenlicht.

Es war die gleiche Sonne am Himmel und das gleiche, weite Blau, aber es war doch irgendwie anders, beinahe ein wenig außerirdisch. Sie fühlte einen Teil von sich zum Leben erwachen. Einen Teil, von dem sie bisher gar nicht gewusst hatte, dass er in ihr war. Sie nahm kräftige, tiefe Atemzüge und versuchte, all die neuen Gerüche so gut wie möglich zu identifizieren. Es gab einen scharfen Geruch und es roch nach Schweiß. Von irgendwo wehte ein strenger Geruch einer ihr völlig unbekannten Frucht herüber, und dann waren da noch die Abgase aus den Auspuffen und hunderte andere Gerüche, die sie nicht kannte.

Vor dem Eingang zum Flughafen gab es einen großen Kreisverkehr. Dieser war in der Mitte wunderschön bepflanzt. Exotisches Rot, Blau und Gelb blühten um die Wette. Und zweifellos kamen auch einige der unbekannten Gerüche von dort herübergeweht. Auf der gegenüberliegenden Seite des Kreisels floss der Verkehr mit einem unablässigen Gehupe und mit Wolken von Abgasen. Es gab eine breite Fußgängerbrücke über die Straße, an deren anderer Seite ein Schild mit der Aufschrift „Mercado Libre" stand.

„Mir scheint, da drüben ist ein Markt", sagte Ethan und warf einen Blick auf seine Karte. „Und gleich diese Straße runter gibt es einen ‚ABC Markt', einen großen Lebensmittelladen. Da gibt es sicher alles, was wir brauchen."

> *Du entscheidest, wie es weiter geht.*
> *Mit dem Besuch von „Mercado Libre" auf der nächsten Seite.*
> *Oder im „ABC Markt" auf Seite 29.*

Mercado Libre

Die Sonne brannte ihm heiß im Nacken. Aber das war es gar nicht, was Ethan wirklich schwitzen ließ. Das hier war für ihn komplett unbekanntes Gelände, etwas, das er nicht hatte planen können. Als sie am höchsten Punkt der Fußgängerbrücke über die breite Straße waren, konnten sie den Markt von oben überblicken, der sich rund um den Fuß der Brücke auf der anderen Seite ausbreitete. Es war eine unglaubliche Vielzahl von Farben, die grell und blendend in der Mittagssonne leuchteten.

Ethan vermutete, dass *libre*, also ‚frei', bedeuten musste, dass es erlaubt war zu verkaufen, was immer man wollte. Das nahmen die Allqukillans sehr wörtlich.

„Ist das ein … Drache?", fragte Emily. Sie zeigte auf einen Metallzaun, hinter dem etwas Grünes und Schuppiges mit gezacktem Kamm auf seinem Rücken eingesperrt war.

„Wenn ich nicht sicher wüsste, dass es keine Drachen gibt, würde ich sagen, ja, es ist einer", antwortete Ethan. „Ich kenne das spanische Wort für ‚Drache' nicht. Was ist mit dir? Du interessierst dich doch so für diese mythischen Dinge."

Sie schüttelte den Kopf. „Ich bin schon froh, wenn ich es schaffe, mit *una naranja* eine Orange zu kaufen."

„Immerhin scheint es hier welche zu geben", sagte Ethan. „Dort drüben. Da haben sie auch so ziemlich alles andere, was wir brauchen."

Er schaute auf seine Liste. Dort hatte er sicherheitshalber alle benötigten Dinge sowohl in englischer als auch in spanischer Sprache aufgeschrieben.

„Ich habe aber auch Hunger. Lass uns auch etwas Warmes zu essen kaufen." Gleich am Eingang zu ‚Mercado Libre' standen zwei sehr bunten Wägen, aus denen es dampfte und duftete.

„Wollen wir davon etwas nehmen? Ob das sicher ist?", fragte Emily.

Du entscheidest, wie es weiter geht.
Essen die Zwillinge an einem dieser Wagen? Dann blättere zu „Mercado Imbissstand ‚Ja'" auf Seite 26.
Wenn die Zwillinge sich dagegen entscheiden, geht's weiter auf der nächsten Seite.

Mercado Imbissstand „Nein"

Die Speisen, die an den beiden bunten Wagen angeboten wurden, wirkten auf die Zwillinge schon etwas unheimlich. Also gingen sie mit knurrenden Mägen weiter durch die Tore auf den Markt. Am ersten Stand gab es sehr schön gewebte Wolldecken. Emily strich langsam mit ihrer Hand darüber. Aber die Decken waren viel zu teuer, als dass sie eine hätte kaufen können. Und außerdem waren sie ja aus einem ganz anderen Grund hier.

Es gab ein unglaublich vielfältiges Angebot an den verschiedenen Ständen. Da waren kunstvolle Schnitzereien aus weichem, orangefarbenem Stein oder handgearbeitete Ledertaschen. Die Lebensmittel- und Imbissstände schienen alle am Rand des Marktes zu sein. Bei den Bauern gab es so ziemlich jede nur denkbare Frucht … und auch manche eigentlich unvorstellbare Sorten waren dabei. Die Zwillinge kauften einiges an köstlich aussehendem Obst und frischem Gemüse.

Die Preise waren übrigens wirklich günstig.

„Wie können die ihr Obst nur so billig verkaufen?", fragte Emily und biss in eine Mango.

„Weil sie keine Nebenkosten haben. Oder höchstens sehr geringe. Sie haben auch kaum Kosten für Gebäude und Maschinen, und es gibt hier kaum gesetzliche Regulierungen für die Landwirtschaft. Erinnerst du dich noch, was der Vorteil der Imbisswagen mit den leckeren Tacos zuhause war? Sie hatten gegenüber den Restaurants deutlich geringere Kosten und konnten deshalb günstiger anbieten."

„So wird es hier dann wohl auch sein." Emily bedankte sich auf Spanisch. Die Verkäuferin nickte und lachte sie freundlich an.

„Vermutlich spricht sie selbst kaum Spanisch. Ich schätze, sie spricht Quechua oder eine andere der hiesigen Indianersprachen."

„Gut, dass wir hierhergekommen sind. Die Auswahl ist sicher viel größer, als sie es im Supermarkt gewesen wäre. Und höchstwahrscheinlich ist es hier auch noch billiger."

„Außerdem gibt es auf dem Bauernmarkt immer die frischesten Waren."

Mit den gut gefüllten Taschen machten sich die Zwillinge zurück auf den Weg zum Flughafen, um ihr Gepäck zu holen und dann zur Bushaltestelle zu gehen.

Weiter geht es „Auf dem Weg nach Ychu" auf Seite 38.

Mercado Imbissstand „Ja"

„Warum nicht?", meinte Ethan. „Wir sind ja schließlich auch hier, um neue Dinge auszuprobieren. Oder?"

„Genau", sagte Emily. „Und es riecht wirklich köstlich."

Der erste Wagen verkaufte Empanadas und Tacos. Am zweiten gab es Reis und Bohnen mit Schweine- oder Hähnchenfleisch. „Das sieht gut aus", sagte Ethan. Emily entschied sich für die Empanadas. Anschließend wollte sie dann noch frische Früchte als Nachspeise kaufen.

Ethan stellt sich hinter zwei andere Leute in die Schlange und beobachtete, wie der Verkäufer dem Mann ganz vorne eine große Portion Fleisch und Bohnen gab. Er sah ihn nicht, aber er merkte, dass hinter ihm noch jemand kam, den der Verkäufer offensichtlich nicht mochte.

„Hey, du!", rief der Verkäufer plötzlich. „Verschwinde von hier!" Dabei zeigte er auf den Mann hinter Ethan. Ethan dachte erst, dass er gemeint sei. Aber der Verkäufer kam hinter seinem Wagen hervor und ging auf den Mann hinter Ethan zu.

Der war klein, mit fettigen Haaren und einem schmutzigen T-Shirt. Mit starrem Blick fixierte er den Verkäufer, machte vorsichtig einen Schritt zurück und hob seine Hände in die Höhe.

„Hat er dich berührt?", fragte der Verkäufer Ethan in perfektem Englisch.

„Nein, … ich glaube nicht", sagte Ethan.

Der Mann redete nun seinerseits aggressiv auf Spanisch auf den Verkäufer ein. Dabei zeigte er auf den Verkaufswagen und, soweit Ethan es verstehen konnte, ging es um die Bohnen.

„Du willst doch gar keine Bohnen", sagte der Verkäufer, so langsam und deutlich, dass Ethan es verstehen konnte. „Du willst das Geld von diesem Jungen hier. Verschwinde und komm nie wieder."

Damit hatte der Mann genug und rannte weg.

Der Verkäufer wandte sich wieder an Ethan. „Aasgeier", sagte er, jetzt wieder in englischer Sprache. „Er hat gesehen, wie du vom Flughafen hergekommen bist und ist dir gefolgt."

„Aber warum?", fragte Ethan.

„Um dich zu bestehlen, natürlich", sagte der Verkäufer und ging wieder hinter seinen Wagen. Er bediente die beiden Leute vor ihm und machte sich dann an die Portion für Ethan. Er nahm ein Fladenbrot, schnitt es in der Mitte ein, so dass es eine Tasche ergab, und füllte es mit Reis und Bohnen.

„Kommst du aus Amerika?", fragte er.

„Ja", sagte Ethan. „Vielen Dank, dass Sie mich davor bewahrt haben, bestohlen zu werden. Aber ich glaube nicht, dass er an mein Geld rangekommen wäre."

Emily kam mit einer großen Schachtel Tacos zu ihm herüber. „Was war denn los?", fragte sie.

Ethan berichtete ihr von dem kleinen Mann. Anschließend sagte Emily zu dem Verkäufer: „Das war sehr freundlich von Ihnen. Aber warum haben Sie das gemacht? Ich meine, was haben Sie davon, dass wir nicht bestohlen werden …?"

„Wenn er euer Geld klaut, wie wollt ihr dann noch bei mir einkaufen?" Damit gab er Ethan die mit Reis, Bohnen und reichlich Fleisch gefüllte Pita-Tasche. „Das macht 200 *Saladeras*. Du kannst mir aber auch Dollars geben. Dann wären es zwei Dollar."

„Zwei Dollar?", fragte Ethan. „Aber der aktuelle Kurs ist ungefähr sechzig zu eins. Demnach müsste ich Ihnen mindestens drei Dollar geben."

„Der Kurs interessiert mich nur am Rande, mein Junge. Mit geht es darum, wofür ich anschließend am meisten bekommen kann. Da sind die Dollars klar im Vorteil. Dann ist es mir egal, welche Wechselkurse irgendwelche Banker oder Politiker festgelegt haben."

„Einverstanden", sagte Ethan. „Hier haben Sie zwei Dollar."

Emily schaute auf ihre Uhr und wurde etwas unruhig. „Komm jetzt. Wir müssen noch Proviant einkaufen und unser Gepäck wieder abholen, bevor der Bus abfährt."

Weiter geht es „Auf dem Weg nach Ychu" auf Seite 38.

ABC Markt

Die Zwillinge gingen die Brücke herunter und warfen einen kurzen Blick auf den Markt. Hier konnte anscheinend so jeder alles verkaufen, was er wollte. Dann gingen sie die Straße herunter zum ABC Markt. Der Eingang war hell und einladend.

„Das sieht ja genauso aus wie im Supermarkt bei uns zuhause", sagte Emily.

„Genau deshalb sind wir hergekommen. Dann war das ja die richtige Entscheidung", meinte Ethan. „Wir werden schon noch jede Menge der hiesigen Kultur sehen und erleben. Aber wenn es um mein Essen geht, bin ich gerne auf der sicheren Seite."

Die Automatiktür öffnete sich und eine Geruchswolke aus dem Supermarkt wehte ihnen entgegen. Allerdings war das nicht im Entferntesten das, was sie erwartet hätten.

„*Das* riecht aber gar nicht nach Supermarkt", sagte Emily. „Es riecht eher nach saurer Milch."

Zusammen mit ihnen kamen auch einige Fliegen durch die Tür in das Geschäft geflogen.

„Tja, so ist das nun. Lass uns schnell machen", sagte Ethan und ging hinein.

Jede Menge Menschen drängten sich durch die Gänge. Die Regale waren auch nicht so sortiert wie bei ihnen zuhause. Vielmehr schienen die unterschiedlichen Produkte wahllos irgendwo eingeräumt zu sein.

Als sie an einem Seitengang vorbeikamen, kam ein Mann herausgeschossen und stieß mit dem Kopf voran mit Ethan zusammen. Sein Einkaufskorb mit Früchten und Broten fiel auf den Boden.

„Lo siento!", rief der Mann viel zu laut auf Spanisch. „Es tut mir leid", sagte er dann auf Englisch.

Ethan torkelte ein wenig, der Mann kam zu ihm herüber und redete die ganze Zeit auf Spanisch auf ihn ein. Ethan sagte: „Ist schon gut. Ich bin okay", aber der Mann schien völlig verzweifelt. Er klopfte den Schmutz von Ethans Kleidung und machte damit immer weiter, auch als längst schon kein Staubkörnchen mehr zu sehen war.

„Du bist verletzt!", sagte der Mann. „Blutest du?"

Ethan drehte seinen Arm, um nachzuschauen. Da floss es rot von seinem Unterarm in Richtung Ellenbogen – etwas Rotes mit einigen Samen. Eine Tomate war bei dem Zusammenstoß zerquetscht worden.

„Nein, nein", sagte Ethan, dessen Gesicht nun etwas rot angelaufen war. „Mir geht's gut. Es ist alles in Ordnung." Er versuchte dem Mann zu erklären, dass er nicht verletzt war, nicht mal ein bisschen.

Derweil sammelte Emily den Einkauf des Mannes vom Boden auf, packte alles zurück in den Einkaufskorb und versuchte dabei, den Staub, der nun an dem Brot klebte, zu übersehen. „Hier", sagte sie. „Es ist alles wieder da."

„Bis auf eine Tomate", sagte Ethan und deutete auf seinen Arm. Der Mann schaute einen Moment ins Leere, dann überzog ein breites Grinsen sein Gesicht und er begann zu lachen.

„Genau. Eine Tomate. Ich hatte sie schon vermisst", dabei lachte er, als wenn das der beste Witz sei, den er jemals gehört hatte. Er entschuldigte sich noch einmal und ging dann mit der gleichen Geschwindigkeit weiter, in der er mit Ethan zusammengestoßen war.

„Bist du wirklich okay?", fragte Emily.

„Ja, ich denke schon", antwortete Ethan und schaute sich nach seiner Liste um. Emily hob sie vom Boden auf.

„Hast du danach gesucht?"

„Genau ...", sagte Ethan, der immer noch etwas verdattert aussah. Seine Hand tastete nach seiner Hüfttasche.

Sein Gesicht wurde blass. „Aber jetzt suche ich noch etwas ganz anderes ..." Er wirbelte herum, starrte auf den Fußboden, schaute unter das Regal und klopfte seine Taschen ab.

„Was?", fragte Emily. „Was suchst du denn?"

„Mein Geld", sagte Ethan. „Es ist *weg*." Und damit rannte er in die Richtung davon, in die der Mann verschwunden war. Emily lief in Richtung Ausgang. Denn wenn der Mann noch im Geschäft war, so musste er schließlich dort vorbeikommen. Nach fünf Minuten ohne Erfolg lag die Vermutung nahe, dass er längst entwischt war.

Ihr Verdacht wurde bestätigt, als Ethan grimmig um die Ecke kam. Sein Einkaufskorb baumelte an seinem Arm. „Er ist weg", sagte er. „Ich habe überall nachgeschaut."

„Wie ist er denn an dein Geld gekommen?"

Ethan tippte auf seine Hüfttasche. „Als er mir den Staub abgeklopft hat vermutlich. Der typische Zaubertrick. Er hat mich mit der Tomate abgelenkt und konnte dann die Tasche öffnen, da ich auf etwas ganz anderes konzentriert gewesen war."

„Hast du deine Papiere noch?", fragte Emily und hatte dabei die Hand auf ihrer eigenen Tasche, als wenn diese sich von selbst öffnen könnte und ihr Geld herausfallen könnte.

Ethan nickte. „Er hat nur das Geld. Nicht einmal alles. Die Dollars sind noch da. Aber alle meine *Saladeras* sind weg."

„Wie gut, dass du da dieses Geheimfach hast", sagte Emily. „Nun denn. Dann lass uns jetzt aber unsere Sachen einkaufen. Und wir bezahlen mit meinem Geld. Du kannst dann ja noch einmal zum Geldautomaten gehen, bevor wir den Bus nehmen."

Du entscheidest, wie es weiter geht.
Erst einkaufen und dann „Noch einmal zum Geldautomaten" auf der nächsten Seite.
Oder gehen die Zwillinge vorher noch zum Geschäftsführer des Supermarkts? Dann lies weiter auf Seite 35.

Noch einmal zum Geldautomaten

Für Emily war es, als wenn sie Ethan durch den Laden ziehen musste. Er verhielt sich, als wenn er ein gebrochenes Bein hätte oder so. Außerdem wurde er immer ganz nervös, sobald sich jemand ihnen näherte. Eine blonde Frau vor ihnen in der Kassenschlange lachte ihn an und er erwiderte ihr Lachen verlegen.

Sie fragte: „Seid ihr aus den Staaten?"

Ethans Gesicht hellte sich ein wenig auf. „Ja, genau."

„Wir wollen die Ruinen besuchen", sagte Emily. Zum ersten Mal nach einer ganzen Weile konnte sie sich ein wenig entspannen.

„Wir fahren nach Süden, entlang der alten Straße der Inkas", sagte die Frau. „Bei den Ruinen waren wir im letzten Jahr."

Ihre Handtasche hing locker über ihrem Arm. „Seien Sie vorsichtig", sagte Ethan. „Ich wurde gerade hier im Geschäft von einem Taschendieb ausgeraubt. Passen Sie gut auf Ihre Handtasche und Ihre Geldbörse auf."

Die Frau machte große Augen. „Das ist nicht wahr, oder? Hier im Laden? Das tut mir aber leid. Ich hoffe, der Kerl hat aber nicht euer ganzes Geld genommen."

„Nein, zum Glück nicht. Aber es war genug, um mich zu lehren, noch deutlich vorsichtiger zu sein", sagte Ethan.

Die Kassiererin begann nun mit dem Einkauf der Frau. „Ich hätte gedacht, dass die Sachen hier billiger wären", sagte die Frau zu den Zwillingen. Dabei dachte sie, die Kassiererin würde sie nicht verstehen.

„Das sagen sie alle", antwortete die Kassiererin in einem guten Englisch. „Sie sollten zu dem Markt auf der anderen Straßenseite gehen. Dort ist es wesentlich günstiger."

Emily fragte: „Warum empfehlen Sie uns das? Sie arbeiten doch hier. Sollen wir etwa nicht hier bei Ihnen einkaufen?"

„Das ist mir egal", sagte die Kassiererin achselzuckend. „Ich werde von ihm dort bezahlt", sagte sie und zeigte auf das Fenster im oberen Stock, von wo man einen Überblick über den ganzen Kassenbereich hatte. „Und er bekommt sein Geld von der Regierung. Ob ihr kommt oder ob ihr nicht kommt, ich bekomme den gleichen Lohn. Das hier ist ein großer Markt, in dem viele Touristen einkaufen. Die bezahlen anstandslos. Also kostet es alles etwas mehr."

Ethan warf Emily einen Blick zu. Er sah verlegen aus. „Das hätte mir auffallen sollen", sagte er. Die blonde Frau hatte bezahlt und den Laden verlassen. Jetzt waren Ethan und Emily an der Reihe.

„Du kannst ja auch nicht an alles denken", sagte Emily zu ihrem Bruder. „Bei uns zuhause gibt es keine staatlichen Supermärkte wie diesen hier", erklärte sie der Kassiererin. Diese zuckte wieder nur die Achseln. Das war anscheinend ihre übliche Reaktion auf fast alles.

„Das hier ist nicht euer Land", sagte sie und gab ihnen den Kassenzettel. Emily bezahlte und bekam einige Münzen an Wechselgeld. Dann gingen sie eilig hinaus. Sie wollten nicht länger als unbedingt nötig im ABC Markt bleiben.

Ethan hob am Geldautomaten noch einmal etwas Bargeld ab. Dabei blickte er sehr verärgert. Emily stand Wache. Sie beobachteten alle Menschen in der Flughafenhalle ganz genau auf ihrem Weg zu den Schließfächern. Zum Glück waren ihre Schließfächer noch verschlossen.

„Öffne du die Fächer. Ich achte währenddessen auf Diebe", sagte Ethan.

Emily nahm den Schlüssel aus ihrer Tasche und steckte ihn ins Schloss. „Dann mal auf zum Bus und endlich so schnell wie möglich raus aus dieser Stadt", sagte sie.

Weiter „Auf dem Weg nach Ychu" auf Seite 38.

Der Geschäftsführer

„Ich will Ihnen einen Diebstahl melden, damit Sie nach dem Täter die Augen aufhalten können." Mit diesen Worten ging Ethan zur Kassiererin. Er brauchte ein paar Minuten, um ihr zu erklären, was passiert war. Die Kassiererin war überhaupt nicht überrascht.

„So etwas passiert hier andauernd", sagte sie zu ihm auf Englisch. „Sie können das dem Manager natürlich erzählen, aber er wird nichts unternehmen."

Aber Ethan ließ nicht locker. Ein brennendes Gefühl von Ungerechtigkeit breitete sich in ihm aus. Es war absolut nicht in Ordnung, dass der Dieb damit so einfach durchkommen konnte.

Zum Büro des Managers ging es über eine schmutzige Treppe. Ethan klopfte an der Tür. Nach einem kurzen Moment hörte er drinnen Schritte, dann wurde die Tür geöffnet.

„Hallo", sagte er. „Mein Name ist Ethan Tuttle und ich wurde in Ihrem Geschäft gerade bestohlen."

Der Manager schaute ihn mit hängenden Schultern an, aber er bat die Zwillinge hinein und schloss die Tür hinter ihnen.

„Lasst mich raten", sagte der Manager. „Jemand hat euch in der Lebensmittelabteilung angerempelt."

„In Ihrem Laden gibt es doch gar keine ‚Abteilungen' …", antwortete Ethan. „Es ist bei den Dosensuppen gewesen."

Der Manager lehnte sich an das Fenster zum Laden hin. „Schaut mal", sagte er. „Die meisten Leute hier im Laden sind Touristen. Ich wette, dass ihr zu den Ychurichuc-Ruinen wollt. Richtig?"

Emily sagte: „Ja, genau."

„Das wollen sehr viele andere auch. Sie kommen hierher mit amerikanischem, englischem oder deutschem Geld in ihren Portemonnaies. Und die Taschendiebe wissen, dass die Touristen hier zu uns in den Laden kommen. Sie warten auf sie und dann stehlen sie das Geld. Und das können sie sehr gut."

„Aber warum tun Sie nichts dagegen?", fragte Ethan. „Es ist doch nicht in Ordnung, dass die Diebe damit einfach so durchkommen."

„Ich kann nichts machen", sagte der Manager. „Es sind nie die gleichen. Auch sind die Touristen nicht lange genug in der Stadt, um Anzeige zu erstatten, selbst wenn wir die Diebe festnehmen könnten. Aber wir können es nicht."

„Die Kassiererinnen müssten es doch sehen, wenn so etwas passiert. Die wissen doch Bescheid", sagte Emily und blickte dabei in den Laden hinunter. Denn von den Kassen aus hatte man einen sehr guten Blick in den Bereich, in dem Ethan bestohlen worden war.

Zu ihrer Überraschung fing der Manager an zu lachen. „Vielleicht bekommen die es mit. Aber es würde mich auch nicht wundern, wenn sie mit den Dieben unter einer Decke stecken."

Ethan ballte seine Faust. Mit aufgeregter Stimme sagte er: „Das ist ja schrecklich! Warum sollten die das tun? Das ist doch auch zu Lasten des Geschäfts."

„Ja, richtig", antwortete der Manager. „Aber es ist nicht zu *deren eigenen* Lasten. Sie bekommen ihren Lohn trotzdem. Das Geschäft gehört der Regierung. Wir alle arbeiten für die Regierung. Wir bekommen alle unseren Lohn völlig unabhängig davon, ob die Kunden zufrieden oder unzufrieden sind. Selbst dann, wenn ihr all eurer Geld hier bei uns verlieren solltet. Es könnte ja sogar sein, dass die Diebe den Kassiererinnen eine Beteiligung anbieten dafür, dass die nichts unternehmen." Er schüttelte seinen Kopf und wirkte plötzlich sehr müde. „Nein. Das ist nicht gut. Ich verstehe sehr gut, dass ihr frustriert seid. Aber nun geht zurück und kauft die Dinge, die ihr braucht. Hoffentlich habt ihr noch genug Geld. Ich werde von hier oben darauf achten, dass ihr nicht noch einmal ausgeraubt werdet."

Emily sah, dass Ethan überlegte, darauf nochmals zu antworten. Aber dann ging er zur Tür. „Vielen Dank trotzdem", sagte Ethan.

„Ich wünsche Ihnen alles Gute, Ethan Tuttle", sagte der Manager, und ergänzte: „Junge Dame." Damit nickte er Emily zum Abschied zu.

Die Zwillinge gingen ernüchtert die Treppe wieder herunter. Sie brauchten nicht lange, um ihren Einkauf zu erledigen. Alle paar Sekunden kontrollierte Ethan, ob seine Hüfttasche noch in Ordnung und verschlossen war. Emily hatte die ganze Zeit eine Hand auf ihrer, selbst, nachdem sie den Supermarkt wieder verlassen hatten und schon auf dem Rückweg zum Flughafen waren.

„Das war eine Lektion, die ich so schnell nicht vergessen werde", sagte Ethan, als er das Schließfach öffnete. „Wenigstens sind unsere Koffer noch da."

Emily umklammerte den Griff ihres Koffers so fest, dass ihre Finger weiß wurden. „Den behalte ich in meiner Hand, bis wir auf unserem Hotelzimmer sind."

„Gut, dass der Busbahnhof gleich um die Ecke ist", sagte Ethan. „Ich freue mich darauf, mich einfach nur hinzusetzen und den Abenteuern für eine Weile nur aus dem Fenster zuzusehen."

Weiter „Auf dem Weg nach Ychu" auf der nächsten Seite.

Auf dem Weg nach Ychu

Auch der Bus entsprach so gar nicht dem, was die Zwillinge erwartet hatten. Mit ohrenbetäubendem Lärm und quietschenden Bremsen kam er vor dem Flughafen zum Stehen. Die Leute in den Warteschlangen an beiden Türen des Busses sprachen mindestens ein Dutzend verschiedener Sprachen. Die Zwillinge überlegten, an welcher Tür sie wohl am ehesten einen Platz bekommen würden. Aber diese Überlegung war unnötig. Denn wie sich ganz schnell herausstellte, bekamen sie gar keinen Sitzplatz, egal über welche Tür. Der Bus war überfüllt. Viele Menschen mussten im Gang stehen.

„Puh – das ist aber eine ziemlich üble Aussicht, bei einer so langen Fahrt die ganze Zeit stehen zu müssen", sagte Emily.

„Immerhin können wir uns auf die Koffer setzen", meinte Ethan. „Das ist wenigstens eine kleine Erleichterung, falls es dabei bleiben sollte, dass wir keinen Sitzplatz bekommen."

Sie warteten, bis sie an der Reihe waren und kletterten die Stufen in den Bus hinauf. Viele Fahrgäste hatten großes Gepäck dabei, einige sogar Käfige mit Tieren, als wenn sie auf einer Reise wären, bei der sie unbedingt ihre Haustiere mitnehmen mussten. Für einen Moment sah es so aus, als wenn gar nicht alle Wartenden hineinpassen würden. Aber mit etwas Drängeln und Drücken kamen dann doch alle mit rein. Mit lautem Knirschen schlossen sich die Türen.

Emily und Ethan standen im Mittelgang – dicht gedrängt zusammen mit Menschen in bunten Ponchos. Einer hatte eine Kiste mit lebendigen Hühnern auf dem Schoß. Schon bald war die betonierte Straße zu Ende und es ging weiter über eine staubige, halbgepflasterte Straße. Diese Straße hatte zwar zwei Spuren, eine in jede Richtung. Aber sie war trotzdem nicht wirklich breit genug, dass zwei Autos aneinander vorbeifahren konnten. Auf ihrem Weg in die Berge fuhr der Bus also immer in der Mitte der Straße. Bei jedem Schlagloch knarrte und knirschte es, als ob der Bus gleich auseinanderfallen würde.

Emily stellte ihren Koffer in die winzige Lücke zwischen einer Frau mit Hühnern und einem Mann, der ein kleines Ferkel auf seinem Schoß hatte. Sie schaute auf die anderen Leute im Mittelgang, die es ähnlich unbequem hatten wie die Zwillinge. Die meisten von denen, die ebenfalls keinen Sitzplatz bekommen hatten, waren wohl auch Touristen. Sie lächelte zaghaft eine Dame an, die ganz in ihrer Nähe stand. Die Frau lächelte nicht zurück, sondern blickte empört von einer Seite zur anderen. Emily drehte ihren Koffer, um sich darauf zu setzen. Als sie sich umdrehte, sah sie hinter sich einen Riesen von einem Mann stehen. Er hatte dunkle Haare und blaue Augen mit einem stechenden Blick. Er hielt sich an einem der Gurte fest, die an der Decke des Busses befestigt waren. Als sie sich setzen wollte, lachte der Mann sie an, als ob er sie auffordern wollte, sich zu setzen.

Du entscheidest, wie es weiter geht.
Mit „Stehenbleiben" auf der nächsten Seite.
Oder „Hinsetzen" auf Seite 42.

Stehenbleiben

Irgendetwas war komisch an dem Lachen des Mannes, dachte Emily. Deshalb blieb sie lieber stehen. Sie folgte seinem Beispiel und hielt sich an einem der Lederriemen fest, die von einer Metallstange am Dach des Busses baumelten. Sie stand breitbeinig und federte mit ihren Knien das viele Ruckeln des Busses ab. Vor ihr saß eine blonde Frau in einem blumigen Kleid auf ihrem Gepäck. Sie hatte Mühe, zu verhindern, ständig von einer Seite zur anderen geworfen zu werden. Als der Bus plötzlich scharf abbog, wurde sie seitlich gegen eine Frau mit einem Korb voller Hühner geschleudert. Dicker weißer Vogelschiss spritzte auf sie von oben bis unten. Sie schrie entsetzt auf. Und die Besitzerin gackerte noch lauter als ihre Hühner. Hinter sich vernahm Emily ein grollendes Lachen des großen Mannes.

Er beugte sich zu ihr hinab und sagte: „Es gibt ja nur wenig Unterhaltung hier im Bus. Da macht es schon Spaß zu sehen, was passiert, wenn ahnungslose Touristen sich auf ihr Gepäck setzen, anstatt stehen zu bleiben und sich festzuhalten."

„Aber Sie haben mich doch auch ermutigt, mich auf meinen Koffer zu setzen!", sagte Emily empört und schaute dann zu dem Schwein auf dem Schoß der Nachbarin neben ihr.

„Na klar. Das wäre bestimmt auch sehr lustig geworden. Aber du bist dafür zu clever."

Emily war sich nicht sicher, ob sie es clever nennen sollte. Es war mehr eine Bauchentscheidung gewesen, nachdem sie den Mann angeschaut hatte, als er sie dazu aufgefordert hatte. Von dem langen Stehen taten ihre Füße langsam weh. Aber immerhin war sie nicht mit Vogelschiss bespritzt worden.

Weiter geht es mit „Verdächtige Haltestelle" auf Seite 43.

Hinsetzen

Emily setzte sich auf ihren Koffer. Sie wollte dem großen Mann nicht näher sein als unbedingt nötig. Der Bus fuhr viel zu schnell durch eine besonders scharfe Kurve. Emily konnte sich nicht halten und prallte mit voller Wucht gegen die Frau mit dem Hühnerkorb. Vogelschiss spritzte aus dem Korb und auf ihr T-Shirt. Es war dick und zähflüssig und roch nach Ammoniak. Der Mann hinter ihr lachte, als wenn er noch nie etwas so Lustiges gesehen hätte. Aber dann reichte er Emily trotzdem die Hand und half ihr wieder auf die Beine.

„Es tut mir leid", sagte er, „aber es ist einfach immer wieder so lustig zu sehen, was passiert, wenn Touristen sich auf ihr Gepäck setzen, anstatt stehen zu bleiben und sich festzuhalten."

„Das hätten Sie mir auch vorher sagen können", empörte sich Emily. Sie wischte sich ab, aber das schien es nur noch schlimmer zu machen. Jetzt war es ein riesiger Fleck über die ganze Vorderseite ihres T-Shirts und sie stank wie ein Hühnerstall.

„Ja, das hätte ich tun können", sagte der Mann. „Aber es ist immer so langweilig auf dieser Busfahrt. Da ist es eine schöne Abwechslung, manchmal so etwas Lustiges zu sehen."

So duftete die Verzierung aus Hühnerschiss auf Emilys T-Shirt während der weiteren Busfahrt durch die Berge weiter vor sich hin.

Weiter geht es mit „Verdächtige Haltestelle" auf der nächsten Seite.

Verdächtige Haltestelle

Ethan hielt sich an den Haltegriffen fest und sah am Fenster die Landschaft vorbeiziehen. Er hätte nicht gedacht, dass es hier so trocken und staubig wäre. Irgendwie hatte er erwartet, dass das ganze Land so sein würde wie die Gegend in und um die Ruinen von Ychurichuc mit ihrem Dschungel und alten Bäumen. Diese Gegend ähnelte dagegen eher dem mittleren Westen der USA. Es war trocken und hügelig und mit hohen Bergen in der Ferne. Der graubraune Boden war hart und steinig. Anscheinend regnete es hier nur sehr selten. Die Straße war voller Schlaglöcher. So fühlte sich die Fahrt für Ethan fast so an, als wenn es durch ein Kriegsgebiet ginge.

Als sie höher in die Berge kamen, wurde das Kreischen des Motors immer lauter. An einer besonders steilen Stelle fürchtete Ethan schon, dass der überladene Bus es nicht bis nach oben schaffen würde. Aber im letzten Moment gab es einen zusätzlichen Ruck, mit dem er die Bergkuppe überwand. Von nun an ging es bergab zu dem Dorf im Tal unter ihnen. Etwa auf halbem Weg nach unten verstummte der Motor jedoch ganz. Der Fahrer schien sehr beunruhigt und trat mit aller Kraft auf die Bremse. Der ganze Bus bebte und rutschte seitwärts. Um ein Haar wäre es zu einem Zusammenstoß mit einem entgegenkommenden Lastwagen gekommen. Dann gelang es dem Fahrer, den Bus zu stabilisieren und kontrolliert bergab rollen zu lassen. An einer Haltestelle kam der Bus zum Stehen und gab dabei einen lauten Seufzer von sich wie ein riesiger, erschöpfter Ochse.

Der Fahrer stand auf, öffnete die Türen und stieg aus. Viele Fahrgäste standen um die Motorhaube herum und sprachen und schrien laut. Die Zwillinge vermuteten, dass es lauter spanische Schimpfwörter waren, die sie da hörten. Der Fahrer schraubte und hämmerte. Einige Fahrgäste wirkten sehr beunruhigt. Aber die meisten der Einheimischen schien diese seltsame Einlage überhaupt nicht zu stören. Nach einigen Minuten kam der Fahrer zurück in den Bus und machte eine Ansage auf Spanisch und in einer anderen Sprache, die Ethan nicht kannte. Er und Emily schauten sich ratlos an.

„Hat er etwa gesagt, dass der Bus kaputt ist und er ihn nicht reparieren kann?", fragte sie.

„Ja, das habe ich auch so verstanden", antwortete Ethan. „Er sagte, wir können hier auf den nächsten Bus warten, oder wir können die Zeit nutzen und in die kleine Weinbar hier im Ort gehen."

Du entscheidest, wie es weiter geht.
Mit „Aussteigen" auf der nächsten Seite.
Oder mit „Im Bus bleiben" auf Seite 47.

Aussteigen

Ethan und Emily stiegen aus. Dabei mühte sich Emily, ihren Koffer den Gang entlang zu schleifen, aber dann waren sie endlich draußen. Auch hier war es sehr staubig. Auf dem Parkplatz neben dem kleinen Gasthaus spielten ein paar Musiker im Schatten. Man sah bereits, wie die Sonne langsam unterging. Nur noch ein paar Stunden und dann wird es dunkel sein. Das wäre kein Problem gewesen, wenn sie nun im Bus auf dem Weg nach Ychu wären. Aber mit dem kaputten Bus sah es jetzt nicht danach aus, dass sie ihr Ziel und ihr Hotel heute noch erreichen würden.

Emily hielt die Hand über ihre Augen, um sich die Umgebung im Gegenlicht anzuschauen. Das Gasthaus schien ihr nicht sonderlich einladend. Interessanterweise wunderte es dort anscheinend auch niemanden, dass der Bus es mit seinem Motorschaden genau bis unmittelbar vor ihr Haus geschafft hatte. Ein dicklicher lächelnder Mann stand in der Tür und winkte den Touristen aus dem Bus zu.

„So habe ich mir den ersten Teil unseres Urlaubs aber nicht vorgestellt", sagte Emily.

Ethan versuchte, sie zu beruhigen. „Es wird schon werden", sagte er. „Bei meinen Recherchen zur Vorbereitung sah ich ein Video. Da sprach jemand darüber, dass sein Bus liegengeblieben war. Er konnte dann ein Taxi in die Stadt nehmen."

„Ein Taxi?" Emily klang ungläubig. „Den ganzen weiten Weg, den wir noch vor uns haben? Na, ich weiß nicht."

Rechts neben dem Bus standen zwei Autos. Zwei dunkelhäutige Männer lehnten dagegen. Bei ihnen stand ein Polizist und scherzte mit ihnen. Anscheinend unterhielten sie sich über ein Fußballspiel von gestern. Dann schaute der Polizist auf, lachte und deutete in Richtung Bus. Anschließend ging er weg in Richtung Weinbar.

Einer der Fahrer der Autos sah Ethan und Emily und schlurfte zu ihnen rüber. „Hey", sagte er, „seid ihr beiden auf dem Weg nach Ychu? Ihr wollt bestimmt zu den Ruinen, oder?"

Ethan schaute ihn misstrauisch an.

Emily sagte: „Ja, das war unser Plan. Aber nun ist der Bus kaputt."

Der Mann lächelte. Ihm fehlten ein paar Zähne. „Ich habe ein Auto und fahre auch in diese Richtung. Ich muss sogar bis nach Ychu. In ein paar Minuten wollte ich los. Ich könnte euch mitnehmen."

Ethan antwortete: „Das ist sehr nett von Ihnen, aber wir möchten nicht mit Fremden mitfahren."

Der Mann zeigte nun ein noch breiteres Lächeln. „Oh, ich bin Taxifahrer." Er zeigte auf sein Auto, an dem eine Art amtliches Siegel klebte. Aber ein Nummernschild hatte der Wagen nicht.

Emily fragte: „Sind Sie hier nicht ein wenig sehr weit abseits, um auf Fahrgäste zu warten?"

Der Mann verzog ein wenig das Gesicht. „Das ist nur ein glücklicher Zufall, dass ich gerade hier bin", sagte er. „Normalerweise fahre ich Touristen in der Umgebung von Ychu herum. Ich kenne dort viele interessante Ruinen, nicht nur die wenigen bekannten, von denen alle sprechen." Seine Augen funkelten. Dieser Blick wirkte auf Emily eher gierig als freundlich.

Ethan sagte: „Lassen Sie mich das kurz mit meiner Schwester besprechen, okay?" Der Mann nickte und ging zu seinem Auto zurück.

Ethan sagte zu Emily: „Also für mich scheint das alles überhaupt nicht wie ein Zufall."

„Genau das dachte ich auch", sagte Emily.

Du entscheidest, wie es weiter geht.
Mit „Taxifahrt" auf Seite 52.
Oder „Zurück im Bus" auf Seite 58.

Im Bus bleiben

Ethan schaute sich die anderen Fahrgäste im Bus an. Einige der Touristen standen auf, um auszusteigen. Aber die Einheimischen machten keinerlei Anstalten. Es schien sie nicht zu stören oder zu beunruhigen, dass der Bus kaputt war. Ethan vermutete, dass die Einheimischen solche Situationen schon kannten. Wahrscheinlich gab es wirklich keinen Grund zur Beunruhigung. Draußen sah Ethan die Touristen herumlaufen und skeptisch das heruntergekommene Gasthaus betrachten, auf dessen Parkplatz der Bus zum Stehen gekommen war. Einige deuteten auf die Weinbar. Vor der Weinbar stand ein etwas rundlicher Mann. Er winkte sie lachend zu sich – vermutlich um ihnen einen Drink oder vielleicht für ein Zimmer für die Nacht zu verkaufen. An einer Seite des Parkplatzes standen mehrere noch recht neue Autos in einer Reihe. Eine Gruppe schlampig aussehender Männer lehnte sich an sie. Sie erinnerten Ethan sehr an die Taxifahrer, die er im Stadtzentrum gesehen hatte.

Emily blickte nervös zu ihrem Bruder. Ethan roch an ihr und rümpfte seine Nase. „Du stinkst furchtbar", sagte er.

„Du riechst auch nicht gerade wie frisch parfümiert. Anscheinend lässt es sich einfach nicht vermeiden, dass wir genauso riechen wie alles andere hier um uns herum."

Sie unterhielten sich in Englisch, in der Hoffnung, dass niemand sie verstehen würde. Und es machte auch nicht den Eindruck, als wenn es so wäre.

Weiter geht's auf der nächsten Seite „Weiter im Bus".

Weiter im Bus

Eine Frau, die in der Nähe von Emily saß, drehte sich zu ihr um und begann auf sie einzureden in einer Sprache, die für Ethan sehr fremd klang.

„Es tut mir leid, ich kann sie nicht verstehen", versuchte er ihr auf Spanisch zu erklären, aber sie schien ihn nicht zu verstehen.

Jemand tippte Ethan auf die Schulter. Hinter ihm stand ein Mann, der etwa genauso groß war wie Ethan. Er hatte lange, dunkle Haare und eine Hakennase, die aussah, als wenn sie schon mehrmals gebrochen gewesen ist. „Sie spricht weder Spanisch noch Englisch. Sie ist eine Quechua. Sie spricht nur die Sprache der Inka."

„Sie können uns bestimmt erklären, was hier gerade vor sich geht, oder?", fragte Ethan. Der Mann lachte, aber es klang nicht so, als ob er es für wirklich lustig hielt.

„Der Bus ist kaputt gegangen, damit einige dieser Touristen aussteigen und der Gastwirt einige von ihnen dazu bringen kann, bei ihm für die Nacht ein Zimmer zu nehmen."

„Kommt denn nicht noch ein anderer Bus hier vorbei?"

Der Mann zuckte mit den Schultern. „Manchmal kommt ein anderer Bus, manchmal ist der Fahrer auf wundersame Weise in der Lage, ihn zu reparieren. Auf die eine oder andere Weise werden wir es heute Abend wohl noch nach Ychu schaffen. Aber das passiert wohl erst, wenn die meisten Touristen außer Sichtweite sind."

Ethan schaute triumphierend zu Emily. „Hab' ich's mir doch gedacht", sagte Ethan. „Es schien für all die Einheimischen hier ungewöhnlich gewöhnlich zu sein."

Emily deutete auf die andere Seite des Parkplatzes und fragte: „Diese Leute, die da drüben an den Autos lehnen – wer sind sie?"

Der Mann sagte: „Das sind Taxifahrer und einige Leute, die früher für Taxiunternehmen gearbeitet haben. Einige eurer Freunde werden gewiss mit denen fahren und wahrscheinlich sind sie schneller dort als wir. Aber es wird sie ziemlich viel Geld kosten."

Ethan dachte für einen Moment gleichzeitig sowohl an seinen Wunsch, möglichst schnell zum Hotel zu kommen, wie auch an das Geld, das er bei sich hatte. „Wir werden hier warten", sagte er dann. „Aber warum stoppt der Polizist das nicht? Das ist doch eine Art von Betrug, oder?"

„Ja, vielleicht. Aber es tut niemandem wirklich weh. Und zum Glück", sagte der Mann etwas verlegen, „schadet es keinem der Menschen von hier. Entschuldigt, aber das soll keine Beleidigung sein."

„Ist schon in Ordnung", sagte Ethan. „Ist es für die Touristen nicht gefährlich, wenn sie mit diesen Jungs fahren?"

„Nein, überhaupt nicht. Wenn die Taxifahrer jemals einem der Touristen etwas antun würden, käme die Polizei sofort. Sie würden dann ihre Lizenzen verlieren und ins Gefängnis kommen. Das würde ihnen also nichts nützen. Warum auch sollten sie die Touristen mit der Waffe bedrohen, um sie auszurauben, wenn es genauso gut und viel leichter auch ohne funktioniert? So bestehlen sie sie mit einem Lächeln und dem Preis für eine Taxifahrt."

Die Zwillinge waren erstaunt, wie logisch dieser Betrug sich auf diese Weise anhörte. Es schien gut unter den verschiedenen Beteiligten abgestimmt und offensichtlich funktionierte es.

„Außerdem bekommt der Polizist wahrscheinlich auch einen Anteil als Ausgleich dafür, dass er dabei beide Augen zudrückt", sagte der Mann zwinkernd.

Die Gerüche der landestypischen Gewürze dufteten scharf und stechend. Sie mischten sich mit dem unangenehmen, doch immer vertrauter werdenden Geruch der ungewaschenen Allqukillans. Während der nächsten fünfzehn oder zwanzig Minuten wurden die Touristen draußen abgeholt wie eine Schafherde. Einige gingen in das Wirtshaus und andere stiegen bei den wartenden Taxis ein. Für Ethan fühlte es sich an, als ob er vor Hitze fast umkommen würde im Bus. Er fragte sich, ob es vielleicht die falsche Entscheidung gewesen war. Der Fahrer schraubte weiter am Motor herum und gab immer wieder wütendes Geschimpfe von sich, wenn er sich seine Hand irgendwo geklemmt oder den Kopf gestoßen hatte. Nach einem plötzlichen wundersamen Gelingen seines Reparaturversuchs sah das nicht aus.

Obwohl der Bus immer noch bis auf den letzten Platz gefüllt war, war es drinnen seltsam still. Die Fahrgäste dösten vor sich hin oder sie schauten gelangweilt aus dem Fenster. Die einzigen Geräusche waren das Summen der Fliegen – davon gab es sehr viele – und das gelegentliche Gackern von einem der Hühner. Irgendwann war Emily dann auch eingedöst. Ethan schliefen fast die Beine ein. Also entschloss er sich, ein paar Runden um den Bus zu gehen. Niemand kam. Ethan blickte etwas sehnsüchtig zu der Weinstube rüber. Bestimmt gab es dort Wasser zu kaufen. Es würde vermutlich tausend *Saladera* für eine Flasche kosten.

Als die Sonne schon fast untergegangen war und Ethan schon glaubte, dass sie die Nacht im Bus verbringen müssten, wurde die Motorhaube mit einem lauten Knallen geschlossen und ein verschwitzter, aber zufriedener Busfahrer kletterte zurück auf seinen Sitz. Und siehe da – der Motor sprang an. Die Fahrgäste atmeten laut hörbar erleichtert auf, als der Bus losfuhr. Endlich ging es weiter in Richtung Ychu.

Ethan dachte, dass dieser unangenehme Nachmittag den ganzen Tag ruiniert hätte. Diese Quälerei könnte durch nichts mehr ausgeglichen werden.

Aber er hatte sich geirrt.

In den Reiseführern stand, dass Ychu ein schönes Städtchen in den Anden sei. Aber damit wurden sie diesem Ort bei weitem nicht gerecht. Nachdem sie über den Pass gefahren waren und es bergab ins grüne Tal ging, war auch von den einheimischen Fahrgästen lautes „ahh" und „ohh" zu hören, als sie das malerische Städtchen erblickten. Durch das Dorf zog sich ein gitterartiges Straßennetz. Straßen und Häuser hatten deutlich einen spanischen Einfluss. Und das, obwohl die spanischen Eroberer diesen Ort nie dauerhaft einnehmen konnten.

Der See sah aus wie ein Edelstein, seine Farbe war saphirblau. An seinem sanft geschwungenen Ufer schmiegte sich das Städtchen an. Am anderen Ende des Sees war der riesige Staudamm, der die Hauptstadt mit Strom versorgte. Er bot aus jeder Perspektive einen majestätischen Anblick. Besonders beeindruckend war aber, dass es von hier hinab ins Tal eine asphaltierte Straße gab, die sogar in einem sehr guten Zustand war.

Emily stieß ihren Bruder an und sagte: „Das ist ja noch schöner, als ich gedacht hatte."

Ethan hatte die letzten vier Stunden gestanden und die letzten drei davon in einer Tour nur geschwitzt. Aber dieser einmalige Anblick machte seine Unzufriedenheit und sogar die üblen Gerüche der letzten Stunden sogleich vergessen. „Ich kann es kaum erwarten, alles aus der Nähe zu erkunden", sagte er. „Wir checken schnell im Hotel ein und fragen dann gleich, wie wir zum See kommen."

Rechts neben ihm quiekte ein Ferkel.

„Recht hast du, Schweinchen." Ethan nickte dem Tier zu. „Je früher, desto besser."

Weiter geht's mit „Ein Tag frei" auf Seite 59.

Taxifahrt

Ethan und Emily spazierten ein paar Schritte, um ungehört von den anderen miteinander sprechen zu können. „Natürlich könnten wir warten, bis der Bus repariert ist. Aber schau dir mal dieses Gasthaus hier an und auch die Autos da drüben", sagte Ethan. „Das passt alles viel zu gut zusammen. Ich glaube, es könnte sein – nein, ich glaube sogar, dass es höchst wahrscheinlich ist –, dass es jedes Mal genauso abläuft." Dabei blickte er misstrauisch zu den Taxifahrern.

Emily entgegnete: „Du hast Recht. Das passt so gut, dass es kein Zufall mehr sein kann. Warum sollten die Taxis hier sein, wenn sie nicht wüssten, dass sie hier mit Fahrgästen rechnen können?"

„Aber das bedeutet andererseits, dass sie wahrscheinlich echte, seriöse Taxifahrer sind", meinte Ethan. „Der Polizist schien sie auch zu kennen, und ist dann weitergegangen. Scheint also nichts Verdächtiges dran zu sein. Wenn wir vorsichtig sind, könnten wir das machen, denke ich."

Emily sagte: „Wenn du meinst – einverstanden." Dann schleppten sie gemeinsam ihre Koffer über den Parkplatz zu einem der Taxis. Der Fahrer strahlte über das ganze Gesicht.

„Schön, dass Sie sich für mich entschieden haben. Kommen Sie, ich nehme Ihnen das Gepäck ab." Er öffnete den Kofferraum. Die Zwillinge rollten ihre Koffer um das Auto herum, wo der Fahrer sie einlud und den Kofferraumdeckel wieder zudrückte.

„Das war eine gute Entscheidung. Sie werden es nicht bereuen", sagte er. „Mit mir geht es wesentlich schneller."

„Und teurer", sagte Ethan.

Der Taxifahrer winkte ab. „Das kommt ganz drauf an, wie man es sieht. Ihr habt doch sicher ein Reisebudget für euren Aufenthalt hier in Allqukilla, oder?"

„Natürlich."

„Na, also. Wie viel davon wollt ihr dafür verschwenden, um im Gang eines stinkenden Busses stehen zu müssen?" Er sah Ethan für einen Moment scharf an und dann nickte er. „Dachte ich es mir doch."

„Sie haben uns noch nicht gesagt, wieviel diese Fahrt kosten soll", sagte Emily.

Der Fahrer schaute die Zwillinge einen Moment lang an und rieb sich sein Kinn. „Also – mein Vorschlag: ihr gebt mir 2400 *Saladera*, und ich bringe euch in Ychu bis vor die Tür."

Emily überlegte, aber Ethan hatte es etwas schneller umgerechnet. „Das sind etwa fünfunddreißig Dollar. Ich denke, das ist in Ordnung."

Emily blickte zurück zum Bus und zuckte mit den Achseln. „Okay. Aber du zahlst", sagte sie zu Ethan. „Du hast schließlich unsere zusätzlichen *Saladeras* in deinem Portemonnaie."

Der Taxifahrer ließ den Motor an, und schon ging es los.

Als sie vom Parkplatz fuhren, sagte Ethan: „Sagen Sie mir die Wahrheit, wenn ich Ihnen eine Frage stelle?"

Der Fahrer schaute überrascht auf. „Aber sicher", antwortete er.

„Waren Sie wirklich zufällig hier oder wussten Sie, dass der defekte Bus hier ankommen würde?"

Der Mann schaute sichtlich überrascht, dann begann er zu kichern und schließlich lachte er laut los. Dabei kam das Auto ein wenig ins Ruckeln, aber das hatte er gleich wieder unter Kontrolle. „Ihr seid ziemlich clever", sagte er. „Die meisten Leute merken das erst sehr spät, wenn überhaupt."

„Wir waren skeptisch", sagte Ethan.

„Das solltet ihr auch", sagte der Mann. „Wir haben eine Vereinbarung mit dem Busfahrer, dass er ein paar Mal im Monat hier eine Panne hat. Ihr habt Glück und habt genau einen solchen Tag erwischt."

„Und als nächstes wollen Sie mit uns vermutlich irgendwo in die Wildnis abbiegen und uns ausrauben", sagte Ethan.

Der Mann begann wieder zu lachen, aber dieses Mal lachte er so heftig, dass er anhalten musste. Als er sich wieder beruhigt hatte, liefen ihm Tränen übers Gesicht: „Junge, ihr Amerikaner seid wirklich lustig", sagte er. „Wenn ich so etwas machen würde, glaubt ihr, dass der Busfahrer oder die anderen Taxifahrer oder der Polizist mir das durchgehen lassen würden? Nein, damit hätte ich keine Chance. Das würde ja auch das Geschäft von allen anderen betreffen, wenn jemand die Touristen auf diese Weise vergraulen würde." Dann fuhr er weiter, aber alle paar Sekunden musste er wieder lachen.

Je weiter sie kamen, desto mehr wich die felsige, trockene Gegend einer grünen Landschaft mit üppigeren Sträuchern, Bäumen und Weinreben. Über ihnen in den Hügeln bildete sich Nebel. Nach der nächsten Kurve konnten sie im Tal schon das Städtchen Ychu sehen.

Der Ort lag im Tal wie ein Halbmond aus Smaragd rund um das Ostufer eines saphirfarbenen Sees. Am westlichen Ende des Sees war der Takewawa-Staudamm und sah aus wie ein Halbmond aus Alabaster. Der Staudamm versorgte die Hauptstadt mit Energie und er war der Grund, dass der Ychu-See überhaupt existierte. Das ganze Tal schimmerte vom Glanz der Sonne, die von der Wasseroberfläche reflektiert wurde.

Auf dem Rücksitz stockte es Emily den Atem.

Der Fahrer lächelte verständnisvoll. „Ich werde mich an dieser Aussicht wohl nie sattsehen können."

Auch Ethan schaute wie gebannt aus dem Fenster. „Wie weit ist es noch bis nach Ychu?", fragte er den Fahrer.

„Etwa eine halbe Stunde noch", antwortete der. „Mit dem Auto sind wir viel schneller als der Bus."

„War der Bus denn wirklich kaputt?", fragte Ethan.

„Nun", sagte der Fahrer, „an der alten Kiste gibt es für Luis immer irgendwas, woran er rumschrauben kann. Manchmal entscheidet er, dass es wieder funktioniert. Manchmal nicht. Dann muss ein anderer Bus kommen. Aber wie auch immer – ihr seid nun auf alle Fälle früher in Ychu als die anderen."

Im Auto war es deutlich weniger holprig als im Bus. So konnten Ethan und Emily die Fahrt richtig genießen. Außerdem hatte der Fahrer viele interessante Dinge über die Gegend zu berichten. „Ihr werdet Ychu lieben. Als Ferienort ist es wirklich sehr nett und die Leute im Hotel sind sehr freundlich. Der See ist zu dieser Jahreszeit besonders schön."

„Was wissen Sie über die Ruinen?", fragte Ethan. „Die interessieren uns am meisten."

„Oh, die Ruinen sind eine Klasse für sich", war die Antwort. „Aber dazu brauche ich euch nichts erzählen. Wenn ihr deswegen die weite Reise gemacht habt, dann habt ihr bestimmt alles, was es gibt, darüber gelesen und seid bestens informiert. Und mit Worten lässt sich die Magie dort sowieso nicht beschreiben. Das muss man einfach erleben." Dann sagte er: „Ein Hinweis noch. Der Wechselkurs im Hotel ist nicht sehr gut. Wenn ihr *Saladeras* braucht, geht am besten zum Geldautomaten."

„Ich glaube, das dahinten ist unser Hotel!", sagte Ethan und zeigte aus dem Fenster. Direkt am Seeufer thronte ein Gebäude aus weißen Steinen mit einem Dach aus roten und blauen Ziegeln. Es war eines der schönsten Bauwerke, die sie je gesehen hatte. Draußen auf dem See fuhren einige Boote. Manche zogen Wasserskifahrer hinter sich her.

Der Fahrer drehte sich zu ihnen um und sagte: „Ihr habt Glück, dass ihr um diese Jahreszeit hier seid. Dies ist die perfekte Zeit, um Ychu zu besuchen. Das Wetter ist hervorragend. Die einzige was dazwischenkommen könnte, wäre ein Erdbeben. Aber das sagen sie immer und immer wieder für diese Gegend voraus, und es ist noch nie passiert. Ihr werdet bestimmt eine tolle Zeit haben, da bin ich mir sicher."

Das Auto fuhr nun zügig weiter ins Tal hinab. Die Straße wurde immer besser, je näher sie der Stadt kamen. „In welcher Richtung liegen denn die Ychurichuc-Ruinen?", fragte Emily. Der Fahrer zeigte nach links auf eine schmale Straße, die in Richtung Osten durch eine enge Schlucht in die Berge führte.

„Die Ruinen liegen etwa fünfzehn Meilen in diese Richtung", sagte er. „Es gibt eine gute Busverbindung dorthin, und der Bus fährt direkt vom Hotel ab. Bei dem Bus wird es auch bestimmt keine Probleme geben." Wenig später fuhren sie vor dem Hotel vor. Ethan drehte sich um, nahm etwas Geld aus seinem Geheimfach und begann, die *Saladeras* abzuzählen.

„Ich nehme gerne auch Dollar", sagte der Fahrer.

„Das haben wir schon oft gehört", sagte Emily. „Warum mögen die Leute hier unser amerikanisches Geld lieber als ihre eigene Währung?"

„Nun," sagte der Fahrer, „eure Regierung geht mit dem Geld schon nicht besonders verantwortungsvoll um. Aber bei unseren Politikern ist es noch viel schlimmer. Bei eurer Währung ist daher die Wahrscheinlichkeit, dass das Geld seinen Wert behält, viel größer als bei unserer. Es ist tatsächlich so, dass unser Geld etwa zwanzig bis dreißig Prozent pro Monat an Wert verliert."

„Das ist aber viel!", sagte Ethan.

„Das ist ja schrecklich, so eine enorme Inflationsrate", sagte Emily. „Unser Vater und unser Opa haben uns erklärt, was Inflation ist."

„Ja", sagte der Mann, „das Geld verliert ständig an Wert. Die Regierung druckt immer mehr Geld, um ihre hohen Schulden zu bezahlen. Ich gebe euch ein Beispiel. Nach jeder Fahrt von der Gaststätte in den Bergen hier nach Ychu muss ich tanken. Am Montag dieser Woche kostete die Tankfüllung 1.800 Saladera. Mittwoch waren es schon 1.850. Und heute? Wahrscheinlich 1.950 oder so."

„Das ist ja furchtbar!" sagte Emily. „Als wenn das Geld im Portemonnaie wie von selbst immer weniger wird."

„Genau so ist es. Als ob mir jemand jeden Tag etwas Geld aus meinem Portemonnaie stehlen würde. Und das ist nicht nur bei Benzin so. Es gilt genauso auch für Brot, Kartoffeln und die Miete. Eigentlich für alle Dinge des täglichen Lebens."

„Dann gebe ich Ihnen Dollars", sagte Ethan. „Am besten behalten Sie diese so lange wie möglich, um den Wert zu erhalten." Ethan gab ihm einige Dollarscheine.

„Danke, das ist wunderbar", sagte der Mann lächelnd. „Ich gebe euch noch euer Gepäck aus dem Kofferraum."

Weiter geht's mit „Ein Tag frei" auf Seite 59.

Zurück im Bus

„Das ist zu riskant. Wer weiß, was das für ein Kerl ist", sagte Ethan.

Emily nickte zustimmend. „Wir müssen vorsichtig sein. Bestimmt ist es das Beste, weiter im Bus zu bleiben."

Ethan schlenderte zum Taxifahrer – wenn es denn einer war – und zuckte mit den Achseln. „Es tut mir leid", sagte er. „Wir warten, bis der Fahrer mit dem Reparieren fertig ist und fahren dann weiter mit dem Bus."

Der Mann verzog ein wenig das Gesicht. „Okay. Es ist eure Entscheidung." Aber schon leuchtete sein Gesicht wieder, denn er hatte ein anderes Paar Touristen als potenzielles Opfer ausgemacht, die es nun zu ködern galt.

Die Zwillinge schoben ihre Koffer zurück zum Bus und stiegen wieder hinein. Mehrere Touristen hatten sich entschieden, im Ort zu bleiben oder mit dem Taxi zu fahren. So gab es hier jetzt etwas mehr Platz im Gang. Immerhin. Emily hatte für etwa zwei Drittel des Weges einen Sitzplatz. Aber sie gab ihn auf, als dort zwei kleine Hunde nach ihr schnappten.

Der Gestank war immer noch übel, und auch die Hitze hielt unvermindert an. Vorne dröhnten weiter das metallisch klackende Motorgeräusch und das laute Fluchen in spanischer Sprache. Es schien, als wenn das noch ewig so weitergehen würde.

Weiter geht's mit „Weiter im Bus" auf Seite 48.

Ein Tag frei

Emily schaute sich neugierig in der Hotellobby um. Sie war nicht so groß, wie sie es schon in anderen Hotels gesehen hatte, aber alles war wunderschön eingerichtet. Die Mitarbeiter waren in kunstvolle rituelle Trachten der Inka gekleidet. An zwei Wänden entlang gab es Sessel. In der Mitte war der Raum offen, dort standen nur einige Couchtische. Anscheinend wurde dieser Raum sowohl für Versammlungen wie auch zum Begrüßen der Gäste genutzt. Rote, goldene und hellblaue Fäden liefen durch die Wandteppiche, die an den Wänden hingen und auf denen historische Szenen eingewebt waren. Und über eine ganze Wand erstreckte sich ein Panoramabild mit einem Blick auf Ychurichuc.

Ethan erledigte den Check-in. Ihr Zimmer war in Ordnung. Der Portier brachte ihnen das Gepäck aufs Zimmer. Sie hatten sogar einen Balkon mit einem wunderschönen Blick auf den See.

„Genau so, wie ich es mir gewünscht hatte", kommentierte Emily zufrieden.

„Ja", sagte Ethan. „Endlich läuft doch noch alles gut."

Trotz der Anstrengungen und ihrer Müdigkeit waren die Zwillinge viel zu aufgeregt, um ans Schlafen zu denken. Zuerst gingen sie zum Strand. Dort gab es ein großes Grillbuffet mit verschiedensten Fischsorten. Sie genossen die Köstlichkeiten aus dem See und auch von weiter weg aus dem Ozean. Es gab Tanzmusik. Einige Musiker spielten auf Instrumenten, die die Zwillinge noch nie zuvor gesehen hatten. Aber es war himmlisch schöne Musik, fand Emily.

Erst lange nach einem wunderschönen spektakulären Sonnenuntergang über dem See gingen sie zu Bett.

Weiter geht's mit „Leichtes Erdbeben" auf der nächsten Seite.

Leichtes Erdbeben

Ethan wurde wach und lauschte nervös und mit absoluter Aufmerksamkeit in die Stille. Durch den schmalen Spalt zwischen den Vorhängen drang von den Straßenlaternen nur minimal Licht in ihr Zimmer. Emily atmete ruhig und leise, anscheinend schlief sie noch. Da war es wieder – ein leichtes Rütteln und ein eigenartiges Gefühl, dass irgendetwas nicht stimmte. Er drehte sich zum Nachttisch auf der anderen Seite, um auf die Uhr zu schauen. Aber die Uhr stand nicht mehr in seine Richtung. Es war, als ob jemand sie mitten in der Nacht ein wenig gedreht hätte. Ethan wurde es ganz unwohl. War etwa jemand im Zimmer? Er hörte ganz genau hin, aber es war absolut ruhig.

Draußen hörte er jedoch jemanden rufen und ein anderer antwortete. Neugierig stieg er aus seinem Bett und tapste über den Teppich zum Fenster. Leise öffnete er die Vorhänge ein wenig und blickte hinaus in die Nacht. Unten am Wasser waren einige ordentlich aufgestapelte Kanus umgefallen. Einige Männer bemühten sich, sie wieder aufzustellen.

Hinter ihm fragte Emily: „Ist alles in Ordnung?"

„Eigentlich schon", sagte er. „Aber irgendetwas hat mich geweckt."

„Wie spät ist es?", fragte Emily.

Vom Fenster aus konnte Ethan die Uhr sehen. „Es ist zwei Uhr morgens."

„Ich weiß nicht, ob ich nochmal wieder einschlafen kann", flüsterte Emily.

Ethan nickte. „Ich glaube, ich auch nicht. Ich bin aufgewacht und es war, als wenn mich jemand geschüttelt hätte."

„Ich war es nicht", sagte Emily und drehte sich um. „Ich hab' so tief geschlafen."

Ethan schaute noch einmal auf die Straße. Uniformierte Männer kamen unter ihm aus der Lobby des Hotels und rannten zum Strand hinunter. Sie packten die beiden Männer, die sich dort mit den Kanus abmühten, und zeigten aufgeregt in Richtung des Hotels. Dann rannten alle Männer zum Hotel zurück. „Ich gehe mal runter in die Lobby. Ich fürchte, es ist etwas passiert", sagte Ethan.

Emily setzte sich auf. „Was sollte denn passiert sein?", fragte sie gähnend.

„Genau das möchte ich herausfinden. Ich vermute mal ein Erdbeben", sagte Ethan, zog seine Hose an und schnappte sich sein Portemonnaie und die Schlüsselkarte für das Zimmer.

„Ich komme mit."

„Nein, das brauchst du nicht. Ich bin gleich wieder da."

Ethan ging leise auf den Flur. Hier war sonst niemand – keinerlei Anzeichen von Panik. Was auch immer es gewesen war, es konnte nicht so schlimm sein. Im Hotel war es ruhig. Zumindest gab es keinen Alarm. Ethan hatte das Gefühl, dass, was auch immer geschehen war, jetzt vorbei war. Über die Treppe ging er zwei Etagen nach unten. Dort traf er ein Paar, an das er sich aus dem Bus erinnerte. „Sind Sie auch wach geworden?", fragte Ethan.

„Ja", sagten sie. „Wir sind wach geworden und haben einen Schreck bekommen, als unser Koffer vom Schrank gefallen ist."

„Na sowas. Wie ist das denn passiert?"

Der Mann lächelte, wenn auch etwas verkniffen. „Es war ein Erdbeben", sagte er, „aber nur ein kleines. Wir kommen aus Südkalifornien. Da gibt es das beinahe ständig. Das sind wir schon gewohnt."

Die Lobby war voller Menschen. Die meisten drängten sich vor dem Check-in-Schalter. Einige von ihnen schrien den Rezeptionsmitarbeiter dort an. Andere Hotelmitarbeiter sprachen leise mit einzelnen Gästen über alle möglichen Dinge. Bei den meisten war irgendetwas in ihrem Zimmer passiert oder sie hatten leichte Verletzungen, weil sie gestürzt waren oder weil etwas auf sie gefallen war. Ethan hatte keinen Grund, sich zu beklagen. Also hörte er nur ein bisschen zu, was die anderen Leute so berichteten.

Auf einer Seite der Lobby strömten die Leute an ihm vorbei zu einem der Tresen, um mit dem Mitarbeiter dort zu sprechen. Es wurde Ethan schnell klar, dass die Mitarbeiter auch keine weiteren Informationen hatten außer dem, was die Hotelgäste bereits wussten. Es hatte ein kleines Erdbeben gegeben, aber es war nichts Schlimmes passiert. Der Hotelbetrieb konnte ganz normal weiterlaufen.

Trotzdem gab es da auch eine andere Gruppe von Leuten, die sich um den Geldautomaten drängten und die alle Geld abheben wollten. Nach den dicken Bündeln von Scheinen in ihren Händen zu urteilen, musste der Automat bald leer sein. Wahrscheinlich eher früher als später, vermutete Ethan.

Das Geld im Automaten kam ja irgendwo her. Es war auf einem Bankkonto oder wurde einer Kreditkarte belastet. „Andere Automaten werden vermutlich ganz genauso belagert", dachte Ethan. „Wie viel Geld wohl auf diese Weise zusätzlich in Umlauf gelangt." Bald würde der Geldautomat leer sein. Aber Ethans eigenes Konto wäre auch schnell leer, wenn er ständig weiter *Saladeras* abheben würde. Trotzdem fragte er sich, was wohl passieren würde, wenn durch das Erdbeben der Strom ausfallen würde? Vielleicht bräuchte er dann doch mehr Bargeld – vor allem, wenn der Automat bald nichts mehr hergeben würde.

Du entscheidest, wie es weiter geht.
Mit „Geld abheben" auf Seite 69.
Oder mit „Meine Dollars werden schon reichen" auf der nächsten Seite.

Meine Dollars werden schon reichen

Wenn die Menschen Angst haben, sorgen sie sich auch um Geld, dachte Ethan. Das kann sie dann beruhigen.

„Das erinnert mich an eine Szene aus dem Film *It's a Wonderful Life*", sagte eine Frau links von ihm. Ihr lockiges, graues Haar guckte unter ihrer altmodischen Nachtmütze hervor, und gebannt schaute sie sich die Szene an, die sich am Geldautomaten abspielte. So wie er selbst.

„Wie meinen Sie das?", fragte Ethan.

„Schau mal da drüben. Nur dass die Leute nicht wie im Filmklassiker mit James Stewart bei Baileys Bausparkasse ‚Building and Loan' anstehen. Und es gibt hier auch keinen George Bailey, der versuchen könnte, sie davon abzuhalten, ihr ganzes Geld auf einmal abzuheben."

„Was wäre, wenn sie es täten?", fragte Ethan. Er erinnerte sich vage an den Film. Irgendwie ging es um einen sogenannten „Bank Run", was auch immer das genau war.

„Du siehst doch diese dicken Bündel von Geldscheinen, die die Leute in ihren Händen haben, nicht wahr? Was glaubst du, wo das Geld wohl herkommt?"

Na, aus dem Geldautomaten, dachte Ethan. Aber das war natürlich nicht die Antwort, die die Frau meinte. Also sagte er: „Von Übersee, Bankkonten und so."

Sie schüttelte den Kopf. „Nicht wirklich. Die Leute dort sind sicher keine Einheimischen. Aber das Geld, das sie am Automaten abheben, kommt von einer Bank hier, die versucht, den Markt auszuspielen. Glaubst du, dass sie eine unbegrenzte Menge an Bargeld haben?"

Ethan war klar, dass das wohl kaum sein könnte.

„Genau", sagte die Frau. „Das haben sie nicht. Und was passiert, wenn den Banken das Geld ausgeht?"

„Aber nur wegen der Touristen wird ihnen doch nicht das Bargeld ausgehen", meinte Ethan.

„Nein, natürlich nicht. Aber glaubst du, dass die Touristen die einzigen sind, die gerade so viel Geld abheben? Erinnerst du dich an Mr. Potter in dem Film? Er hatte Bargeld. Er gab es der Bank und erwarb damit eine Kapitalbeteiligung an der Bank. Er hätte das gerne auch mit ‚Building and Loan' gemacht und hatte den Aktionären schon ein Übernahmeangebot gemacht. Aber George erklärte diesen, wo das Geld wirklich war – nämlich investiert in Wohnungen. Er fragte seine Aktionäre, ob sie nicht mit ihrem jetzigen Bargeld auskommen können und ihre Aktien nicht an Potter verkaufen müssten. Schließlich könnten sie doch seiner Bausparkasse vertrauen, die ihr Geld gut in Immobilienkrediten angelegt hatte.

So konnte er ‚Building and Loan' retten und am Leben erhalten. Aber viele andere Banken scheiterten in der Crashphase der 1930er Jahre. Die Leute wollten ihr Geld abheben, aber die Banken hatten nicht genug Bargeld verfügbar, weil sie alles ausgeliehen hatten. Die legen unser Geld, das wir auf dem Konto haben, ja schließlich nicht nur in den Tresor."

Ethan fragte: „Glauben Sie, die Situation ist so ernst, dass Banken Pleite gehen können?"

Die Frau zuckte mit den Schultern. „Wahrscheinlich nicht. Wir hatten ja nur ein kleines Erdbeben. Es ist nichts Schlimmes passiert. Aber wenn es ein größeres geben sollte ... Wer weiß?"

„Aber es geht ja auch nicht nur darum, ob es an den Automaten noch Bargeld gibt", meinte Ethan. „Wenn die Leute jetzt so viel mehr Geld abgehoben haben und sie all dieses Geld auch ausgegeben, dann könnten dadurch die Preise wie verrückt ansteigen."

„Daran hatte ich noch gar nicht gedacht", sagte sie. „Gut, dass wir einen kühlen Kopf und klare Gedanken bewahren." Dabei tippte sie Ethan leicht gegen seinen Kopf.

Ethan griff an seine Tasche, wo er einen Teil seines Geldes versteckt hatte. Geld zu haben, war auch für ihn sehr beruhigend. In seiner Tasche waren vor allem Dollars. An den Geldautomaten gab es ja nur *Saladeras*. Aber trotzdem wollten die Leute so viel wie möglich davon haben.

Ethan war längst aufgefallen, dass die Menschen in stressigen oder schwierigen Situationen die *Saladera* möglichst vermieden, weil sie jeden Tag an Wert verliert. Die Leute wollten etwas Solideres. Was genau den Dollar solider machte als die *Saladera*, wusste er nicht. Er nahm sich aber vor, seine Dollars nun möglichst zu behalten.

Bisher hatte er fast immer, wenn ihn jemand gebeten hatte, mit Dollars statt *Saladeras* zu bezahlen, gerne Dollars gegeben. Aber das war falsch. Er sollte seine Dollars behalten, und vielleicht auch noch ein paar andere Dinge. Er überlegte, was passiert wäre, wenn das Hotel ernsthaft beschädigt worden wäre. Was hätte er mit seinen Dollars dann wohl anfangen können? Vielleicht sollten wir neben dem Geld auch noch auf einige andere Dinge achten, dachte er.

Sie könnten zum Beispiel darauf achten, dass sie für den Notfall auch Werkzeuge oder Lebensmittel hätten. Dabei dachte er an die Snacks in ihren Taschen, die im Hotelzimmer waren. Vielleicht sollten sie beim Essen künftig darauf achten, dass sie immer genug Reserven für den Rest der Reise behielten.

In der Lobby ging das Gerücht um, dass es im Zentrum des Landes ein Erdbeben gegeben hatte. Die Stärke war 4,3 auf der Richterskala. In einer Ecke stand ein kleiner Fernseher, in dem die Nachrichten liefen. Demnach war es kein schlimmes Beben gewesen. Es gab geringe Schäden an Gebäuden und nur sehr wenige Verletzte. Einsatzkräfte waren vor Ort. Aber die hatten nicht wirklich viel zu tun. Anscheinend war das Schlimmste schon vorbei. Hoffen wir, dass es wirklich so ist, dachte Ethan.

Das Paar von vorhin kam wieder bei ihm vorbei. „Wir gehen wieder auf unser Zimmer", sagten sie.

Ethan beschloss, dasselbe zu tun. Sie lachten entspannt: „Es sieht so aus, als wenn es das mit dem Erdbeben gewesen wäre", sagten sie. „So viel also zu der Warnung vor einem gefährlichen Erdbeben, von dem so viele gesprochen haben." Der Mann schaute Ethan an und fragte: „Wollt ihr zu den Ruinen?"

„Ja", sagte Ethan.

„Wir wollen morgen dorthin wandern. Und ihr?"

„Wir wollen frühestens übermorgen dorthin", antwortete Ethan. „Es war schön, Sie zu treffen."

Der Herr gab ihm die Hand. „Danke gleichfalls. Ich hoffe, dass der Rest eurer Reise nicht so aufregend wird wie diese Nacht."

„Oh, es gab schon so einiges ziemlich Aufregendes bis hierher", sagte Ethan. „Jetzt freuen wir uns darauf, in den nächsten Tagen die bedeutenden historischen Bauwerke zu besichtigen."

Das Paar ging in Richtung seines Zimmers. Ethan nahm die Treppe hinauf und ging zurück zu seinem Zimmer. Er klopfte leise an und Emily öffnete sofort.

„Ich hab' mir schon Sorgen gemacht", sagte sie. „Ich konnte nicht schlafen, ohne zu wissen, was los ist."

„Alles in Ordnung", erwiderte Ethan. „Die Leute vom Hotel sagen, dass das Schlimmste vorbei ist. Es sieht nicht so aus, als ob es größeren Schaden gab. Ich habe mit einem Ehepaar aus Südkalifornien gesprochen. Dort passiert so etwas ständig, sagten sie."

Emily schloss leise die Tür ab. „Dann war es also nicht so schlimm. Ob das Schlimmste damit wirklich vorbei ist?"

„Ich weiß es nicht," antwortete Ethan. „Das mag es gewesen sein. Andererseits könnte es auch nur ein leichtes Vorbeben gewesen sein, dem das Größere erst noch folgt. Aber ich hoffe nicht. Ich denke, wir können noch bleiben und brauchen uns noch nicht auf den Weg zurück nach Hause zu machen. Was meinst du?"

Du entscheidest, wie es weiter geht.
Wenn die Zwillinge sich für den Rückflug entscheiden, dann „Abbruch" auf Seite 76.
Ansonsten heißt es „Erholungstag" auf Seite 72.

Geld abheben

Von der Treppe aus beobachtete Ethan die Menschen, die auf die beiden Automaten zuströmten. Er war sich nicht sicher, ob er sich auch dort anstellen sollte.

„Da sollten wir auch sehen, dass wir noch etwas mitbekommen", hörte er eine Stimme sagen, und eine Hand fasste seinen Arm. Es war ein Mädchen. Sie war blond, schlank und etwas größer als er. Einen festen Griff hatte sie außerdem. Er ging mit ihr mit.

So waren sie nun auch in diesem Strom voller Menschen und näherten sich ganz allmählich dem Automaten.

„Sprichst du Spanisch?", fragte das Mädchen.

Sie sah selbst nicht unbedingt danach aus, als wenn sie es fließend sprechen würde. Aber Ethan antwortete trotzdem: „Más o menos." – „Ein bisschen."

Sie lachte und wechselte die Sprache. „Ich wollte das nicht auf Englisch sagen. Spanisch scheint mir sicherer bei so vielen Touristen hier in der Lobby. Mich erinnert das hier an die Filme über die 1930er Jahre, in denen jeder wie verrückt versucht, so viel Geld zu bekommen wie nur möglich. Es ist dumm, und die Leute wissen das auch. Aber sie können es trotzdem nicht lassen."

„Warum tun *wir* es dann, wenn es dumm ist?", fragte Ethan. Ihre Augen waren sehr blau.

„Weil wir es können. Und weil wir sonst wieder ins Bett gehen würden und das wäre langweilig."

„Man könnte aber auch noch andere Dinge tun, anstatt wieder ins Bett zu gehen", sagte er, obwohl er genau daran bereits gedacht hatte. „Was meinst du mit den Filmen? Ich dachte, in der Weltwirtschaftskrise wäre den Leuten das Geld ausgegangen."

„Das stimmt. Oder – es stimmt für einige Leute. Das große Problem waren die Banken. Ich habe davon im Geschichtsunterricht gehört."

Auch im Spanischen sprach sie mit Akzent. Es klang europäisch oder nordisch. Sie sah aus wie eine typische Schwedin auf einem Plakat. Sie war nicht viel älter als er. Unbewusst machte sich Ethan etwas größer und stand ein wenig auf seinen Zehenspitzen. „Ich hab auch von Banken-Crashs gehört", sagte er. „Ich weiß auch, warum es dazu gekommen ist. Sie haben viel zu viel Geld verliehen und hatten zu wenig eigene Reserven."

Sie neigte ihren Kopf. „Oh, du weißt aber gut Bescheid. Ich dachte, die Amerikaner hätten davon keine Ahnung."

„Ich bin halt nicht so, wie du dir einen typischen Amerikaner vorstellst."

„Ja, anscheinend."

„Auf jeden Fall ist dies hier kein Sturm auf die Bank. Es ist schließlich nur ein einziger Geldautomat."

Sie lachte. „Was glaubst du denn, was es dann ist? Denkst du etwa, dass der Automat das Geld druckt?"

Ethan schämte sich ein wenig für seine Antwort. Sie rückten ein paar Schritte vor. „Nein, ich meine …, natürlich nicht. Ich glaube …" Er dachte einen Moment nach. „Es ist eine *Bank*. Ich meine, es geht nicht um das Ganze. Es ist nur ein kleiner Teil des großen Ganzen. Nur ein Zweig."

„Und?", fragte sie zwinkernd. Sie drängelte sich vor einen dunkelhaarigen Mann und zog Ethan mit sich.

„Klar, es gibt Hunderte von diesen Dingern im ganzen Land", überlegte Ethan. „Sie sind alle verbunden mit ihren jeweiligen Zentralen. Wenn wir hier den Automaten stürmen, dann wird das bei jedem anderen Geldautomaten im Land vermutlich genauso sein. Und wenn das stimmt …"

„Hoffentlich nicht", sagte sie. „Dann könnte es richtig schlimm werden."

„Aber wir haben ja noch unsere Kreditkarten als Alternative. Wir werden also auch weiterhin bezahlen können."

„Wir alle?"

Ethan überlegte blitzschnell und sagte: „Die meisten Leute schon. Aber nicht jeder. Und es gibt dadurch auch noch weitere Probleme, denn zu viel Geld ist genauso problematisch wie zu wenig."

„Inflation."

„Ja, Inflation", sagte Ethan. „Wir glauben nicht, dass uns so etwas passieren kann, weil wir es nur aus ganz alten Filmen kennen. Vor allem die Filme über die 1930er Jahre." Jetzt fing sie an zu lachen. „Aber nun erleben wir, dass es uns auch passieren kann. Hier in Allqukilla fängt es gerade an."

„Und was wird dieser Geldautomat dann wohl machen, wenn es soweit ist?", fragte sie. Endlich waren sie am Automaten angekommen.

„Das werden wir ja gleich sehen", antwortete Ethan.

„Nach dir", sagte seine neue Freundin.

Als Ethan an den Automaten herantrat, kreisten seine Gedanken in Hochgeschwindigkeit. Würde er damit zu dem Problem beitragen? Brauchte er das Geld jetzt wirklich? Oder wäre es besser gewesen, es noch auf dem Konto zu lassen, um es später abheben zu können? Und warum war es so leicht gewesen, plötzlich ganz vorne in der Schlange zu sein?

Die Antwort kam prompt. Der Geldautomat war leer. Es gab keine *Saladeras* mehr.

Aber nicht nur das Geld war weg – seine neue Freundin auch. So schnell, wie sie gekommen war, war sie nun auch wieder verschwunden. Tja …

Weiter geht's mit einem „Erholungstag" auf der nächsten Seite.

Erholungstag

Emily konnte nicht einschlafen. Sie lag wach im Bett und dachte nach. Sie dachte an all die Arbeit, die Hunderte von Stunden, in denen sie das Geld für diese Reise verdient hatten. Sie dachte an die Dutzende von Büchern, die Ethan zur Vorbereitung alle gelesen hatte, all die Details, die er über die Ychurichuc-Ruinen herausgefunden hatte. Es wäre einfach nicht gerecht, wenn sie so schnell schon wieder zurück müssten, ohne auch nur die Gelegenheit gehabt zu haben, einen kurzen Blick darauf zu werfen, wofür sie so viel gearbeitet hatten. Dann schlief sie doch ein und dachte als letztes, dass sie schon viel zu nahe an ihrem Ziel waren, um jetzt umzukehren – egal was noch passieren sollte.

Als die Sonne am Morgen durch die Vorhänge schien war sie sich noch sicherer, dass Umkehren auf keinen Fall die richtige Entscheidung sein konnte. Sie drehte sich um und sah, dass Ethan schon ins Badezimmer gegangen war, um zu duschen. Als er ins Zimmer kam, saß sie an dem kleinen Schreibtisch und schrieb eine Postkarte an ihre Eltern. Es tropfte noch von Ethans nassen Haaren.

„Ich möchte nicht jetzt schon zurückfahren", entfuhr es beiden zur gleichen Zeit. Sie lachten und Emily sagte: „Ich konnte kaum schlafen. Ich bin mir nicht sicher, ob dieses Erdbeben der Vorläufer eines größeren Bebens war oder ob es gar kein weiteres größeres Beben mehr geben wird. Aber wie dem auch sei – ich möchte unbedingt diese Ruinen sehen."

Ethan sagte: „Wahrscheinlich werden viele Leute abreisen, aber ich will auch bleiben. Wir werden schon klarkommen, denke ich. Wir haben beide viel zu viel dafür gearbeitet, um jetzt aufzugeben." Emily nickte. Mit der Postkarte war sie fertig.

Ethan zog sich seine Badehose an und sagte: „Und jetzt möchte ich Wasserski fahren."

Emily legte den Stift weg und entgegnete: „Ich brauche nur fünf Minuten, dann bin ich dabei."

Ethan zischte auf seinen Skiern mit hoher Geschwindigkeit über den See. Dabei spritzte das Wasser in hohen Bögen. *Selbst wenn es heute noch ein großes Erdbeben geben sollte, bin ich so froh, dass wir geblieben sind,* dachte er. *Das macht so einen Spaß!* Die ersten Sonnenstrahlen schienen auf den Ychu-See. Das Wasser war angenehm kühl. Zum Schwimmen wäre es noch nicht warm genug gewesen. Es wehte nicht das leiseste Lüftchen. Bei absoluter Windstille sah die Wasseroberfläche aus wie eine Glasscheibe. Nur das Boot zog lange, geschwungene Wellen hinter sich her. Dieser Morgen könnte gar nicht besser sein. Das Frühstück war köstlich gewesen. Die defekten Leitungen und Geräte im Hotel waren anscheinend schon repariert worden, sofern überhaupt etwas kaputt gegangen war. Und eine kleine Wanderung in die Berge hatten sie auch schon unternommen.

Auch dort gab es einige Ruinen. Aber die waren bei weitem nicht so spektakulär wie in Ychurichuc. Es waren Fundamente aus Stein, die zu einem kleinen Dorf gehörten. Emily war davon ganz begeistert und sie fragte sich, warum diese Ruinen nicht auf der Karte oder im Reiseführer angegeben waren.

„Es ist so schade", sagte sie zu sich selbst. „Hier gibt es Zeugnisse von Menschen, die vor Tausenden von Jahren hier gelebt haben, und es scheint niemanden zu interessieren." Die Ruinen dieser Häuser waren nur ein paar Meter vom Weg entfernt. Schlingpflanzen wucherten überall und bedeckten die Steine und Mauerreste.

Emily wollte durch das Gestrüpp dorthin gehen, um sich die Ruinen aus der Nähe anzuschauen. „Vielleicht können wir sogar selbst noch ein wenig graben", sagte sie. Aber Ethan meinte, dass das wohl keine gute Idee wäre.

„Das sollten wir den Experten überlassen", sagte er. „Sonst zerstören wir noch etwas, das wir nicht wieder in Ordnung bringen können."

Emily gab ihm widerwillig Recht und so blieben sie auf dem Weg und wanderten weiter. Für den großartigen Blick vom Gipfel des

Berges hinunter zum Dorf Ychu und zum See hatte sich die Mühe absolut gelohnt. Das war einfach spektakulär. So war der Nachmittag noch besser gewesen als der schon großartige Morgen dieses Tages. Als Hotelgäste konnten sie kostenlos Jetskis leihen. Das war nun nach dem Abstieg ihre nächste Aktivität.

Emily beobachtete vom Heck des Jetski-Bootes aus die Wellen, die sie in die Wasseroberfläche malten. Es hatte sich wirklich gelohnt diesen Erholungstag einzulegen und zu bleiben, auch wenn das Grollen der Erde sie beinahe vertrieben hätte. Emily beobachtete das Wasser und die Gebäude ringsum ganz genau. Aber es war kein Anzeichen eines weiteren Bebens zu erkennen. Die Erde war ruhig wie immer und jedermann ging seinen üblichen Geschäften und Aktivitäten nach, als ob gestern Abend nichts gewesen wäre.

Der nächste Tag war genauso toll. Sie konnten sogar noch zum Parasailing auf dem See. Ein Boot zog sie in so hoher Geschwindigkeit hinter sich her, dass Ethan und Emily an ihren Fallschirmen in die Lüfte gehoben wurden. Das herrliche Wetter hielt an. Es wehte nicht einmal die kleinste Brise. Und auch von Erdbeben war nach wie vor nichts zu spüren. So hatten sie einen weiteren wunderbaren Tag in Ychu.

Am Nachmittag machten sie noch eine Klettertour. Emily baumelte am Ende eines langen Seils. Wobei – das wirkliche Ende berührte viel weiter unten irgendwo den Boden, dort, wo Ethan auf sie wartete. Sie waren an einer hohen Steilküste und seilten sich dort ab. Eine Hand hinter ihrem Rücken, die anderen über ihrem Kopf ließ sie sich vorsichtig am Hang entlang abwärts gleiten. Tief unter ihnen waren das Dorf und der See zu sehen. Auf der glatten Wasseroberfläche spiegelte sich der wolkenlose Himmel. Das war eines der besten Erlebnisse überhaupt, dachte Emily.

Sie spürte die Spannung in ihren Beinen und selbst durch die Handschuhe bemerkte sie ein leichtes Brennen in den Handflächen, so sehr erhitzen sich die Handschuhe durch die Reibung beim Rutschen entlang des Seils. Ganz oben beugte sich ein dunkelhaariger Mann über die Klippe und lachte ihr zu.

„Ist alles okay?", fragte er.

„Fantastisch", rief Emily. Sie stieß sich etwas von der Felswand ab und baumelte wieder zurück. Es war fast, als wenn sie auf dem Boden hüpfen würde. Dieses Abseilen wirkte schon ein wenig gefährlich. Aber was war das schon gegenüber einem Erdbeben, das sie schließlich gerade überstanden hatten. Sie hatte der Versuchung dieses Abenteuers jedenfalls nicht widerstehen können. Dieser Hang war einfach perfekt. Unter ihr gab es ein Dach aus Baumkronen und sie wusste, dass es darunter wiederum weiche Farne und andere tropische Pflanzen gab. Einige Vögel flogen aufgeregt um ihren Kopf herum, als wollten sie ihr etwas erklären.

„Ist schon gut, ihr Süßen", sagte Emily. „Ich bin gleich wieder weg." Dann ließ sie das Seil durch ihre Finger gleiten und war sogleich ein paar Meter weiter unten. Dabei pfiff der Wind in ihren Ohren. Könnte es irgendetwas geben, das noch mehr Spaß machte als das hier? Vielleicht, dachte sie. Aber Emily konnte sich beim besten Willen nicht vorstellen, was es sein sollte. Und morgen würden sie endlich zum lang ersehnten Ziel ihrer Reise kommen.

Zum Abendessen gab es Meeresfrüchte und schon wenig später schliefen beide kurz nach Sonnenuntergang ein. Das war einer der besten Tage ihres Lebens gewesen. Sie waren zwar schon sehr gespannt auf die Ruinen morgen. Aber nach dem ereignisreichen heutigen Tag waren sie so müde, dass ihnen gleich, nachdem sie sich ins Bett gelegt hatten, die Augen zufielen.

Weiter geht's mit „Ankunft bei den Ruinen" auf Seite 90.

Abbruch

Ethan und Emily dachten an all die Arbeit, die sie geleistet hatten, um sich diese Reise leisten zu können, und an die viele Zeit, die sie sich mit der Planung ihres Traumurlaubs in allen Details beschäftigt hatten.

„Wir haben alles so lange vorbereitet. Es kann doch nicht sein, dass wir jetzt so kurz vor dem Ziel abbrechen müssen," sagte Emily und ließ sich auf ihr Bett fallen. „Nachdem wir so viel dafür gearbeitet haben. Und trotzdem habe ich inzwischen ein ungutes Gefühl."

„Ich weiß nicht, was wir tun sollen", entgegnete Ethan. „Ich fürchte, dass es für uns hier noch richtig gefährlich werden könnte. Das war jetzt nur ein kleines Erdbeben, aber was, wenn das nächste viel schlimmer ist? Vielleicht kommen wir dann morgen nicht mehr nach Hause, aber heute könnten wir noch abreisen."

„Ich werde einfach das Gefühl nicht los, dass etwas Schreckliches passieren könnte, wenn wir bleiben", sagte Emily und legte ihrem Bruder den Arm auf die Schulter.

„Nun, dann sind wir uns einig und damit ist es klar. Nehmen wir also den Bus zurück zum Flughafen. Wahrscheinlich ist das das Beste."

In dieser Nacht konnte keiner von beiden gut schlafen. So waren sie am nächsten Morgen beide noch völlig verschlafen und müde. Sie fühlten sich niedergeschlagen und waren traurig über diese unschöne Entwicklung der Dinge. Ethan fragte Emily, ob sie ihre Meinung geändert habe. Aber auch diese Nacht hatte nichts an dem unguten Gefühl in ihrer Magengegend geändert. Die Fahrt war ruhig und irgendwie düster. Der Bus war nur halb voll. Einige der anderen Touristen im Hotel hatten ebenfalls beschlossen zurückzufahren. Aber wie sich in den Gesprächen mit ihnen herausstellte, hatten sie alle die Ruinen schon gesehen. Keiner von ihnen musste also abreisen, ohne das eigentliche Ziel dieses Urlaubs verpasst zu haben – außer Ethan und Emily.

Jeden Kilometer, den sie sich weiter von Ychu entfernten, wurde Ethan trauriger und trauriger. So viel Arbeit, so viel Zeit und Mühe und so viel Geld, das sie bezahlt hatten. Und am Ende war all das für fast nichts gewesen. Die Menschen, die hier zuhause waren, würden auch im Falle einer schweren Katastrophe schon irgendwie klarkommen. Aber zwei fünfzehnjährige Amerikaner hätten kaum eine Chance, unter solchen Umständen für sich selbst zu sorgen. Es wäre einfach nicht vernünftig gewesen, zu bleiben.

Steine und Kies knirschten unter den Rädern des Busses auf dem Weg zurück in die trockene und staubige Hauptstadt. Hier sah es noch genauso aus, wie beim letzten Mal. Man sah keinen Rauch, keine Brände, keine zerstörten Gebäude oder Stromleitungen. Es gab auch keine Überschwemmungen oder sonst irgendwelche Schäden. Die Stadt sah aus, als wenn alles in bester Ordnung wäre.

Ethan kam sich irgendwie albern vor. Er schaute zu Emily, die aus dem Fenster guckte.

„Es scheint so, dass alles in Ordnung ist, oder?", meinte Emily.

„Woher willst du wissen, dass es nicht in Ordnung ist?", fragte Ethan.

„Ich weiß es ja gar nicht", sagte sie und seufzte. „Ich habe einfach ein schreckliches Gefühl."

„Irgendwie bin ich doch froh, dass wir uns auf den Rückweg machen", sagte Ethan. „Ich mag diese Ungewissheit nicht."

„Ich finde es schade, dass wir schon abreisen", sagte Emily. „Aber ich werde das Gefühl einfach nicht los, dass es die richtige Entscheidung ist."

Der Bus hielt am Seiteneingang des Flughafens. So wie überall sonst in der Stadt, schien auch hier alles ganz normal. Sie gingen mit ihrem Gepäck hinein. Dort sahen sie eine riesige Menschenmenge, die sich an den Ticketschaltern drängelte. Massen von Touristen tobten, weil sie alle sofort abreisen wollten. Die Schlange vor dem Ticketschalter reichte fast bis zum Eingang. Ethan war sofort klar, dass es einige Zeit dauern würde, bis sie an der Reihe wären und herausfinden könnten, ob sie ihren Flug umbuchen konnten. Die meisten Leute, die vom Tresen zurückkamen, sahen frustriert aus. Es dauerte zwei Stunden, bis sie endlich dran waren. Sie waren bereits sehr hungrig und sehr müde.

Die Dame hinter dem Schalter schien noch müder zu sein, als sie selbst, was aber nicht sonderlich überraschend war.

„Haben Sie schon eine Buchung?", fragte sie.

„Ja, haben wir", antwortete Ethan. „Aber erst für nächste Woche."

Die Dame tippte etwas in ihren Computer und sagte dann: „Ich habe nur zwei Möglichkeiten für Sie. Die eine ist ein Flug in drei Stunden. Der geht aber nicht direkt in die Staaten. Es gibt einen Zwischenstopp in Ecuador und einen weiteren in Mexiko-City. Morgen früh sind Sie dann an Ihrem Zielflughafen."

„Das sind ja 36 Stunden Reisezeit", sagte Ethan.

„Muss das sein?", fragte Emily. „Was ist denn die andere Option?"

„Die Alternative ist, dass Sie bis morgen warten. Dann habe ich einen Direktflug für Sie. Dort sind jetzt noch genau zwei Plätze frei. Wenn Sie die nehmen möchten, müssen Sie sich jetzt entscheiden."

Du entscheidest, wie es weiter geht.
„Einen Tag warten" auf Seite 82.
Oder „Abflug sofort" auf der nächsten Seite.

Abflug sofort

Ethan sah Emily an, aber sie konnte ihm nicht helfen. Ihr Gesicht war blass und erschöpft. Das war nun wirklich ihr Worst-Case-Szenario, das Schlimmste, das sie sich bei der Planung ihrer Reise hatten vorstellen können. Dass das nun von einem Erdbeben verursacht wurde, von dem sie nicht einmal wussten, ob es überhaupt passieren würde, war nahezu unerträglich.

„Was meinst du, was wir tun sollten?", fragte Ethan seine Schwester.

Emily zuckte mit den Achseln. „Wenn wir zurückfliegen, dann jetzt gleich", sagte sie. „Denn wenn wir noch warten, könnten wir unsere Meinung vielleicht wieder ändern und uns entscheiden, doch zu bleiben."

Ethan fühlte sich elend. Aber es war das Einzige, was jetzt zu tun war. Also wandte er sich an die Mitarbeiterin am Ticketschalter und sagte: „Wir nehmen den Flug jetzt gleich."

Die Frau konnte die bedrückte Stimmung der Zwillinge verstehen. Das war bei fast allen Fluggästen im Moment so.

Sie druckte die Tickets aus und gab sie Ethan und Emily. „Haben Sie Gepäck?", fragte sie. Sie nickten stumm und stellten ihre Koffer auf das Transportband. „Das Boarding ist in einer Viertelstunde. Sie müssen sich beeilen."

Damit war nun alles geklärt und sie waren auf der sicheren Seite. Bis auf eines: ihre *Saladeras*.

„Es tut mir leid. Sie dürfen das Geld nicht außer Landes mitnehmen", sagte ein Sicherheitsmann. Auf der Anzeigetafel blinkte ihr Flug bereits. Das Boarding würde gleich beendet sein. Sie konnten das Gate schon sehen.

„Sie müssen ein Formular ausfüllen. Dann können wir Ihre *Saladeras* in Dollar wechseln." Er holte das Formular aus seiner Tasche. Es war drei Seiten lang.

Die Flugbegleiter schalteten das Blinklicht aus und begannen, das Gate zu schließen.

Emily warf dem Wachmann ihre *Saladeras* entgegen. „Hier! Nehmen Sie es. Nehmen Sie alles! Komm, Ethan! Wir müssen rennen!"

Ethan griff in seine Tasche, um dem Sicherheitsmann ebenfalls seine *Saladeras* zu geben. Seine Bewegungen waren mechanisch. Er starrte auf die vielen Banknoten in seiner Hand. Dann flogen die Scheine durch die Luft.

„Mir scheint, wir haben keine Zeit für das Formular. Also ist das hier auch für Sie", sagte Ethan und stürmte seiner Schwester nach.

Der Flug mit seinen drei Etappen dauerte anderthalb Tage. Die Zwillinge sprachen kaum. Sie versuchten, im Flugzeug ein wenig Schlaf zu bekommen. Aber das war beiden fast unmöglich. Sie dösten ein und wachten jeweils schon Minuten später wieder auf, starrten dann auf die Rücklehne des Sitzes vor ihnen und fragten sich immer noch, ob sie sich richtig entschieden hatten. Aber sie hatten auch nicht das Gefühl, eine andere Wahl gehabt zu haben.

Bei ihrem ersten Zwischenstopp riefen sie vom Flughafen aus zuhause an und hinterließen auf dem Anrufbeantworter eine Nachricht, in der sie von ihrem Entschluss zur Rückreise berichteten. Beim nächsten Halt in Mexiko-City riefen sie wieder an, obwohl es mitten in der Nacht war. Ihr Vater antwortete: „Ich habe eure Nachricht bekommen", sagte er. „Es tut mir sehr leid, aber ihr habt bestimmt die richtige Entscheidung getroffen."

„Bist du sicher, Dad?", fragte Ethan mit unsicherer Stimme. Er schaute zu Emily, aber sie wich seinem Blick aus. „Wir fühlen uns beide gerade ganz schrecklich."

„Das kann ich mir sehr gut vorstellen", sagte Dad. „Das kann ja gar nicht anders sein in dieser Situation. Aber zum Erwachsensein gehört es dazu, dass man manchmal auch unangenehme Entscheidungen treffen muss. Wir holen euch dann am Flughafen ab."

Stunden später trotteten Ethan und Emily aus dem Flugzeug. Jetzt auch noch der Jetlag. Es ging ihnen so schlecht wie noch nie zuvor. Es würde wohl ein paar Tage dauern, bis sie sich wieder normal fühlen würden.

„Na sowas – es ist passiert!", rief Ethan aufgeregt mit einer Mischung aus Panik und Erstaunen in seiner Stimme. „Das Erdbeben!"

Er reichte den Tablet-Computer zu Emily, die nun auch die Nachrichten von einem großen Erdbeben in Allqukilla las. Und sie waren ihm entkommen. Ihre Entscheidung war also die richtige gewesen. Aber wie ging es jetzt all den Menschen dort? Wie würde das Leben für die Einheimischen weitergehen?

In den kommenden Tagen gab es kaum neue Nachrichten, vor allem, weil die Kommunikationsinfrastruktur durch das Beben beschädigt worden war. Auch die meisten Straßen und die Start- und Landebahnen waren zerstört. Reisen im Land war so unmöglich geworden.

Immerhin fand Ethan noch ein Souvenir – im Geheimfach seiner Hüfttasche. Denn das war immer noch bis zum Rand mit Saladeras gefüllt. „Die hatte ich ganz vergessen", sagte er und gab einige Scheine seiner Schwester und auch an Mom und Dad. Und allen Freunden, die er traf, gab er ebenfalls einen Schein. Sie sahen die Nachrichten im Fernsehen und fragten sich, was ihnen alles hätte passieren können.

„Lektion gelernt", sagte Emily dann am nächsten Tag. „Vielleicht sollten wir unsere nächste Reise in eine sicherere Gegend machen."

ENDE.

Einen Tag warten

Ethan blickte hilfesuchend zu Emily. Aber Emily zuckte nur mit den Schultern. „Das ist ja überhaupt nicht lustig mit dreimal Umsteigen und dann auch noch später zuhause zu sein, als wenn wir morgen den Direktflug nehmen."

Ethan antwortete: „Das sehe ich auch so, wobei das hier wohl eine ziemlich unangenehme Nacht werden könnte."

„Können wir nicht noch ein Hotelzimmer nehmen?", fragte Emily.

„Klar könnten wir", sagte Ethan. „Aber das wäre eine Verschwendung von Zeit und Geld, wo wir morgen gleich ganz früh wieder am Flughafen sein müssen, um pünktlich einzuchecken. Ich finde, wir sollten hierbleiben. Irgendwo finden wir bestimmt einen Platz zum Schlafen, und sparen damit viel Geld."

Emily war klar, was Ethan meinte. Sie hatten nun schon sehr viel Geld ausgegeben – und das, ohne ihr eigentliches Reiseziel überhaupt gesehen zu haben.

„Einverstanden", sagte Emily. „Lass uns eine ruhige Ecke finden. Du kannst dann zuerst schlafen. Ich bleibe wach und dann tauschen wir."

Ethan wandte sich wieder der Frau am Ticketschalter zu. „Wir nehmen den Flug morgen früh."

„Das hätte ich an Ihrer Stelle genauso gemacht", antwortete sie. Schon ratterte ihr Drucker und gab zwei Tickets aus. Sie gab sie Ethan. „Es tut mir leid, dass es mit Ihrer Reise nicht wie geplant geklappt hat. Hier am Flughafen zu übernachten ist natürlich nicht so bequem, aber es wird Ihnen viel Geld sparen. Es ist ja sowieso billiger als ein Hotel. Und gerade jetzt verlangen die Hotels besonders hohe Preise, weil sie wissen, dass die Leute hier am Flughafen festsitzen und nirgendwo sonst hinkönnen."

Ethan nahm die Tickets und steckte sie in seine Tasche. „Lass uns gehen und schauen, wo wir uns hinsetzen können", sagte er zu Emily.

Weiter geht's mit „Erdbeben" auf der nächsten Seite.

Erdbeben

„Dort an der Wand gegenüber gibt es eine Bank. Da können wir uns hinlegen, wenn wir müde sind", sagte Emily. Sie schlenderten zu der langen Holzbank hinüber und schleppten ihr Gepäck mit sich.

Die ganze Nacht lang versuchten sie abwechselnd, etwas Schlaf zu bekommen und gleichzeitig ihr Gepäck zu bewachen. Aber gegen drei Uhr am Morgen hielt Emily es nicht länger aus und schlief neben Ethan auch ein. Zum Glück war ihr Gepäck noch vollständig da, als sie wieder aufwachten. Emily entschuldigte sich bei Ethan, aber der war viel zu erschöpft, um sich zu beschweren.

„Es ist erst fünf", sagte sie. „Willst du noch eine Runde schlafen?"

„Ich würde ja gerne. Zumal ich kaum geschlafen habe diese Nacht. Die harte Bank ist übel für meinen Rücken. Ich glaube, ich stehe besser auf und laufe etwas umher." Er stand auf, streckte sich und blickte sich um. „Wir können unsere Taschen hier nicht unbeaufsichtigt lassen. Dann müssen wir sie halt mit uns schleppen."

Jetzt reckte und streckte Emily sich auch. Und genau in dem Moment bebte der Boden unter ihren Füßen heftig. Emily fiel auf die Seite und schrie. Hinter ihnen knirschte es, bevor es einen lauten Knall gab. Links von ihnen wackelte eine Reihe von Schließfächern und kippte um. Alle möglichen Dinge aus den Schließfächern verteilten sich über den Boden. Und der bebte weiter. Die Wände zitterten. Bilder fielen zu Boden, so dass Glasscherben wie Raketen über die Fliesen schleuderten. Menschen fielen um wie Dominosteine.

Das war kein Vergleich zu dem ersten leichten Beben. Das hier war ein richtiges Erdbeben.

Ethan und Emily krochen zum Schutz unter ihre Bank. Sie hielten sich gegenseitig die Hände und beobachteten entsetzt, wie der Flughafen um sie herum auseinanderbrach. „Wir hätten doch gestern Abend schon fliegen sollen", rief Emily in dem Lärm.

„Wenn wir das gewusst hätten", schrie Ethan, plötzlich heiser, zurück. „Was machen wir jetzt?"

Es dauerte eine Stunde oder sogar zwei, bis der Boden aufhörte zu zittern. Fliesen fielen weiter von der Decke und zerschlugen auf dem Boden. Allmählich kamen die Menschen aus ihren Unterschlüpfen hervorgekrochen. In der Ferne heulten Sirenen.

In ihrer Nähe war eine ältere Dame zu Boden gefallen und lag nun inmitten von Staub und Qualm. Emily eilte zu ihr, um ihr beim Aufstehen zu helfen. Überall waren Menschen, die von der Wucht des Erdbebens umgeworfen worden waren und sich nun mühsam wieder aufrichteten. Ethan und Emily machten sich schwankend auf den Weg zu den Schaltern der Fluggesellschaft. Aber dort flackerten die Lichter erst und gingen dann aus. Ethan mühte sich hinter Emily her. Das einzige Licht im ganzen Flughafen kam von den Außenfenstern.

„Glaubst du, dass die Flugzeuge starten können, wenn der Flughafen keinen Strom mehr hat?", fragte Ethan.

„Bestimmt ist durch das Erdbeben der Strom ausgefallen. Aber gibt es nicht für solche Fälle Notstromaggregate?", fragte Emily zurück. Links von ihnen ging ein Paar langsam in Richtung der Fenster auf der Eingangsseite. Sie unterhielten sich hitzig auf Spanisch mit einem starken Akzent. Ethan und Emily hörten genau hin, aber sie konnten fast nichts verstehen. Die beiden waren definitiv Einheimische aus Allqukilla, und sie schienen sehr beunruhigt.

Ethan nickte, während er ihnen angestrengt zuhörte. „Sie sagen, dass die Notstromaggregate nur für allgemeine Notfälle sind, aber nicht für den Flugverkehr. Und dass die Stromversorgung durch nichts unterbrochen werden kann, außer durch einen Bruch des Staudamms", sagte Ethan.

„Klar, es muss ja Stromleitungen vom Damm hierher geben. Vielleicht sind die irgendwo durch das Beben zerstört worden", sagte Emily.

„Gut möglich", sagte Ethan. „Aber wie dem auch sei, glaube ich nicht, dass wir länger an diesem Ort hier bleiben sollten."

Ein lautes Grollen kam von einer nahegelegenen Wand, und dann zeigte sich ein langer Riss.

„Wir müssen hier raus", rief Emily.

„Wir können unser Gepäck nicht mitnehmen. Draußen könnte es noch schlimmer sein als hier drinnen", keuchte Ethan. Er scannte mit seinem Blick die Decke ab und atmete tief durch. „Nun, egal wie – wir müssen jetzt los."

„Wir können nicht einmal Mom und Dad anrufen, bevor es wieder Strom gibt. Und bestimmt ist dies nicht der einzige Ort in der Stadt, an dem es dunkel ist." Emily trat einen Trümmerteil beiseite und fasste Ethans Hand.

Die Menschen drängten sich in der Dunkelheit zusammen. „Ich bin mir nicht sicher, ob wir nicht doch hier drinnen bleiben sollten", sagte Emily.

„Alles, was ich weiß, ist, dass es draußen keine großen Stahlträger gibt, die auf dich fallen könnten", sagte Ethan. „Lass uns gehen."

Die Zwillinge bahnten sich einen Weg durch die Trümmer. Eine Reihe von Menschen folgte ihnen. „Bitte sag mir, dass du in deiner Notfallplanung auch die Adresse der Botschaft notiert hast", sagte Emily.

„Klar hab' ich das", antwortete Ethan. „Das Problem ist nur, dass die auf der anderen Seite der Stadt ist."

„Oje, das ist ein weiter Weg."

Ethan nickte ärgerlich. „Mir scheint, dass wir jetzt eine weite Strecke laufen müssen, egal wohin."

Draußen hörten sie, wie die Sirenen näherkamen.

Staub fegte durch die Lobby des Flughafens, angetrieben von einem unsichtbaren Wind. Irgendetwas weiter im Inneren des Flughafengebäudes war eingestürzt. Ethan und Emily bedeckten ihren

Mund, um nicht den ganzen Staub einzuatmen. Sicherheitspersonal mit bunten Uniformen strömte aus allen Türen und schrie die Menschen auf Spanisch an, das Gebäude zu verlassen. „Bewegt euch", sagte ein uniformierter Mann auf Spanisch zu den Zwillingen und packte Ethan am Arm. „Zum Ausgang und dann auf den Parkplatz."

Emily warf einen sehnlichen Blick auf ihre Koffer, tat dann aber, was ihr gesagt wurde. „Los jetzt!", sagte der Wachmann unnötigerweise und schob sie vorwärts.

Die Eingangstüren waren zwar nur drei oder vier Meter entfernt, aber es war noch eine so große Menge Menschen vor ihnen. Die Sicherheitsleute agierten wie menschliche Bulldozer und schoben die Leute vor sich her. Keine Taschen, dachte Emily. Alle ihre Kleidung, das meiste von ihrem Geld und ... „Mein Reisepass!", rief Emily. Dabei hatte sie ein Gefühl wie von einem Schlag in die Magengegend getroffen zu sein. Sie versuchte, zu ihrem Gepäck zurückzugehen. Aber nur für eine Sekunde. Es war zu spät. Es gab keine Chance, noch einmal dorthin zu kommen.

Ethan nahm ihre Hand. „Es wird schon werden", sagte er. „Ich habe immer noch meinen."

Sie wurden von der Menge nach vorne geschoben. Durch die Glastür an der Vorderseite des Flughafens sahen sie, wie es dämmerte. Die Sonne war hinter den Gipfeln noch nicht zu sehen. Nur ein sanftes Leuchten verbreitete sich von Osten her. Es hätte so schön sein können. Stattdessen schrien und weinten die Menschen, einige klammerten sich aneinander. Die Menge wurde vom Sicherheitspersonal unerbittlich immer weiter vom Flughafen weggedrängt. Die Sirenen, die vorhin noch so weit weg schienen, kamen immer näher.

Immerhin war die Luft hier besser. Emily atmete tief und erleichtert ein, atmete aus und wieder ein. Ganz vorne am Flughafengebäude waren an einem Vordach aus Beton Risse zu sehen, die am Vortag noch nicht dagewesen waren.

„Weiter!", riefen die Polizisten. „Weiter weg vom Gebäude." Nur wenige Meter weiter verlief die Straße mit einem großen Kreisverkehr. Dieser war mit Blumen geschmückt. Darin stand auch ein Schild, auf dem steht: „Willkommen in Takewawa." Das Schild war umgekippt und auf die schönen exotischen Blumen gefallen. Wieder waren Martinshörner zu hören. Polizeiautos und ein Krankenwagen kamen mit so hoher Geschwindigkeit auf den Parkplatz gerast, dass sie beinahe mitten in die Menschengruppe, in der sich auch die Zwillinge befanden, gefahren wären. Tausend Menschen oder noch mehr drängten sich in diesem Bereich vor dem Flughafen, rannten weg vom Vordach und auf den Kreisverkehr. Babys weinten. Kinder schrien laut nach ihren Eltern und schauten sich panisch um in der Hoffnung, diese irgendwo zu entdecken. Immer noch strömten Menschen aus dem Flughafengebäude und drängten die Gruppe immer weiter in den Gartenbereich. Sicherheitsleute riegelten die Vorderseite des Flughafens ab.

Emily wirkte panisch. Ethan wusste, dass er etwas sagen musste, um sie zu beruhigen. „Immerhin sind wir zusammen", sagte er. „Wir werden es schon schaffen. Ich habe noch das meiste von meinem Geld."

Emily sah elend aus. „Fast alles von meinem Geld ist in meiner Tasche", sagte sie, „zusammen mit meinem Reisepass. Ich hätte sie nicht dort hineinstecken sollen, aber wir waren ja schon so gut wie im Flugzeug! Ich hätte nicht gedacht, dass ich sie vorher noch einmal brauche."

„Schon okay", sagte Ethan. „Wir werden sicher nicht die Einzigen mit dieser Art von Problemen sein."

Unter den rund tausend Menschen, die sich so vor dem Flughafen versammelt hatten, waren viele, die ganz offensichtlich keine Einheimischen waren. Und viele von ihnen waren ebenfalls ohne Gepäck. All ihre Sachen waren nun im Flughafen verloren. Zwei lange Busse waren gekommen, um die Leute abzuholen. Die

Sicherheitskräfte drängten die Menschen in den Bus, als würden sie Laub in einen Mülleimer zusammenfegen. Viele Passagiere wollten nicht einsteigen. Aber es war offensichtlich, dass die Sicherheitskräfte sie dazu zwingen würden.

„Wir müssen hier weg", hörte Ethan einen von ihnen zu einem Flughafenmitarbeiter sagen. „Es gibt Probleme mit dem Staudamm." Wenn das wahr wäre – und nach all dem Geschrei zu urteilen, schien es fast so –, könnte die Lage hier sehr schnell sehr schlimm werden, realisierte Ethan. Der Flughafen befand sich auf einem Plateau ganz in der Nähe des Flusses. Der Takewawa River floss am Flughafen vorbei in Richtung Meer. Durch den Takewawa-Staudamm war der See entstanden, der die Gegend in Ychu für die Touristen so wunderschön machte.

Von den Turbinen im Staudamm wurde der größte Teil der Stadt einschließlich des Flughafens mit Strom versorgt. Sollte der Damm brechen, würde die Stadt wohl nie wieder so sein wie zuvor. Dann ging es nicht um Stromleitungen, die man in ein paar Tagen reparieren oder ersetzen könnte. Vielmehr wäre es eine Frage von Jahren, um die zerstörte Infrastruktur wieder aufzubauen. Schlimmer noch, aus dem Fluss würde ein tosender Strom werden. Wer weiß, wie schnell der Flughafen überspült werden würde? Eine solche Überschwemmung wäre katastrophal.

Wieder hörten sie unverständliches Gerede aus den Funkgeräten der Einsatzkräfte. Aus einem Kleintransporter stiegen fünfzehn weitere Polizisten, mit stechendem Blick und Maschinengewehren in den Händen. Jedes Fahrzeug, das vorbeikam, hielten sie an und drängten die Menschen hinein.

„Wir müssen in den Bus", sagte Ethan und packte Emily am Arm. „Jetzt!"

Weiter geht's mit „Im Bus" auf Seite 181.

Ankunft bei den Ruinen

Bei Sonnenaufgang war der Himmel hell und klar, und sie standen fast genau in dem Moment auf, als die ersten Sonnenstrahlen über den Hügeln im Osten zu sehen waren.

„Der Bus zu den Ruinen fährt direkt vor dem Hotel ab", sagte Ethan. „Ich möchte unbedingt gleich im ersten Bus dabei sein."

Emily war schon auf dem Weg ins Badezimmer. „Ich brauche nur eine Minute unter der Dusche. Willst du noch zum Frühstück gehen?"

„Ich weiß nicht, ob ich einen Bissen runterkriegen würde", sagte Ethan. „Ich bin so aufgeregt."

„Da muss die Aufregung aber wirklich besonders groß sein", meinte Emily. „Ich hätte nie gedacht, dass du einmal nicht essen kannst."

Ethan strich mit der Hand über seine Haare und lächelte. „Nun, vielleicht bekomme ich doch zumindest ein bisschen runter."

Emily grinste. Schon wenig später saßen sie unten im Speisesaal bei einem herzhaften Frühstück. Dabei behielten sie die Fenster zur Vorderseite immer im Blick, um sofort zu sehen, wenn der Bus ankommt.

„Ich sollte noch etwas Geld abheben", sagte Ethan. Er hatte in sein Portemonnaie geschaut und gesehen, dass er nur noch wenige *Saladeras* hatte, selbst wenn er sein Geheimfach mitrechnete.

Sie hatten zwar schon einiges an Postkarten und Mitbringseln gekauft, aber es schien trotzdem, dass sie mit ihrem Geld nicht so weit kamen. Im Souvenirshop waren teilweise die Preise durchgestrichen und dann höhere Preise darübergeschrieben worden. Es war beinahe so, dass man zuschauen konnte, wie die Preise stiegen, während man dort stehen blieb.

Ethan ging zum Geldautomaten, Emily trank noch etwas Mangosaft. Als er zurückkam, machte er ein völlig erstauntes Gesicht.

„Was ist?", fragte Emily.

„Nichts", antwortete Ethan. „Eigentlich ist genau das passiert, was ich erwartet habe, aber es ist schon interessant, dass es tatsächlich so passiert."

Er gab ihr zwei tausender *Saladera*-Scheine.

„Zweitausend?", fragte Emily erstaunt.

„Der Kurs ist noch einmal um zehn Prozent gestiegen. Es ist schon erstaunlich, wie schnell die Inflation eine Währung immer wertloser machen kann. Was für ein Glück, dass das beim Dollar anders ist."

Emily nahm noch einen Bissen von ihrem Toastbrot. Aber dann schob sie ihren Teller zur Seite und es schien, als wenn sie sich an etwas erinnern würde. „Aber es passiert doch mit dem Dollar auch, oder?", fragte sie.

„Ja, schon", antwortete Ethan. „Aber hier können wir geradezu zusehen, wie es passiert. Jedenfalls möchte ich keine weiteren Dollars umtauschen. Denn im Gegensatz zur *Saladera* behalten die Dollars ihren Wert."

Emily runzelte die Stirn. „Aber das könnte schwierig werden. Die meisten Leute hier nehmen keine Dollars. Was wir bisher erlebt haben, waren sicher nur Ausnahmen. Also brauchen wir *Saladeras*, um hier bezahlen zu können. Denn falls irgendetwas passieren sollte, wissen wir nicht, wo es auf dem Land dann den nächsten Geldautomaten gibt."

„Zum Glück werden wir wohl nicht auf dem Land sein. Jedenfalls nicht weiter als eine Busfahrt vom Hotel entfernt."

„Das stimmt. Aber du bist doch sonst auch lieber selbst auf die unwahrscheinlichsten Möglichkeiten vorbereitet." Dabei lachte Emily. Sie trank ihren Mangosaft aus. Dieser war viel dickflüssiger als die Fruchtsäfte in den USA. Im Vergleich zum Saft bei ihnen zuhause war das hier fast schon Sirup. Aber ein Sirup mit enorm viel Geschmack – wie ein Feuerwerk auf ihrer Zunge. So etwas hatte sie vorher noch nie probiert.

„Ich bewundere deine großartigen Vorbereitungen für alle nur denkbaren Fälle immer wieder", sagte sie. „Das ist einer der Gründe, warum es so viel Spaß macht, mit dir zusammen zu verreisen."

„Nun, *bisher* hat es Spaß gemacht. Aber ich wundere mich schon darüber, was alles passieren kann, an das wir bei unserer ursprünglichen Planung nicht gedacht haben."

„Dafür bin ich zuständig", entgegnete Emily grinsend. Sie stand auf und wischte sich den Mund mit einer Serviette ab. „Aber ich denke, jetzt bleiben wir bei unserem ursprünglichen Plan. Ich kann es kaum erwarten, endlich die Ruinen zu sehen. Es ist, als ob ich mein ganzes Leben lang darauf warten musste und jetzt endlich in das verheißene Land komme."

Als sie schließlich dieses verheißene Land erreichten, war Ychurichuc aber nicht ganz so, wie Emily es sich anhand der Reisebroschüren vorgestellt hatte. Sie wusste, dass die Ruinen nicht besonders groß oder extrem beeindruckend sind, vor allem, wenn man sie von unten betrachtet. Auf der Busfahrt vom Hotel den Berg hinauf streiften immer wieder Zweige der dichten Pflanzen an den Fensterscheiben entlang, so dass es fast keine Aussicht gab. Aber trotzdem hatte Emily zumindest erwartet, dass auf dem Gipfel etwas vor ihnen auftauchte, das zumindest irgendwie einen besonderen historischen Eindruck machen würde. Stattdessen fuhr der Bus einfach auf einen matschigen Parkplatz. Am Rand des Parkplatzes gab es mehrere kleine Läden, die offensichtlich Kitsch aus chinesischer Herstellung verkauften.

Sie schaute zu Ethan. Der zuckte mit den Achseln.

„Nicht wirklich überraschend", sagte er. „Dieser Teil hier wird halt nicht in den Reiseprospekten abgebildet."

Emily versuchte zu lachen, aber sie konnte ihre Enttäuschung nicht verbergen. Sie hielten an der Bushaltestelle und die fünfundzwanzig oder dreißig Touristen, die vom Hotel zusammen hergekommen waren, stiegen aus. Der Parkplatz war matschig, obwohl es in den letzten Tagen nicht geregnet hatte. Dichter Nebel bedeckte den Gipfel und die Landschaft in allen Richtungen. Immerhin das war so, wie sie es sich vorgestellt hatte.

Der Torbogen vor ihnen war unübersehbar aus Kunststeinen. Durch diesen kamen sie auf eine Rasenfläche. Dort begann eine Treppe mit Stufen aus antiken Steinen, die die Zwillinge fast so gut kannten wie die Stufen zu ihrem eigenen Zuhause. Links vom Bogen war ein kleiner Ticketschalter.

„Das ist wohl der Treffpunkt mit unserem Reiseführer", sagte Ethan. Aber sie konnten niemanden sehen, der wie ein Reiseführer aussah. Emily blickte sich nach allen Seiten um, um jemanden zu entdecken, der zu der Beschreibung passte, die sie bekommen hatten. Schließlich sahen sie, dass eine kleine Gruppe von Touristen die Anlage durch das Eingangstor wieder verließ. Übrig blieb ein kleiner, ziemlich dicker Mann mit dunklen Haaren und dunklen Augen. Auf seinem T-Shirt war das Logo der Guide Company erkennbar.

„Ich wette, das ist er", sagte Emily. Im selben Moment entdeckte der Mann die beiden jungen, blonden Amerikaner und lachte sie an. Sie gingen zu ihm hinüber. Ethan fragte: „Bist du Jorge?"

„Ja, der bin ich", antwortete er in perfektem Englisch.

Emily fragte sich, ob sie vielleicht einen schrecklichen Fehler gemacht hatten. Irgendetwas in seinem Lächeln wirkte auf sie wie falsch. Aber sie sagte trotzdem: „Mein Vater und dein Vater waren gute Freunde."

Ethan und Jorge gaben sich die Hände. Emily dachte, dass sie ihm wohl auch die Hand geben müsste. Aber sie ekelte sich ein wenig vor seiner fettigen und verschwitzten Hand.

„Ich freue mich, dass ihr da seid", sagte Jorge. „Ich hatte mich schon gefragt, ob das Erdbeben euch abschrecken würde."

„Wir haben uns schon etwas Sorgen gemacht. Aber dann dachten wir, dass wir schon zu weit gereist sind, um so kurz vor dem Ziel umzukehren", antwortete Ethan.

Wieder dieses komische Lächeln. Emily hatte das gleiche unangenehme Gefühl wie, wenn jemand mit einem Fingernagel über eine Tafel kratzt. „Das war genau die richtige Entscheidung, meine Freunde!", sagte Jorge. „Es ist eine einmalige Gelegenheit. Ich werde euch in den nächsten zwei Tagen einige Dinge zeigen, die noch kaum jemand sonst gesehen hat."

Ethan strahlte. „Ich kann es kaum erwarten. Gehen wir los?" Er ging auf den Bogen zu, als ob nichts ihn zurückhalten könnte.

Jorges Lächeln ging ein wenig zurück. „Aber vorher muss ich euch bitten, die Tickets zu kaufen."

Ethan schlug sich mit der Hand gegen die Stirn. „Oh, das hätte ich beinahe vergessen! Tut mir leid." Er nahm einen ziemlich dicken Stapel *Saladera*-Scheine aus seiner Hüfttasche.

Jorge leckte sich die Lippen und sein Gesicht verzog sich zu einer Grimasse, die das Lächeln komplett verdeckte. „Ja, fein. Aber wenn du etwas anderes hättest – Dollars zum Beispiel – könnte ich dir ein günstigeres Angebot machen."

Emily deutete in Ethans Richtung ein leichtes Kopfschütteln an und hoffte, dass er es sah.

Ob er es gesehen hatte oder nicht, Ethan hielt Jorge weiter die *Saladeras* hin. „Das ist alles, was wir haben", sagte er zu ihm.

„Zu schade", antwortete Jorge und streckte seine Hand aus, um einen großen Teil des Stapels zu nehmen. „Ich kümmere mich sogleich um die Tickets. Aber vorher möchte ich euch noch sagen, dass ich hier seit vielen Jahren als Reiseführer arbeite, genau wie mein Vater vor mir. Ich bin praktisch auf diesem Hügel aufgewachsen", sagte er und deutete mit dem Arm auf die Ruinen am Hang. „Ich kenne viele Geheimnisse der Ruinen, und ich möchte diese gerne mit euch teilen, zumal unsere Familien Freunde sind. Ihr habt euch offensichtlich sehr gut auf diese Reise vorbereitet. Ich kann euch Dinge zeigen, die kein anderer Reiseleiter kennt."

„Das klingt wunderbar", sagte Ethan.

Emily dachte, dass es einen Haken geben müsste, ein „aber", das nur darauf wartet, sich zu zeigen. Schon im nächsten Moment sollte sie Recht bekommen.

„Ich zeige euch diese Dinge wirklich sehr gerne", fuhr Jorge fort. „Aber dazu brauche ich noch etwas mehr Geld. Denn das sind dann Zusatzleistungen zur Basistour. Die kosten extra."

Ethan drehte sich zu Emily. „Kann ich kurz mir dir sprechen?"

„Gute Idee", sagte sie. Sie gingen einige Schritte zurück in Richtung Bus, so dass Jorge sie nicht hören konnte. Emily sah, wie er am Schalter über die Tickets verhandelte. „Er hat uns schon zu viel abgenommen", sagte Emily. „Du hast ihm doch mehr gegeben als vereinbart war, oder?"

Ethan nickte. „Es war nicht viel mehr, nur ein bisschen. Umgerechnet in Dollar ist es fast die gleiche Summe. Anscheinend hat er sein Honorar an die Inflation angepasst. Ich glaube nicht, dass er uns übers Ohr hauen wollte."

„Bisher noch nicht", sagte Emily. „Aber ich finde ihn schon ziemlich komisch. Plötzlich gibt es dieses Zusatzangebot. Warum hat er das in den vielen Emails in den letzten sechs Monaten nie erwähnt? Warum kommt er damit gerade jetzt heraus?"

„Bestimmt geht es ihm nur darum, mit seinen besonderen Kenntnissen etwas mehr Geld zu verdienen. Daran ist doch nichts auszusetzen."

„Das stimmt", sagte Emily. „Aber trotzdem ist da etwas, was mir nicht gefällt."

Sie drehten sich um und gingen zurück zum Torbogen mit dem Eingang zu den Ruinen. „Das klingt schon verlockend. Schließlich sind wir hierhergekommen, um mehr als eine Standardführung zu bekommen, oder?"

Du entscheidest, wie es weiter geht.
Mit „Exklusive Führung" auf der nächsten Seite.
Oder „Keine exklusive Führung" auf Seite 103.

Exklusive Führung

Der Himmel strahlte über ihren Köpfen in einem Azurblau. Die Vögel zwitscherten, als wenn sie ihnen zurufen wollten: „Na los, worauf wartet ihr?"

„Lass uns schauen, wie viel er verlangt", meinte Ethan. „Wenn es möglich ist, würde ich diesen exklusiven Teil schon gerne nehmen."

„Eigentlich bin ich einverstanden. Aber wie gesagt, bei diesem Kerl habe ich wirklich ein sehr mulmiges Gefühl." Emily war von der Idee alles andere als begeistert.

„Klar, verstehe. Ich auch", sagte Ethan. „Aber was soll schon passieren? Es ist nur eine etwas ausgedehnte Touristenführung und kein Gang durch eine dunkle Gasse."

„Ok. Also machen wir es", erwiderte Emily.

„Es sei denn, du bist der Meinung, dass wir es definitiv lassen sollten", hakte Ethan noch einmal nach.

„Nein", sagte sie. „Es ist schon in Ordnung. Wir müssen nur vorsichtig bleiben."

Sie gingen zurück über den Parkplatz. Der Kies knirschte unter ihren Füßen. Die Luft roch muffig, als wenn im Dschungel um sie herum schon längere Zeit nicht mehr geputzt worden wäre. Bunte Vögel waren über ihren Köpfen zu sehen, deren Gesang so ganz anders war als der der Vögel Zuhause.

Als sie wieder bei Jorge ankamen, hatte der ihre Tickets schon in der Hand. „Alles erledigt", sagte er. „Habt ihr euch entschieden?"

„Wir möchten gerne die exklusive Tour machen", sagte Emily. „Wie viel kostet das?"

„Nur 25 Dollar für jeden von euch", sagte er.

„Das ist in Ordnung", antwortete Ethan und nahm einige Scheine *Saladeras* aus seiner Tasche.

Jorge schüttelte den Kopf und sagte: „Nur Dollars."

Ethan runzelte die Stirn und schaute zu Emily rüber. Aber sie blickte zur Seite, als wenn sie mit dieser Angelegenheit nichts zu tun hätte. „Okay", sagte Ethan. Er steckte das Allqukillan-Geld wieder zurück und nahm fünfzig Dollars heraus. Jorges strahlte wieder und ließ das Geld in einer seiner Jackentaschen verschwinden.

„Wir sind heute ganz allein", sagte er. „Es gab noch eine Anmeldung einer weiteren Familie, aber die haben in letzter Minute wieder abgesagt, wahrscheinlich wegen des Erdbebens."

Sie stellten sich in die Warteschlange vor dem Eingangstor, durch das es zu den Ruinen ging.

„Habt ihr hier häufig Erdbeben?" Ethan wollte höflich sein und die Zeit auf dem Weg mit etwas Smalltalk vertreiben.

„Ja, immer wieder mal. Alle paar Monate gibt es solche kleinen Beben. Ich verstehe überhaupt nicht, warum sich die Leute jetzt so aufregen." Und dann waren sie auch schon an der Reihe. Sie standen am Eingang. Vor ihnen lag endlich das Ziel, wofür sie die letzten zwei Jahre gearbeitet hatten und auf das sie sich so lange und gründlich vorbereitete hatten.

Über die Treppe vor ihnen waren schon viele Tausend Füße gegangen. „Ich glaube nicht, dass diese Stufen hier authentisch sind", meinte Emily. Sie zeigte zur Seite. „Da drüben die Steine sind deutlich weniger abgenutzt."

„Gut beobachtet", sagte Jorge. „Diese Stufen hier wurden extra für die Touristen gelegt. Die alten haben die Spanier gestohlen oder zerstört. Die Eroberer haben damals versucht, möglichst viele der Zugänge zu den Tempeln zu zerstören. Sie wollten die einheimische Religion und Kultur zugunsten des Christentums ausmerzen."

„Warum tun Eroberer so etwas?", fragte Emily.

„Vor allem, um zu kontrollieren." Jorge blickte für einen Moment zum Tor hinüber. Dann drehte er sich um und spuckte in die Büsche neben der Treppe. „Wenn Eroberer die Verbindung der Menschen zu ihrer Vergangenheit zerstören, können sie viel leichter Einfluss auf deren Zukunft nehmen. Die Spanier kontrollierten Gott. Das gab ihnen die Macht über die Inka."

„Wie machen es die Regierungen heutzutage?", fragte Ethan.

Jorge blickte zurück in Richtung Ychu. „Geld", sagte er. „Sie kontrollieren die Leute mit dem Geld."

Emily kniete sich bei der ersten Stufe hin und fühlte über die Oberfläche. „Es ist weicher Stein. Sie haben die ursprünglichen Stufen mit einem weicheren Stein ersetzt. Deshalb sind diese so ganz anders ausgetreten." Sie stand auf und wischte sich den Staub von den Händen. „Es sieht genauso aus, aber es ist es nicht."

Neben den Steinen gab es hellgrünes Gras, das sich sanft in einer leichten Brise bewegte. Dabei strichen die Spitzen über die grauen Steine. Nach diesem ersten, vorläufigen Eindruck nahm Ethan seine Schwester an die Hand. Er fand es eine schöne Geste, ihr gemeinsames Märchenland auf diese Weise zu betreten.

Jorge ging mit zügigen Schritten voraus. Er schien die Magie um sie herum gar nicht wahrzunehmen.

Dann hatten sie das Tor durchschritten und waren *da*.

Die Luft fühlte sich sogleich anders an, als ob sie mit einer besonderen Energie geladen wäre. Ein gelber und ein grüner Vogel flogen in einer leichten Brise vor ihnen her. Es schien, als wenn sie damit den Weg vor den Zwillingen erhellten. Einer der Vögel bewegte seinen Kopf von einer Seite zur anderen, als wollte er ihnen eine Frage stellen.

Ein dunkelhäutiger junger Mann, der am Wegesrand stand, sagte: „Ich glaube, er möchte von euch gefüttert werden."

„Ich habe nichts, was ich ihm geben könnte", antwortete Ethan.

„Ich habe noch ein Stück Brötchen von unserem Frühstück heute Morgen", sagte Emily und holte es aus ihrem Rucksack. Sie warf es in Richtung des Vogels. Der Vogel flog darauf zu, schnappte es noch in der Luft und flog in Richtung der Baumkronen davon.

„Ich wette, dass das eines der Inka-Kinder gewesen ist", sagte Ethan.

„Das kann ich euch garantieren", sagte der junge Mann. „Aber Glück bringt es trotzdem. Mein Name ist Thon. Ich *bin* eines dieser Inka-Kinder. Wenn ihr etwas braucht, bin ich für euch da."

„Das nenne ich ein gutes Omen", sagte Emily und gab ihm die Hand. Dann sah sie dem Vogel nach, bis er im Wald verschwunden war.

Jorge sagte: „Wir sollten weitergehen."

Über einem nahegelegenen Gipfel in südlicher Richtung stieg Rauch auf.

„Was ist da?", wollte Ethan wissen.

„Ach, nichts", gab Jorge zurück. „Es gibt hier in den Bergen viele kleine Lager und Dörfer. Die meisten von ihnen gehören nicht wirklich zum System. Sie scheinen sich dagegen zu wehren, in das Land und die moderne Gesellschaft integriert zu werden."

Sie gingen weiter die Stufen aufwärts. Jeder Schritt brachte sie der flachen Ebene an der Spitze des Hügels näher. Aber schon vorher sahen sie hoch über ihnen die Spitze einer hohen Steinsäule. Sie war ein wenig nach links geneigt und es sah aus, als ob sie umfallen würde. Aber sie stand fest.

Ethan strahlte. „Ich kenne diese Säule", sagte er. „Ich hätte nie wirklich gedacht, dass ich sie einmal mit meinen eigenen Augen sehen würde." Dann waren sie am oberen Ende der Stufen angekommen.

Um sie herum sahen sie von Moos bedeckte Fundamente einiger Gebäude. Der Platz im Zentrum war beinahe kreisförmig mit der Säule in der Mitte. Das war der untere Hof. Geradeaus gab es weitere Steintreppen nach rechts und nach links. Es war ein bisschen wie auf dem Spielfeld in einem großen Fußballstadion zu stehen.

Jorge sagte: „Ich schlage vor, dass wir nach rechts zu den rituellen Begräbnisstätten gehen und anschließend zeige ich euch links den Königspalast. Wobei ich ziemlich sicher bin, dass ihr schon alles darüber wisst."

„Wir wollen es schließlich auch sehen", sagte Ethan.

„Aber erst die Grabstätten", sagte Emily. „Da gibt es etwas, das ich mir aus der Nähe ansehen möchte."

Diese Stufen waren ganz anders als die vorigen. Es gab jede Menge Touristen, die Selfies oder Videos von allem machten. Die Zwillinge gingen am äußersten rechten Rand der Stufen, wo der ursprüngliche Stein am wenigsten ausgetreten war.

Das waren also die historischen Steintreppen, Block für Block aus Stein gemeißelt und exakt so passgenau aneinandergefügt, dass nicht ein Grashalm dazwischen wuchs. Es gab auch kaum Moos hier – als wenn es die einmalige Architektur dieses Ortes nicht beeinträchtigen wollte. Die Steine wirkten auf Ethan, als wenn sie gestern erst gelegt worden wären. Der Kontrast zwischen dem Dschungel bis hier zum Treppenrand und den Stufen selbst war enorm. Ethan schien es, als ob ein Zauber den Dschungel zurückhielt.

„Das sind die historischen Stufen", sagte Jorge. Emily nahm ihn gar nicht wahr. Sie war ganz gefangen von der Einzigartigkeit dieses Ortes.

Sie nahm ihr kleines Taschenmesser und versuchte, es zwischen zwei der Steine zu stecken. Aber es gelang ihr nicht.

„Diese Steine liegen seit mindestens eintausendfünfhundert Jahren hier", erklärte Jorge. „Und in all der Zeit haben sie sich nicht mal einen Zentimeter verschoben, selbst bei all den Erdbeben."

„Wie kann das sein?", fragte Emily. „Bei einem Erdbeben verschiebt sich doch oft auch die Erde, so dass Steine dadurch bewegt werden."

„Niemand weiß es", entgegnete Jorge. „Aber anscheinend ist diese Gegend hier viel weniger von den Erdbeben betroffen als die Umgebung. Ein Beispiel ist da drüben", sagte er und blickte zurück zum Tor. „Dort erkennt man Stellen, an denen sich der Boden tatsächlich verschoben hat. Es gibt dort sogar kleine Schlammlawinen von dem Erdbeben vor ein paar Tagen. Aber hier oben hat sich nichts verändert."

Emily bückte sich und berührte mit der Hand einen der Steine. Als sie sich die Treppenstufen aus Stein aus der Nähe ansah, konnte sie die Reste von Schnitzereien erkennen, die durch den Regen, den Wind und die Zeit kaum noch zu erkennen waren.

Thon, der junge Mann von vorhin, saß da wie die Inkarnation eines Inkagottes – mit einem Grinsen auf dem Gesicht.

„Unverändert seit Tausenden von Jahren …", sagte Ethan und blickte zurück zu dem zentralen Platz, wo der zeitlose Obelisk zum Himmel zeigte.

Und genau in dem Moment, als Ethan dorthin sah, neigte sich der große Stein ein klein wenig mehr und noch ein klein wenig mehr. Dazu hörte Ethan ein lautes Knirschen, dass er auch in seinen Füßen spüren konnte. Dann stürzte der Obelisk um und fiel ins Gras.

Weiter geht's mit „Die Erde bebt" auf Seite 117.

Keine exklusive Führung

„Ich traue ihm nicht. Ich glaube nicht, dass dieser Kerl uns hier irgendetwas zeigen und erklären kann", meinte Emily.

„Also gut. Dann lehnen wir sein Angebot ab", antwortete Ethan. „Außerdem will er nur Dollars, und die möchte ich ja möglichst alle behalten."

„Okay", sagte Emily. „Er wartet. Es sieht so aus, als ob er schon die Tickets für uns hat."

Jorge zeigte ihnen schon von weitem wieder dieses eigenartige Grinsen.

Es war ein wunderschöner Tag mit strahlendem Sonnenschein und einem klaren blauen Himmel. Zwischen den Bäumen neben dem Parkplatz flogen exotische Vögel hin und her. Und dort war die Treppe, die zu den Ruinen selbst führte.

Sie gingen über den Parkplatz wieder in Richtung Jorge.

„Wir haben uns entschieden, die extra-Tour nicht zu machen", sagte Ethan und ergänzte: „Aber vielen Dank für das Angebot. Wir wissen das sehr zu schätzen."

Jorges ließ die Mundwinkel fallen. „In Ordnung. Auch wenn ich etwas mehr Abenteuerlust erwartet hätte von Leuten, deren Familie mir so empfohlen worden war."

„Wir sind einfach nicht solche abenteuerlustigen Typen", sagte Emily und schaute ihm dabei direkt in die Augen.

Jorge drehte sich wortlos um und ging hinüber zum Torbogen am Eingang zu den Ruinen. „Wir müssen nur noch eine Minute auf ein paar andere Leute warten", sagte er. „Es gibt noch ein paar Familien, die die Tour gemeinsam mit uns machen werden."

Aus „nur eine Minute" wurden zehn, dann fünfzehn. Immer noch standen sie da mitten in der Sonne auf dem matschigen Parkplatz. Die Luftfeuchtigkeit fühlte sich an, als ob sie eine Taucherausrüstung bräuchten, um atmen zu können. Aus dem Busch hörten sie die Rufe von Tieren, die sie nicht sehen konnten. Sie sahen nur, wie sich die

Sträucher bewegten, wenn die Tiere durch das Unterholz streiften. Schließlich kam eine kleine Gruppe weiterer Touristen an und sprach mit Jorge. Aber sie schienen unsicher zu sein und schauten sich immer wieder um, als wollten sie nicht wirklich hier sein.

Eine der Familien war eindeutig lateinamerikanischer Herkunft. Viele Kinder tobten herum. Ethan war sich nicht sicher, aber er glaubte einen mexikanischen Akzent herauszuhören. Er stellte sich und seine Schwester vor und sie gaben sich mit der ganzen Gruppe die Hände. Dabei versteckte sich der kleinste Junge schüchtern hinter seiner Mutter. Dann waren da noch ein Vater und eine Mutter mit zwei Töchtern, die beide sicher noch keine zehn Jahre alt waren. Möglicherweise waren es auch Zwillinge, dachte Ethan, aber er fragte nicht nach.

„Auf eine weitere Familie müssen wir noch warten. Aber auch die sollten bald da sein", verkündete Jorge. Ein paar Minuten später waren sie dann endlich komplett. Es war noch ein älteres Paar dazu gekommen, sicher beide schon über 60 Jahre alt. Sie kamen aus Guatemala. Bei ihnen war ein jüngerer Mann, fast noch ein Junge, vielleicht achtzehn Jahre alt oder so. Ethan vermutete, dass er deren Enkel war.

Alle sprachen miteinander und Jorge sammelte das Geld ein. Den anderen hat er gar nicht die Sondertour angeboten, wunderte sich Ethan. Nachdem die Tickets gekauft waren, mussten sich noch einen Moment anstehen. Dann waren sie drinnen.

Sobald sie das Tor durchschritten hatten, fühlte die Luft sich anders, frischer und sauberer an. Auch alle Farben wirkten klarer und lebendiger. Das Gras unter ihren Füßen hatte einen kräftigeren Smaragdton. Die Rufe der Vögel und anderer Tiere aus dem Dschungel wurden lauter und eindringlicher. Es war, als hätten sie eine andere Welt betreten.

Ethan schaute Emily an. Es schien, als ob sie gar nicht glauben konnte, wo sie war und was sie tat. Vor ihnen war die große Treppe, die zu den Ruinen führt.

Jorge nahm nun eine offizielle Haltung als Tour-Guide an und erklärte förmlich: „Also, das hier sind nicht die authentischen Stufen. Das sind Repliken. Die Originale wurden von den Spaniern zerstört, als die Eroberer die Inka-Zivilisation fast vollständig auslöschten, vor allem die religiösen Stätten wie diese."

Ethan hörte zwar nur mit halbem Ohr zu, aber ihm kam dazu der Gedanke, dass Regierungen heutzutage immer noch ähnliche Dinge tun. Nur geht es dabei heute weniger um die Religion. Stattdessen stellten die Regierungen sicher, dass sie die Kontrolle über das hatten, was die meisten Menschen haben wollten und geradezu anbeteten: das Geld.

Ethan vertiefte sich in jedes Detail – von den Mustern der Schnitzereien und bis zu dem besonderen Grün des Mooses, das den Hügel hinauf zwischen den Begrenzungssteinen der Treppe wuchs. Ihre Gruppe machte sich gleichzeitig mit anderen kleinen Gruppen vor und hinter ihnen auf den Weg. Jorge sprach so laut bzw. so leise, dass es gerade eben noch als eine Führung durchging. Aber für Ethan war es trotzdem zu leise. Er konnte ihn nicht verstehen.

„Er spricht sehr leise", sagte der Junge. Er lehnte an einem der Steinblöcke neben den Treppenstufen. „Mir ist das sehr recht. Sonst brüllen die Reiseleiter meist wie Stiere." Er sprach gut Englisch, wenn auch mit einem deutlichen Akzent. Das klang zwar exotisch, aber nicht nach Allqukillan, dachte Ethan.

„Kommst du oft hierher? Kennst du dich hier aus?", fragte Emily, ohne dabei ihren Blick von den Steinen abzuwenden. „Ein bisschen", antwortete er.

Emily stand auf und klopfte sich den Staub von ihrer Hose. „Also, dieser Typ, Jorge, ist seit einigen Jahren hier als Touristenführer und ..." Als sie den Jungen, mit dem sie redete, dann auch ansah, brach sie abrupt ab.

Er war nicht groß, nicht größer als sie selbst, hatte dunkle Haare und einen sehr intensiven Blick aus seinen blauen Augen. Seine Jeans war ziemlich abgetragen, schon weiß an den Knien, aber sein Hemd – es war nicht wirklich ein Hemd, eher eine Art Tunika – war neu und möglicherweise selbstgenäht. Wer trug heutzutage selbstgenähte Kleidung?

„Ja, das stimmt", sagte der Junge. „Ich habe ihn schon öfters hier gesehen. Er ist besser als die anderen. Aber er ist auch irgendwie komisch. Ich vertraue ihm nicht so ganz."

„Wer bist du?", fragte Ethan. Die Reisegruppe ging schon weiter nach oben. Jorge plapperte weiter wie ein Wasserfall und beachtete die Zwillinge nicht weiter.

„Ich bin einfach von hier, sozusagen. Ich wohne auf der anderen Seite des Berges", sagte er.

„Ich bin Ethan."

„Thon."

„Das ist aber ein sehr ungewöhnlicher Name", sagte Emily.

„Nicht in meinem Volk."

„Ich heiße Emily."

Thon nickte ihr einmal kurz zu. „Ein schöner Name. Er gefällt mir." Dabei lächelte er. Ethan sah, wie ihre Ohren rot wurden.

„Seid ihr nur für die Führung hier?", fragte Thon.

„Wir wollten eigentlich alles sehen", sagte Ethan, „nicht nur die wenigen Stellen, die bei den normalen Führungen gezeigt werden."

„Alles?"

„Nun ja", sagte Emily. „Wir haben uns wirklich jahrelang auf diese Reise vorbereitet. Wir haben bis auf den letzten Cent alles, was wir gespart hatten, genommen, nur um hierher kommen zu können. Es ist ein Traum wahrgeworden, dass wir nun hier sein können."

„Meine Schwester meint, dass wir nicht den ganzen weiten Weg hierhergekommen sind, um dann nur die Dinge zu sehen, die wir auch auf YouTube hätten sehen können."

Thon schaute auf die Reisegruppe, die nun am oberen Ende der Treppe angekommen war. „Wollt ihr mit ihnen weitergehen? Ich könnte euch auch andere Dinge zeigen. Auch solche, die nicht mal Jorge kennt", sagte er.

„Wie viel?", fragte Ethan.

„Wie viel was?"

„Geld. Wie teuer? Du willst doch sicher, dass wir dich dafür bezahlen, oder?"

Thon machte ein Gesicht, das schlicht unbeschreiblich war. Er stand da mit offenem Mund, geradezu wie ein Fisch. „Ihr wollt mich bezahlen? Wozu?"

Emily lächelte und blickte zu Ethan. „Damit ist es für mich entschieden. Und für dich?"

Du entscheidest, wie es weiter geht.
„Zusammen mit Thon" auf der nächsten Seite.
Oder „Die Erde bebt" auf Seite 117.

Zusammen mit Thon

Die drei gingen in Richtung Osten die Treppe zur Grabstätte hinauf. „Dies hier ist der älteste Teil des Geländes", erklärte Thon. „Alles andere wurde erst ein Jahrhundert später hierhergebracht", sagte er und deutete mit seiner Hand auf die ganze Umgebung. „Niemand weiß wirklich, wie lange die Menschen ihre Toten auf diesem Stück Land begraben haben. Aber es ist garantiert eine sehr lange Zeit gewesen. Tausende von Jahren, solange wie Menschen in dieser Gegend hier leben."

„Das waren dann also auch deine Vorfahren", sagte Emily.

„Ja", sagte er. „Aber sie hatten damals noch keine Schrift. Daher ist es für uns sehr schwer, irgendetwas genaues über sie herauszubekommen. Die Gräber hier sind sehr ungewöhnlich, auch weil sie hochkant sind. Es könnte noch Hunderte weitere Gräber hier geben, die wir noch gar nicht als solche erkannt haben."

Sie gingen weiter die Treppe hinauf. Ethan sagte: „Ich hätte gedacht, dass Archäologen hier schon viele Ausgrabungen gemacht hätten."

„Ja, keine Frage. Das haben sie", antwortete Thon. „Aber für jede weitere Grabung braucht man eine Genehmigung der Regierung. Die Regierung sagt, dass sie sicherstellen muss, dass alles hier in seinem originalen Zustand bleibt und dass dieser Ort ein den Verstorbenen und ihren Hinterbliebenen gegenüber würdiger Platz bleibt."

„Das klingt doch nicht so verkehrt", meinte Emily. „In Amerika gab es viele Ausgrabungen an den historischen Grabstätten der Ureinwohner, ohne darauf Rücksicht zu nehmen, dass diese Stätten den Ureinwohnern heilig waren."

„Das kann ich mir vorstellen", sagte Thon. „Aber ich *bin* hier einer der Ureinwohner, und wir möchten, dass diese Gräber geöffnet und erforscht werden. Die Regierung ist überhaupt nicht daran interessiert, unser kulturelles Erbe zu schützen. Ihr einziges Interesse ist es, den Leuten, die diese Grabungen machen wollen, möglichst viel Geld abzunehmen."

„Wieder einmal geht es nur ums Geld", kommentierte Ethan. „Immer wieder geht es nur darum, wer Geld hat und wie man an das Geld anderer Leute herankommen kann."

„Wie dieser Typ, der euer Reiseleiter ist."

„Wie?", fragte Ethan. „Jorge? Was weißt du über ihn?"

Thon deutete mit seinem Arm über die gesamte Anlage der Ruinen. „Seht ihr hier viele weitere Reiseleiter?"

„Nein, nur einen oder zwei."

„Und warum sind es nicht fünfzig?", fragte Thon. „Es gäbe bestimmt Nachfrage für so viele."

Ethan schlug sich mit der Hand gegen die Stirn. „Man braucht auch dafür eine Genehmigung der Regierung, stimmt's?"

Thon nickte. „Es lohnt sich, die Leute zu kennen, die die Entscheidungen treffen. Damit verdienen Typen wie er am Ende viel Geld."

Sie erreichten das Ende der Treppe. Die Sonne schien ihnen direkt ins Gesicht, aber irgendwie war die Luft hier kühler, und von Westen her wehte eine leichte Brise. Hier oben gab es einen flachen, kreisförmigen Bereich, der mit Gras und Wildblumen überwuchert war. Alle paar Meter gab es absolut perfekt geformte kugelförmige Felsen. Es sah aus wie ein Kreis von Murmeln auf einem Spielplatz von Riesen.

„Ich habe solche Gräber noch nirgendwo gesehen", sagte Ethan. „Das ist noch viel beeindruckender als in den Büchern und auf den Webseiten, die ich zur Vorbereitung alle gelesen habe."

„Jeder dieser Steine markiert ein Grab", sagte Thon.

„Aber nicht jedes Grab ist von einem Stein markiert", sagte Emily. „Richtig?"

Thon nickte wieder. „Wir wissen nicht wirklich, wie viele dieser Steine hier schon von vor der Inka-Zeit stammen. Denn diese historische Form der Bestattungen ist noch wesentlich älter."

Mit Thon gingen sie entgegen dem Uhrzeigersinn um diesen kreisförmigen Friedhof herum. Dieser Platz war wie das Zentrum eines Kegels. Rundherum war es grün mit einer üppigen Vegetation, die zu allen Seiten an den Hängen wuchs. Dabei waren die Bäume auf der Ostseite größer und auch die Vögel waren dort größer als auf den anderen Seiten.

„Die Vögel mögen die kühlere Seite am liebsten", erklärte Thon, der gesehen hatte, wie Emily dorthin starrte. „Am Nachmittag werden sie zur westlichen Seite wechseln. Es scheint, dass sie auch die Beeren und die Früchte, von denen auf der Ostseite viel mehr wachsen, mögen. Dort ist auch die Höhle, die ich euch zeigen will."

Sie gingen langsam von der Mitte der Grabstätte weg. Dabei erkannte Emily, dass die Steine nicht in gerade Linien angeordnet waren. Es war aber auch nicht zufällig, dachte sie. Es musste ein bewusst gelegtes Muster sein.

„Das ist diese Spiralform. Ich habe davon gelesen", sagte Ethan mit ehrfurchtsvoller Stimme. Nach diesem Hinweis erkannte Emily es auch sofort.

„Niemand weiß, warum es in dieser Form angelegt wurde", sagte Thon. „Nicht einmal der Älteste meines Stammes weiß es."

„Manche Leute vermuten, dass es mit den Sternen zu tun hat", sagte Ethan.

„Nein, die Sterne sind es nicht", entgegnete Thon. „Wir haben es immer und immer wieder überprüft. Die Legende sagt, dass die Spirale ein Abgleiten ins Erdinnere bis zum Kern der Erde darstellen soll, zu Xibalba und in die Unterwelt. Die Anordnung der Steine in einer Spirale ermöglicht es den Seelen, sich von Grab zu Grab zu bewegen auf ihrem Weg in die unteren Ebenen der Existenz."

„Davon habe ich noch nie etwas gelesen", sagte Ethan.

„Klar", sagte Thon. „Und das wirst du wohl auch nie tun. Es ist ja auch nicht wirklich Archäologie. Es ist nur eine Legende, die in meinem Stamm erzählt wird." Er trat aus dem letzten der Kreise hinaus und war nun dem Dschungel zugewandt.

„Da wären wir", sagte er. Er trat zwischen zwei Bäume, griff mit der Hand in einen Vorhang aus Reben und zog sie auseinander. Dort in der Mitte eines riesigen Felsbrockens, am Hang des Berges, war ein Spalt, der sich dunkel von dem hellen Laub abhob. Es schien viel zu eng zu sein, als dass man dort hineingehen könnte.

„Da gehe ich niemals hinein", sagte Emily. „Ich glaube, nicht mal unser Hund würde da hindurch passen."

Thon lachte. „Aber klar kommt man da durch. Passt mal auf." Er machte einen Schritt nach vorn, glitt etwas seitlich und war plötzlich verschwunden.

Emily stockte fast der Atem. Ethan lachte. „Es ist eine optische Täuschung", sagte er. „Die Spalte sieht nur so schmal aus, weil sich die Felsen überlappen. Dadurch, wie die beiden Schatten sich treffen, scheint es, als wären sie viel näher beieinander, als sie tatsächlich sind. Schau her!" Er steckte zunächst seinen Arm in den Spalt und schlüpfte danach ganz hindurch.

Jetzt konnte Emily den Trick erkennen. Der rechte, vordere Teil des Felsens war viel näher bei ihnen als die linke Seite des Felsens. Emily tastete ein wenig, dann nahm Ethan ihre Hand und zog sie hinein. Innen war es gleich viel breiter. Alle drei konnten bequem dort stehen.

Es war wie ein Foyer, ein Eingang in ein viel größeres Höhlensystem.

„Wie dumm", sagte Emily. „Ich habe meine Taschenlampe nicht dabei." Ethan öffnete seine Hüfttasche. Er holte ein breites Stirnband heraus und drehte einen Schalter, so dass eine Lampe anging. Thon nahm auch eine Taschenlampe aus seiner Tasche. Er hatte eine ziemlich neue, helle LED-Lampe.

Im Inneren der Höhle war es etwa zehn Grad kälter als draußen. Bei jedem Schritt hallte ein Echo, außerdem wurde jedes Geräusch durch die Felswände verstärkt. Es gab nichts, was den Schall gedämpft hätte.

Ethan überlegte, wie groß die Höhle wohl war oder wie weit sie noch reichte. Das Licht seiner Lampe wurde vom Felsen in tausend Funkeln reflektiert.

„Es ist schön", sagte er.

Thon legte ihm seine Hand auf die Schulter. „Ja, das habe ich auch schon oft gedacht", sagte er.

„Kommt mal hierher", sagte Thon. „Hier gibt es einige Schnitzereien an der Wand, die euch bestimmt interessieren."

Er führte sie ein wenig nach links. Es war kein richtiger Weg, aber es öffnete sich eine Kammer dieser Höhle. Ein schmaler Pfad führte ins Dunkel. Hier wurde es so eng, dass sie für ein kurzes Stück seitwärts gehen mussten. Ethan bekam feuchte Hände. Trotz des hellen Lichts seiner Taschenlampe war es ihm zu eng und zu dunkel. Sein Atem beschleunigte sich. Aber schon bald war die Enge vorbei und sie standen in einer weiteren weiten Höhle. Ethan leuchtete nach oben, aber es war in dieser Richtung kein Ende zu erkennen.

An den Wänden gab es zahlreiche Schnitzereien.

„Diese sehen aber nicht aus wie von den Inkas", sagte Ethan und bückte sich, um einige näher zu betrachten.

„Das sind sie auch nicht", sagte Thon. „Diese hier sind schon ein paar Jahrhunderte vor den Inkas entstanden. Niemand weiß wirklich etwas über die Menschen, die diese Schnitzereien angefertigt haben."

„Kann einer von euch mal hierher leuchten?", rief Emily.

Ethan kam zurück zu dem schmalen Durchgang. Emily zeigte auf etwas hoch oben. „Kannst du da oben hin leuchten?", fragte sie. „Ich glaube, ich habe dort etwas gesehen, als du eben hier vorbeikamst.

Ich hatte zur Decke geschaut. Mir scheint, dass es da einen Felsvorsprung gibt oder so."

Ethan richtete seine Lampe zur Decke. Die Wände waren schmal, nur ein paar Meter breit. Aber sie ragten steil in die Höhe, vielleicht zehn Meter. Ganz offensichtlich gab es dort oben eine Öffnung, durch die es vermutlich in einen weiteren Raum ging.

„Ich kann nicht erkennen, was das wirklich ist", sagte Ethan.

„Vielleicht sehen wir mehr, wenn du mich hochhebst", meinte Emily. Ethan nahm die Lampe von seinem Kopf und gab sie seiner Schwester. Emily befestigte sie an ihrem Kopf. Dann hielt Ethan ihr seine Hände zur Räuberleiter hin. Emily stieg vorsichtig hinauf.

„Ich kann noch nichts erkennen", sagte sie. „Darf ich auf deine Schultern steigen?"

Anstatt einer Antwort schob Ethan ihren Fuß auf seine Schulter. Sie zog den anderen nach und stand dann auf seinen Schultern.

„So ist es gut", sagte sie. „Ich kann jetzt etwas sehen. Es gibt ein paar Schnitzereien an der Wand. Aber da ist noch etwas anderes, auf dem Boden. Kann es sein, dass das Kochtöpfe sind?" Sie drehte ihren Kopf und die Lampe leuchtete wieder nach unten. „Das ist ja unglaublich! Es muss irgendwo noch einen anderen Weg in diese Kammer geben, vielleicht von der anderen Seite."

Thon sagte: „Das ist nichts für uns heute. Aber es ist klasse, dass ich jetzt weiß, dass es da noch eine Kammer gibt. Ich bin hier ja schon öfters gewesen, aber das war mir noch nie aufgefallen. Das muss ich den Archäologen sagen und mit einigen Leuten hierherkommen, die die Höhle noch besser kennen als ich."

„Glaubst du, du könntest mich hochheben?", fragte Ethan.

Thon bückte sich und Ethan kletterte an ihm hoch. „Emily hat Recht. Da sind mehrere Töpfe. Sie sehen völlig heil aus, Thon. Das könnte ein sehr interessanter Fund sein!"

Dann war Thon an der Reihe. Er war sehr bewegt über das, was sie in der Höhle entdeckt hatten, und konnte es kaum erwarten, in sein Dorf zurückzukehren, um davon zu erzählen.

Vorsichtig, um nichts zu beschädigen, verließen die drei die Höhle. Den Rest des Weges gingen sie entgegen dem Uhrzeigersinn um die Grabstätte herum. Emily nahm ihre Kamera heraus und machte einige Fotos von den Gräbern. Ihr war aufgefallen, dass es auf vielen Grabsteinen ebenfalls Schnitzereien gab. Diese sahen aus wie von den Inkas. Aber um sicher zu sein, müsste sie sie genauer studieren.

„Ich glaube, wir sollten zu unserer Gruppe zurückgehen", sagte Ethan.

Er blickte noch einmal auf die Grabstätten und zögerte loszugehen. Wer weiß, ob er jemals wieder einen so besonderen Ort wie diesen betreten würde. „So viel Geschichte", sagte er. „Und es gibt hier so viel zu sehen und zu lernen."

Thon sagte: „Es ist schön, das alles hier Leuten zu zeigen, die die Bedeutung der Geschichte wirklich schätzen und die es verstehen, was das alles für meinen Stamm bedeutet."

„Wir wissen das sehr zu schätzen", sagte Emily. „Genau deshalb sind wir hierhergekommen. Und genau deshalb wollten wir schon immer herkommen."

Ein Gefühl der Ruhe und des Friedens erfasste die Zwillinge, als sie das Höhlensystem verließen und zurück zu Jorge und der Gruppe gingen. Und auch wenn Jorge nicht glücklich ausgesehen hatte, als sie gegangen waren, dachte Ethan, dass es gar nicht besser hätte kommen können. Es war die perfekte Reise – genau so, wie er es sich vorgestellt hatte.

Er hatte nicht bemerkt, dass die besondere Ruhe dieses Moments daher kam, dass die Tiere ganz still geworden waren. Und dann spürte er auch schon, mehr als dass er es hörte, wie die Erde sich bewegte. Dabei sah er, wie der große Obelisk, der zweitausend Jahre lang gestanden hatte, sich langsam neigte und mit einem großen Krachen zu Boden fiel.

Weiter geht's mit „Die Erde bebt" auf der nächsten Seite.

Die Erde bebt

Man konnte nicht wirklich sehen, wie die Erde bebte, aber Emily schien es, als ob sie sehen könnte, wie der Boden sich in Wellen auf sie zubewegte. Schon bei der ersten Welle war sie hingefallen und wurde wie von selbst auf ihre rechte Seite gedreht. Zuerst dachte sie, dass sie jemand geschubst hatte. Aber dann sah sie, dass Ethan und Thon auch am Boden lagen und Mühe hatten, wieder aufzustehen.

Sie dachte, dass sie wohl irgendwie wieder auf die Beine kommen sollte. Aber bei jedem Versuch aufs Neue wurde sie immer wieder umgestoßen. Nach dem dritten Mal blieb sie einfach liegen und beobachtete ihre Umgebung. Sie selbst befanden sich etwa in der Mitte der Treppe. Auf dem zentralen Platz unten waren ein paar hundert Touristen. Auch sie waren alle hingefallen und wurden so auf dem Boden hin und her bewegt, dass sie keine Chance hatten, wieder auf die Beine zu kommen. Denen erging es genauso wie Emily selbst.

Zum Grollen des Bodens kamen nun Schreie. Alle Menschen, alle Schilder für die Touristen, einfach alles, was Menschen hier aufgestellt hatten … alles war umgefallen.

Auch der Obelisk. Jahrhundertelang hatte er hier gestanden. Aber dieser Erschütterung hatte auch er nicht standhalten können.

Die Ruinen selbst sahen unversehrt aus. Vielleicht hatten die Inkas sie so gut gebaut, dass die Mauern wie ein Teil der Erde selbst waren. Was auch immer der Grund war – sie schienen von dem rumpelnden Boden und den Erdbebenwellen völlig unbehelligt zu bleiben.

Emily blickte sich voller Entsetzen um. Sie streckte die Hand nach ihrem Bruder aus. Ethan nahm sie und schaute seiner Schwester fest in die Augen.

„Jetzt wissen wir, ob es ein schweres Erdbeben geben wird", sagte er. „Weil das hier definitiv ein schweres Erdbeben war."

Sie hatten ja keine Vergleichsmöglichkeit, aber Emily war sich sicher, dass es mindestens die Stufe 7, vielleicht sogar eine 7,5 auf der Richterskala war. Bestimmt hatte es auch große Schäden in der Hauptstadt angerichtet. Und auch für Ychu wäre es sicher extrem gefährlich. Dabei dachte Emily vor allem an den Staudamm.

Aber jetzt war nicht die Zeit, sich darüber Sorgen zu machen.

Es kam Emily vor wie eine ganze Stunde bis das Grollen und das Beben des Bodens aufhörten. Endlich konnte sie sich zumindest wieder auf die Knie stützen. Die Schreie verstummten, als den Leuten klar wurde, dass sich niemand ernsthaft verletzt hatte. Der Obelisk war so langsam umgefallen, dass die Touristen, die gerade in der unmittelbaren Nähe gewesen waren, alle schnell genug weglaufen und so dem massigen Stein ausweichen konnten. Dem Obelisken selbst war der Sturz nicht so gut bekommen. Es gab an dem historischen Stein einen langen Riss von Seite zu Seite, der wie eine schwarze Linie aussah.

Jetzt holten alle ihre Telefone raus. Hektisch wurde darauf rumgetippt. Alle Leute tippten, hielten die Handys ans Ohr, nahmen sie wieder herunter, um auf die Bildschirme zu schauen, und immer wieder von vorn. Aber niemand bekam eine Verbindung.

Kein Netz, dachte Emily. *Das ist kein gutes Zeichen.*

Thon kam zu Emily hinüber. Dabei kroch er mehr, als dass er versuchte zu gehen oder zu stehen. „Bist du in Ordnung?"

„Ja, alles okay", sagte Emily. „So etwas hab' ich noch nie erlebt."

Auch Thon wirkte verstört. Er nickte. „Das ist das stärkste Erdbeben, das ich je erlebt habe."

Ein Mann mit einem Megafon kam die untere Treppe vom Parkplatz hinauf. Er drückte einen Schalter. „Es gab ein Erdbeben", sagte er. Wie unnötig. „Wir bitten alle Touristen, die Ruinen sofort zu verlassen. Es werden Busse auf dem unteren Parkplatz zur Verfügung gestellt. Bitte sammeln Sie sich hier auf dem Platz und kommen Sie dann die Haupttreppe hinunter zum Parkplatz." Die meisten Touristen machten sich auf den Weg.

„Bist du okay, Ethan?", fragte Emily.

Ethan klopfte sich den Staub ab. „Ja. Ich glaube schon." Er deutete mit einem Nicken auf den Obelisken. „Aber mir ist, als wenn mein Herz gebrochen ist."

„Wo ist unsere Reisegruppe?", fragte Emily. Die drei suchten mit ihren Augen aufmerksam den ganzen zentralen Platz ab. Aber von ihrer Gruppe fehlte jede Spur.

Ohne ein Wort zu sagen, rannten Emily und Ethan hinab auf den Platz und von dort aus die Treppe hinauf in Richtung des zentralen Tempels, wo der Reiseleiter mit der Gruppe verschwunden war.

Weiter geht's auf der nächsten Seite bei „Mit Jorge oder nicht?".

Mit Jorge oder nicht?

Die Reisegruppe lag wie umgeworfene Kegel neben den Tempelmauern. Alle Neune. Auch hier hatten die Ruinen selbst das Beben unbeschadet überstanden. Nicht ein einziger Steinblock schien verschoben zu sein. Aber die ganze Gruppe war hingefallen. Die Leute wirkten jetzt wirr und alle hatten Mühe mit dem Aufstehen. Das galt für die Einheimischen genauso wir für die Touristen.

Jetzt zahlte sich Emilys Crosslauf-Training aus. Sie war die erste, die anderen helfen konnte. Als erstes lief sie zu einer Familie und half den Mädchen beim Aufstehen. Beide Kinder wirkten verstört, aber sie weinten nicht. „Danke", sagte ihre Mutter. Dann joggte sie weiter zu einem älteren Paar, das auf dem Rücken lag und sich fest die Hände hielt.

„Kommen Sie", sagte Emily und half ihnen, sich hinzusetzen. „Ruhen Sie sich erstmal aus, so lange wie Sie brauchen. Ich denke, das Beben ist vorbei." Dann bahnte sie sich ihren Weg durch die Menge zurück zu ihrem Bruder.

„Wow", sagte Jorge. Er schüttelte den Kopf und hielt ihn dann fest, als ob er sich sonst vom Körper lösen würde. „Das war keine Bohrmaschine, oder?"

„Wohl kaum", antwortete Ethan. „Sie rufen alle Leute zum Parkplatz, damit sie uns zurückbringen können."

Allmählich kamen alle in der Gruppe wieder auf die Beine und machten sich auf den Weg die Treppe hinunter zum unteren Platz.

„Lasst uns alle dorthin gehen", sagte Jorge und leitete die Menschen vom Hügel. Auch die Zwillinge und Thon folgten der Gruppe. Jorge legte Ethan seine Hand auf den Arm. „Warte einen Moment."

Als der letzte der anderen Touristen das Plateau verlassen hatte, sagte er: „Ich weiß, dass das heute nicht wirklich in Ordnung war. Ihr habt so viel gearbeitet, um hierher zu kommen, und jetzt habt ihr kaum etwas zu sehen bekommen. Das Mindeste, was ich für euch tun kann, ist, euch zurück in die Zivilisation zu bringen, damit ihr nach Hause kommen könnt."

„Was genau meinst du?", fragte Ethan.

„Ich habe einen Geländewagen, mit dem ich so ziemlich überall durchkomme", sagte er, so dass auch Emily es hören konnte. „Ich fahre sowieso zurück nach Ychu, ich könnte euch mitnehmen."

„Kostenlos?", fragte Emily.

„Sagen wir für wenig", antwortete er. „Dann sehen wir, wie schlimm die Lage ist und ob ihr weitere Hilfe braucht. Ich habe dort Freunde. Ihr könnt bei mir bleiben, wenn ihr wollt."

Thon lehnte sich etwas zurück, hatte die Arme verschränkt und schüttelte den Kopf.

Ethan kratzte sich am Kopf und schüttelte noch etwas Schmutz aus seinen Haaren. „Ich denke, wir sollten das machen", sagte er und blickte fragend zu Emily. „Wir haben keine echte andere Option."

Emily schaute Thon an. „Was?", fragte sie.

Thon sagte: „Können wir kurz reden?"

„Klar", sagte Emily und wehrte Ethans Protest ab. „Überleg doch mal," sagte sie zu ihrem Bruder. „Wir haben keine Telefonverbindung. So wie alle anderen auch. Niemand kann gerade telefonieren. Das war ein schweres Beben. Es wird zumindest zerstörte Straßen und auch Stromausfälle geben, vielleicht sogar noch Schlimmeres. Daher sollten wir uns alle möglichen Optionen anhören. Und anscheinend hat Thon uns auch eine anzubieten."

Jorge spottete. „Na schön", sagte er. „Ich gehe schon mal zu meinem Wagen. Wenn ihr mit mir mitfahren wollt, seht zu, dass ihr eure Hintern schnell in Beweg setzt. Ich habe keine Zeit für Diskussionen." Dann lief er los.

Ethan war seine Skepsis deutlich anzusehen. „Was schlägst du uns vor?"

„Ich werde kein Geld von euch verlangen, um euch dorthin zu bringen, von wo ihr nach Hause kommen könnt."

Emily sagte: „Das klingt sehr gut."

„Hinter diesem Berg liegt mein Dorf. Es ist nicht weit. Die Straßen werden okay sein. Es gibt dort etwas zu essen und auch eine Unterkunft für euch. Wir haben Freunde und wir können euch dorthin bringen, wo ihr hinmüsst, um nach Hause zu kommen. Egal, wie schlimm die Lage ist."

„Zurück zum Hotel?", fragte Ethan.

„Nein", antwortete Thon, „*nach Hause*. Das Handynetz ist ausgefallen. Glaubt ihr, dass die Straßen alle befahrbar sein werden? Dass die Busse fahren? Wie viele tausend Menschen werden wohl zum Flughafen strömen?"

„Sie werden die ganze Infrastruktur wieder reparieren", sagte Ethan.

„Natürlich werden sie das. Aber wie lange wird das dauern? Und wer kümmert sich um euch in der Zwischenzeit? Glaubt ihr, dass sie dafür genug Reserven haben? Wir sind viel besser ausgerüstet als in Takewawa, um mit euch teilen zu können."

„Wir kennen dich kaum", sagte Emily, aber sie hörte weiter zu.

Er zuckte mit den Achseln. „Was wollt ihr noch wissen?"

„Was wäre der Vorteil für dich?", fragte Ethan.

Thon blickte zurück über die Ruinen in Richtung Friedhof und Höhle. „Ich zeige diese Höhle nicht einfach so jedermann. Niemand hat es bisher so zu schätzen gewusst, wie ihr." Er runzelte die Stirn. „Das ist eigentlich keine Antwort. Ich habe keine. Ihr müsst euch entscheiden, wem ihr vertrauen wollt in dieser Situation. Ich befürchte, dass es ganz schnell sehr übel werden wird."

Du entscheidest, wie es weiter geht.
„Mit Jorge" auf Seite 135.
Oder „Nicht mit Jorge" auf der nächsten Seite.

Nicht mit Jorge

„Okay, Thon", sagte Ethan. „Was machen wir jetzt?"

„Als erstes müssen wir wissen, welche Vorräte ihr habt. Vielleicht müsst ihr irgendwann davon leben", sagte Thon.

„Wir dachten, wir können in eurem Dorf mitversorgt werden."

„Natürlich werden wir euch versorgen. Aber es geht ja auch darum, später in die Stadt zu kommen. Und von dort brauchen wir dann noch eine Möglichkeit, damit ihr wieder nach Hause kommt."

Ethan nahm seinen Rucksack ab und setzte ihn sich von vorne auf – so, wie eine Mutter ihr Baby hält. Er öffnete das Hauptfach und schaute hinein.

„Ich denke, ich habe alles wirklich Wichtige dabei. Trotzdem wäre es schrecklich, wenn wir unser anderes Gepäck verlieren würden mit all den Dingen, die wir dort noch haben. Damit meine ich vor allem die beiden Bücher, die Dad mir auf die Reise mitgegeben hat. Aber hier habe ich den Reiseführer über die Ychurichuc-Ruinen, meine Waschtasche mit Zahnbürste und so weiter, und ich habe einmal Kleidung zum Wechseln dabei. Ich habe auch die richtigen Schuhe an", sagte er und hob einen in die Luft, um das zu demonstrieren. „Außerdem sind da mein Reisepass und die anderen Papiere. Vor allem habe ich aber den größten Teil unseres Geldes hier. Wie ist es bei dir?"

Emily nahm ihren Rucksack auf die gleiche Weise nach vorne. Beim Blick auf ihr Gesicht war sich Ethan sicher, dass sie genau wusste, was alles darin war. „Ich habe meine Bücher", sagte sie. Und Ethan staunte.

„Was guckst du so?" fragte sie. „Es kann immer sein, dass man mal ein paar Minuten warten muss und nichts besonders zu tun hat. Das Buch, das ich gerade lese, und das Buch, an dem ich schreibe, habe ich immer bei mir. Das weißt du doch."

„Aber wahrscheinlich hast du keine Kleidung dabei, oder?" fragte Ethan.

Emily runzelte die Stirn. „Nein, habe ich nicht."

„Nicht einmal Unterwäsche?"

„Nein, nicht mal Unterwäsche."

„Meine Güte", sagte Ethan. „Mom hat uns quasi gezwungen, zwanzig Paar Unterwäsche einzupacken. Und du hast sie alle im Hotel gelassen?"

„Ja", gab Emily etwas gereizt zu. „Ich war mir sicher, dass ich meine Unterwäsche hier in den Ychurichuc-Ruinen nicht wechseln müsste. Ganz so aufgeregt wegen der Inka-Kultur bin ich dann doch nicht."

Hinter ihr hörte sie Thon grunzen. Anscheinend versuchte er, ein Lachen zu unterdrücken.

„Wie dem auch sei", sagte sie. „Unterwäsche habe ich nun mal nicht dabei. Aber ich habe meine Papiere und ich habe auch eine Reisezahnbürste in eine der Seitentaschen gepackt. Für den Fall der Fälle …"

„Für welchen Fall der Fälle?", wollte Ethan wissen.

„Also …", sagte Emily. „Für den Fall der Fälle halt …" Und dann blickte sie über ihre Schulter in Richtung Thon.

Zum Glück hatte Ethan diesen Blick nicht mitbekommen. „Dann sind all deine Sachen noch im Hotel. Also müssen wir sowieso dorthin zurück, um sie zu holen."

„Nein", sagte Emily. „Natürlich will ich meine Sachen nicht verlieren. Aber wir können doch dem Hotel schreiben und sie bitten, es uns zu schicken. Im Übrigen vertraue ich Thon, wenn er sagt, dass wir mit seiner Hilfe am besten das Land verlassen können."

Ethan wollte sie gerade fragen, warum sie das glaubte, als Thon aufstand und sagte: „Wir sollten uns besser auf den Weg machen, wenn wir vor dem Unwetter ankommen wollen." Er drehte seinen Kopf nach rechts und blickte in Richtung Süden. Dort sah Ethan ein ganzes Gebirge von sehr dunklen Wolken.

„Auch das noch", sagte Ethan. „Und da sagen manche Leute, noch schlimmer könnte es nicht werden?"

Emily fragte: „Wie weit ist es bis zu deinem Dorf? Schaffen wir das noch vor dem Regen?"

Thon blickte skeptisch gen Himmel und meinte: „Das kann ich nicht sicher sagen. Wenn wir Glück haben, können wir es schaffen. Aber wir werden es definitiv nicht schaffen, wenn wir jetzt nicht sofort losgehen. Der Regen wird uns Probleme machen, genauso wie vielen anderen. So wie ich die Stärke des Erdbebens einschätze, wird es nicht viele Menschen geben, die ein Dach über dem Kopf haben."

„Ich verstehe", sagte Emily. „Vielleicht ist das Hotel auch stark beschädigt worden und wir könnten sowieso nicht an unser Gepäck kommen. Versuch mal, auch die positiven Dinge zu sehen", sagte sie und klopfte Ethan auf die Schulter.

„Das sagst du so einfach", entgegnete Ethan.

Thon fragte: „Also, seid ihr nun bereit loszugehen?"

„Ja, das sind wir", antwortete Emily.

Thon setzte seinen eigenen kleinen Rucksack auf und machte sich auf den Weg zur zentralen Treppe hinauf zu den Hauptgebäuden des Ychurichuc-Tempels.

„Aber da kommen wir doch gerade erst her", wunderte sich Ethan.

„Stimmt", sagte Thon. „Aber dieses Mal wollen wir ja nicht auf den Gipfel, sondern weiter auf die andere Seite des Berges. Es gibt da nur einen relativ niedrigen Zaun. Da können wir leicht drübersteigen."

„Und wie weit ist es danach noch?" fragte Emily.

„Etwa fünf Kilometer", antwortete Thon. „Aber es sind nicht fünf Kilometer wie auf einer Straße. Wenn man alles auf und ab mitrechnet, sind es wahrscheinlich acht oder neun."

Weiter geht's mit „Auf dem Weg zu Thons Dorf" auf der nächsten Seite.

Auf dem Weg zu Thons Dorf

Es war nicht die Entfernung, die die Wanderung zu Thons Dorf so anstrengend machte. Vielmehr waren es der Staub und die Trockenheit. Und dann war es auch eine sehr steile und felsige Strecke. Die ganze Zeit ging es durch den Dschungel. Überall hingen lange und dicke Lianen von den Bäumen. Nachdem sie noch einmal durch das Tal am Ende der Ychurichuc-Ruinen gekommen waren, mussten sie richtig klettern. Hier war es ein ganz anderes Gelände.

„Den Regenwolken sind wir schon mal entkommen", sagte Thon. Er reichte Emily seine Hand, um ihr über einen besonders schwierigen Abschnitt zu helfen. „Auf der einen Seite des Berges ist es sehr grün, weil sich dort die Gewitter immer abregnen", sagte er und deutete auf den nahegelegenen, dschungelbedeckten Hang. „Danach haben sie kein Wasser mehr für diese Seite des Berges."

Emily nickte, Schweiß strömte ihr übers Gesicht. Obwohl sie schon sehr hoch geklettert waren, war es hier immer noch sehr heiß. Ihr war klar, dass ihre Kleidung komplett durchgeschwitzt war und dass es schwierig sein würde, frische Sachen zu bekommen. Aber nach zwei Kilometern machte sie sich keine Gedanken mehr darüber, wie sie aussehen oder sogar wie sie riechen würde. Stattdessen fragte sie sich, ob die Kondition der anderen für den Rest des Weges reichen würde.

Zum Glück war Ethan ein gut trainierter Wanderer, und Thon bewegte sich fast so schnell und sicher wie ein Steinbock. Emily wanderte eigentlich sehr gerne. Aber die Wanderungen, die sie von den Bergen zuhause gewohnt war und wie sie sie liebte, waren doch deutlich weniger steil. Und es gab immer eine Art Weg oder Pfad. Jetzt ging es die meiste Zeit mitten durch den Busch. Kreuz und quer über Sträucher und dorniges Unkraut. Dank ihres Crosslauf-Trainings hatte sie zwar eine gute Ausdauer. Aber das hier war gar kein richtiger Lauf. Und Ethan hatte dieses Training nicht.

Im einen Moment war es gleichzeitig felsig und mit matschigem Kies. Aber schon einen Moment später, wenn sie auf der Rückseite eines Hügels wieder bergab gingen, war es überall glitschig und es ging mitten hindurch durch üppige Vegetation, so dass sie beim Gehen kaum Halt hatten.

Ethan schaute auf die Uhr, als sie eine Pause machten. Sie waren jetzt eine Stunde unterwegs. Ethan nahm zwei Schnitzel aus seinem Rucksack. Wortlos nahm Emily eines und begann zu essen. Die Stärkung und die Proteine taten ihr gut. Jetzt konnte sie wieder schneller weitergehen.

Unterwegs erzählte ihnen Thon Geschichten über das Dorf und die Menschen, die dort leben. Angesichts des Erdbebens war es besonders interessant zu erfahren, warum sein Dorf so viele schreckliche Katastrophen überstanden hatte, die modernere Gebäude nicht ausgehalten hätten. „Wir bauen für die Ewigkeit", sagte Thon. „Wobei ich selbst gar nichts davon gebaut habe. Es waren unsere Vorfahren. Wir haben die Gebäude, die sie errichtet haben, erhalten, und wir haben sie in vielerlei Hinsicht verbessert. Wir haben Solarzellen zur Stromgewinnung installiert. Denn das staatliche Stromnetz reicht nicht bis in die Dörfer in den Bergen. Wir kümmern uns auch selbst um unsere Straßen und achten darauf, dass sie frei von Felsen sind. Große Felsen, die bei einem Erdbeben gefährlich werden könnten, haben wir zerkleinert. So gibt es selbst bei Naturkatastrophen wie starken Regenfällen, die immer wieder mal vorkommen, oder einem Erdbeben wie diesem immer einen freien Weg, um ins Dorf zu kommen oder um von dort wegzukommen."

„Das klingt sehr vernünftig", sagte Ethan. „Ich frage mich, warum die Regierung es mit den öffentlichen Straßen nicht genauso macht."

„Wir warten einfach nicht darauf, dass die Regierung das für uns macht", sagte Thon. „Wir machen es gleich selbst. Die Regierung kümmert sich so gut wie gar nicht um diese Gegend hier. Warum sollte sie auch? Wir gehen schließlich nie zur Wahl. Außerdem ist die Straße schmal und stellenweise sehr gefährlich."

„Ich verstehe", sagte Ethan. „Unter diesen Bedingungen hier ist es sehr aufwändig, die Straßen zu unterhalten."

„Richtig", kommentierte Emily. „Selbst wenn die Arbeiter das Gleiche kosten. Einfach weil es viel aufwändiger ist, bis hierher zu kommen. Und das Werkzeug wird hier bestimmt auch sehr viel stärker beansprucht."

Ethan kratzte sich am Kinn. „Ich wette, die Arbeiter würden mehr Geld verlangen, um so hoch in den Bergen zu arbeiten. Und wie gut würden sie ihre Arbeit wohl erledigen, wenn sie selbst nicht hier leben?"

Thon nickte. „Unsere Straßen wurden von unseren Vorfahren gebaut, nicht von irgendeinem Regierungsbeamten von weit weg. Das Überleben unseres Dorfes hängt von diesen Straßen ab. Wir müssen uns um sie kümmern, wir müssen sie selbst erhalten, damit sich unser Dorf weiter entwickeln kann."

Er hatte Mühe an einer felsigen Stelle. Schließlich gelang es ihm, sich an einem Ast festzuhalten und hochzuziehen. Er reichte Emily seine Hand, um ihr über diese schwierige Stelle zu helfen. Sie half dann Ethan auf die gleiche Weise. Ethan war es nach einer Pause. Aber er wollte nicht der erste sein, der danach fragte.

Thon ging weiter und er erzählte: „Viele Leute fragen sich, ob es überhaupt funktionieren kann, eine Straße privat zu bauen und zu unterhalten, oder was man tun könnte, wenn sich die Regierung nicht um die Zufahrtsstraßen zu ihrer Stadt kümmert. Bei uns funktioniert es. Wir kümmern uns alle um die Straße, weil wir alle darauf angewiesen sind."

„Das würde bei uns zuhause nicht funktionieren", sagte Ethan etwas schnaufend. Vor ihm reichte der Berg hinauf bis zum Himmel. Mindestens. Vielleicht sogar noch höher. Das ist nicht der Turm zu Babel, aber vermutlich der Berg von Babel, dachte er. Er wünschte,

Gott könnte es noch etwas weniger hoch machen. Seine Beine schmerzten.

Thon setzte sich auf einen Felsbrocken. „Lasst uns einen Moment ausruhen. Bestimmt seid ihr schon ziemlich erschöpft."

„Überhaupt nicht", sagte Emily. Aber ihre Atemlosigkeit verriet, dass das nicht die Wahrheit sein konnte.

Thon lächelte. „Was die Straße anbelangt, Ethan" - er sprach den Namen ohne das „th", wie „Etan" - „Kennst du alle Menschen in eurem Dorf?"

„Es ist nicht wirklich ein Dorf. Wir nennen es 'Nachbarschaft'", sagte Ethan. „Aber nein, ich kenne nicht alle. Nicht einmal alle, die in der Nähe wohnen." Er war froh, dass er auch einen Felsen gefunden hatte, um sich zu setzen. Der Stein kühlte seine Beine, die heilfroh waren, etwas ausruhen zu können.

„Wir kennen die Menschen von nebenan und die auf der anderen Straßenseite. Außerdem noch ein paar andere Leute", sagte Emily.

Thon wunderte sich. „Wirklich? Das klingt ja schrecklich", sagte er und schüttelte den Kopf. „Aber wie dem auch sei – bei uns in meinem Dorf kenne ich jeden. Und jeder kennt mich. Wenn ich mit der Arbeit an der Straße dran bin und nicht hingehen würde, weiß es jeder im Dorf."

„Das kann man nicht machen", sagte Ethan.

„Nein, natürlich nicht. Niemand will der *Gufan* sein."

Die Zwillinge schauten ihn fragend an.

Thon lachte etwas. „Das ist ein Begriff, den meine Freunde und ich erfunden haben. Er meint eine Person, die nicht ihr Bestes gibt. Ein fauler Mensch. Jemand, der von anderen nimmt, aber selbst nicht gibt."

„Ah", sagte Emily. „Ein Schmarotzer."

Thons strahlte. „Das ist ein gutes Wort. Schmarotzer. Wir arbeiten alle sehr hart. Aber alle im Dorf kümmern sich auch gegenseitig umeinander. Dadurch gibt es einen guten Zusammenhalt."

„Das klingt genial", sagte Emily. „Hat es so etwas in den USA überhaupt jemals gegeben?"

Im nächsten Moment stand Thon etwas stöhnend auf und streckte sich. Ethan war sich ziemlich sicher, dass er das nur tat, damit die Zwillinge sich besser fühlten. Denn Thon hatte bisher überhaupt nicht geschwitzt oder gekeucht, nicht mal bei dem wirklich steilen Anstieg.

Schließlich, als die Sonne schon hinter dem Horizont verschwand, erklommen sie den letzten Hügel. Beim Abstieg kamen sie in dichten Nebel. In dem geschützten Tal unten gab es ein kleines Dorf mit etwa 40 oder 50 Häusern, die um eine kleine Kirche angeordnet waren. Das Dorf lag am Fuß von zwei Hügeln in einem V-förmigen Tal zwischen ihnen. Aber auf den Hügeln waren Terrassen angelegt worden, um flaches Land für den Ackerbau zu haben. Überall auf den Hügeln arbeiteten Menschen auf diesen Terrassen. Es gab dort Getreide, Reis und andere Lebensmittel.

Kleine Tiere, Lamas und sogar ein paar Schafe waren dort in verschiedenen kleinen Herden. Die ganze Szene hatte Postkartenromantik, wie für Touristen inszeniert.

„Es ist wunderschön", sagte Emily und blickte zu Thon. Er strahlte.

„Da wären wir", sagte er. „Ich habe mein ganzes Leben hier gelebt. Und ich denke, dass ich nach dem Schulabschluss hierher zurückkommen und meinen Platz in der Gemeinschaft einnehmen werde, um mit meinem Beitrag mit dafür zu sorgen, das Dorf stark zu halten."

Weiter geht's „Im Dorf" auf der nächsten Seite.

Im Dorf

Den Rest des Abends und den größten Teil des nächsten Tages verbrachten sie bei Thon und seiner kleinen Familie. Thon war das jüngste von drei Kindern und das letzte, das noch zu Hause wohnte. So gab es im Haus ein freies Zimmer für Emily und Ethan.

Als sie ankamen, war Thons Vater gerade im Nachbardorf, aber seine Mutter begrüßte sie mit offenen Armen.

Schon während der ganzen Wanderung hatte Ethan den Eindruck gehabt, dass seine Schwester ihren Wanderführer mit besonderen Augen betrachtete. Aber jetzt, da sie angekommen waren, wurde die Vermutung zu völliger Gewissheit. Wenn Emily zu sprechen begann, lief sie plötzlich rot an im Gesicht und begann zu stottern. Das passierte dann besonders oft, wenn Thon ihr sichtbar aufmerksam zuhörte. Ethan kannte bisher nur eine Emily, die zu allem und jedem etwas zu sagen hatte und die beinahe pausenlos plapperte. Ein fast sprachloser und etwas schüchterner Teenager, der beinahe über seine eigene Zunge stolperte – so hatte er Emily noch nie erlebt.

Zum Abendessen gab es gegrilltes Huhn mit Bohnen. Thon erklärte, dass es von ihrem eigenen Abschnitt auf den Terrassen und vom Garten hinter ihrem Haus stammte.

Ethan mochte ganz besonders die ruhige und friedvolle Stimmung in dem Dorf. Hier gab es keines der vielen Geräusche, die man sonst ständig hörte – kein Gerede anderer Touristen, kein Verkehrslärm, keine Maschinen oder Fabriken. Das soll nicht heißen, dass es keinen Strom oder keine modernen technischen Geräte gab. Das Dorf verfügte über seine eigene Stromversorgung. Die Solaranlage dazu ragte wie seltsame fremdartige Bäume in die Höhe.

„Das Problem ist, dass wir hier im Tal von so vielen Bergen umgeben sind", erklärte Thon. „So haben wir nur eine begrenzte Menge an Sonnenlicht jeden Tag. Obwohl wir sehr nah am Äquator sind und die Sonne hier sehr hoch steht – durch die hohen Berge rund um das Dorf gibt es relativ wenig direktes Sonnenlicht. Wir müssen mit unserem Stromverbrauch daher sehr sparsam sein."

Emily überlegte kurz und sagte: „Ich schätze, dass ihr hier sieben, vielleicht acht Stunden Sonne am Tag habt. Kann das sein?" Dabei blickte sie zu Thon.

„Das stimmt ziemlich genau", antwortete er. „Das reicht aus, um wichtige Geräte, medizinische Apparate, Lichter und so weiter mit Strom zu versorgen. Wir können auch kleine elektronische Geräte wie Laptops und dergleichen aufladen. Aber natürlich ist der Zugang zum Internet sehr teuer. Meist geben wir uns mit dem elektrischen Licht und mit dem traditionellen Telefon über Kupferdrahtleitungen zufrieden. Da haben wir hier eine Verbindung mit dem zentralen Netz", sagte er.

„Wir müssten dringend unsere Eltern anrufen", sagte Ethan. „Sie machen sich bestimmt große Sorgen um uns."

„Sie werden bestimmt darauf vertrauen, dass es uns gut geht. Da bin ich mir sicher", sagte Emily. Dabei wirkte sie ein wenig geistesabwesend.

„Damit haben sie ja auch Recht", erwiderte Ethan. „Aber das spielt keine Rolle. Wir müssen sie so schnell wie möglich informieren, damit sie es nicht nur glauben, sondern auch wissen. Wir müssen auch herausfinden, wie wir das Land am besten verlassen können. Wo wir jetzt so weit weg von der Hauptstadt sind, kann uns die amerikanische Botschaft nur wenig helfen. Wenn überhaupt."

„Da hast du natürlich recht. Entschuldige", sagte Emily und schüttelte den Kopf über sich selbst. „Mom würde vermutlich sogar ein Flugzeug für uns chartern. Gibt es schon einen Plan?", fragte Emily.

Thon antwortete: „Wir haben hier kein Satellitentelefon im Dorf. Das nächste befindet sich über den Bergkamm in Sapallu. Dort gibt es ein Satellitentelefon und eine gute Internetverbindung. Aber der Weg dorthin dauert fast einen Tag."

„Dann würden wir morgen gerne dorthin gehen wollen", sagte Ethan. „Ich würde ja sehr gerne noch länger hier in eurem Dorf bleiben. Aber ich denke, dass das für uns nicht klug wäre in dieser Situation. Wir müssen sehen, dass wir herausfinden, wie wir nach Hause kommen können."

Weiter geht's „Auf dem Weg aus Thons Dorf" auf Seite 290.

Mit Jorge

„Ich bin mir sicher, dass wir so schnell wie möglich in die Zivilisation zurückkehren sollten", sagte Ethan. „Bei Thon hört es sich so an, als ob sein Dorf eine Art Paradies ist. Aber das kann ich mir einfach nicht vorstellen."

„Glaubst du, er lügt?", fragte Emily etwas gereizt.

Interessante Reaktion, dachte Ethan. Aber sie verstärkte nur seinen Wunsch, in eine andere Richtung zu gehen als der dunkeläugige Teenager aus dem Bergdorf. „Er wird uns hier in den Bergen wohl kaum zu einem Flugplatz bringen können. Oder siehst du irgendeinen anderen Weg, wie wir nach Hause kommen könnten?"

Emily wollte etwas sagen, stand aber nur einen Moment sprachlos mit offenem Mund da.

„Außerdem", fuhr Ethan fort, „wird es dort wohl kaum eine Möglichkeit geben, um Mom und Dad zu benachrichtigen, dass es uns gut geht. Sie werden sich Sorgen machen und seit dem Moment, als es auf Google die Erdbebenwarnung gab, auf ein Lebenszeichen von uns warten."

Emily gab widerwillig nach und schaute in Richtung ihres neuen Freundes. „Auch wenn es mir nicht gefällt – aber du hast wohl recht", sagte sie. „Eigentlich ist Jorge nicht der Typ, dem wir vertrauen. Aber er geht in die *Richtung,* der ich vertraue. Also gehen wir mir ihm mit und hoffen, dass es okay sein wird."

Die Zwillinge machten sich auf den Weg zurück zu der kleinen Gruppe, die sich in der Mitte des zentralen Platzes der Ychurichuc-Ruinen zusammendrängte.

„Wir kommen mit dir", sagte Ethan zu Jorge. Jorge nickte. Auf seinem Gesicht war die Spur eines kleinen Lächelns zu erkennen.

„Ich bin sicher, dass ich euch mit meinem Wagen dorthin bringen kann, wo ihr hinmüsst", sagte er.

Thon schien enttäuscht, aber er wirkte nicht wirklich überrascht. Er gab den Zwillingen die Hand und sagte: „Dann müssen wir uns hier wohl verabschieden. Wenn ich euch jemals wiedersehen sollte, dann treffen wir uns als Freunde."

„Das werden wir ganz gewiss", antwortete Ethan. „Pass auf dich auf."

Emily sagte: „Wir hatten viel zu wenig Zeit hier in den Ruinen. Wir werden versuchen, noch einmal zu kommen, und ich hoffe sehr, dass wir uns dann wiedersehen."

Thon nickte kurz und ging dann in Richtung Grabstätte weg.

„Wohin geht er?", fragte Jorge.

„Er wohnt in dieser Richtung", entgegnete Ethan.

„Er hat bestimmt eine ziemliche Wanderung vor sich. Aber er sieht ... fit aus", sagte Emily und wendete nur schweren Herzens den Blick von ihm ab. „Ich bin sicher, dass er es schaffen wird."

Jorge zuckte mit den Achseln. Anscheinend war es ihm nun egal, was mit Thon passierte. „Okay", sagte er. „Das Wichtigste zuerst. Das hier ist keine Wohltätigkeitsveranstaltung. Ich bringe euch nach unten, aber das kostet."

„Wie bitte?", rief Ethan.

Jorge machte eine abweisende Handbewegung und nannte seinen Preis: „Fünfzig Dollar, in bar, pro Person. Und zwar jetzt gleich."

„Fünfzig Dollar!", rief Ethan entsetzt. „Das ist das Doppelte von dem, was wir für die Tour bezahlt haben – von der wir übrigens nicht viel gehabt haben."

Jorge zuckte mit den Schultern. „Dafür gibt es leider keine Erstattung. Aber ich verspreche euch, dass wir eine Lösung finden, falls ich es nicht schaffen sollte, euch nach Ychu zu bringen." Er blickte über die nun schon ziemlich leeren Ruinen. „Oder habt ihr noch eine bessere Alternative?"

„Jetzt nicht mehr", sagte Emily erbost.

„Ihr habt doch bestimmt so viel Bargeld dabei", sagte Jorge. „Jetzt ist der Moment, es einzusetzen."

„Ist es das? Danach hätten wir fast nichts mehr übrig. Und es wird wohl nicht möglich sein, an weiteres Bargeld zu kommen, solange die Telefon- und Internetverbindungen unterbrochen sind. Denn ohne werden die Geldautomaten wohl nichts ausspucken, fürchte ich", sagte Emily. „Wir müssen kurz miteinander sprechen." Damit zog sie Ethan am Ärmel ein Stück zur Seite.

„Klar", sagte Jorge. „Ihr habt eine Minute. Danach fährt dieser Zug sonst ohne euch ab."

Emily zischte in Ethans Ohr. „Da siehst du, was du getan hast."

„Ich? Ich versuche nur, uns nach Hause zu bringen. Ja, dieser Typ ist widerlich. Aber er ist unsere einzige Chance. Es sei denn, du willst dem Inka-Jungen hinterherjagen."

Emily dachte eine Sekunde darüber nach. Es war eine schreckliche Entscheidung. So oder so gab es Risiken, die sie nicht abschätzen konnten. „Wir haben das Geld", sagte sie. „Nur ist es wirklich die Frage, wofür wir es am besten verwenden."

Du entscheidest, wie es weiter geht.
„Weiter mit Jorge" auf Seite 140.
Oder „Thon hinterher" auf der nächsten Seite.

Thon hinterher

„Auch wenn es unsinnig scheint, aber mein Bauchgefühl sagt mir deutlich, dass wir besser mit Thon gehen sollten", sagte Emily. „Ich kann mir gut vorstellen, dass Jorge uns im Stich lässt, wenn wir unterwegs irgendwo liegenbleiben und wir kein Bargeld mehr haben. Thon macht überhaupt nicht einen solchen Eindruck. Das musst du zugeben."

„Vor allem bei dir nicht", entgegnete Ethan. Emily hob eine Augenbraue, aber Ethan blickte schon in die Richtung, in die Thon weggegangen war. „Wir sollten uns beeilen. Bist du bereit, zu rennen?"

„Immer", sagte sie.

Ethan lief zu Jorge. „Wir haben uns anders entschieden. Tut mir leid. War nett, dich kennengelernt zu haben. Vielleicht sehen wir uns mal wieder."

Jorge spottete. „Ihr begeht einen großen Fehler, aber es geht mich ja nichts an. Dann kann ich meine Dienste anderen anbieten." Ohne ein weiteres Wort drehte er sich um und stürmte davon.

Emily schnappte sich ihren Rucksack und ging mit schnellen Schritten in Richtung der Grabstätte. Ethan folgte nur wenige Schritte hinter ihr. Unter ihnen, auf dem zentralen Platz, versuchten die Touristen immer noch vergeblich, mit ihren Mobiltelefonen Empfang zu bekommen. Ethan stöhnte. „Das sieht schlecht aus", kommentierte er.

„Wir werden schon noch herausfinden, wie schlimm es wirklich ist", antwortet Emily.

Als sie das Ende der Treppe erreicht hatten, dachte Ethan für einen Moment, Thon sei bereits verschwunden. Aber als Emily nach ihm rief, tauchte sein dunkler Kopf in einiger Entfernung auf.

„Kommt ihr mit mir?", rief er.

„Nimmst du uns mit?", rief Emily zurück. Daraufhin winkte Thon sie zu sich.

Auf der anderen Seite der Grabstätte saß Thon auf einem Felsvorsprung und erwartete sie. Als die Zwillinge angerannt kamen, sagte er: „Das ging ja fix. Da habt ihr eure Meinung aber schnell geändert."

Weiter geht's „Nicht mit Jorge" auf Seite 124.

Weiter mit Jorge

Emily seufzte. „Ich vertraue Jorge nicht. Aber offensichtlich weiß er, was er tut. Und jetzt ist der direkte Weg zurück in die Zivilisation unsere einzige echte Option." Sie öffnete ihren Rucksack. „Hier sind meine fünfzig. Hast du deine?"

Ethan gab seine fünfzig Dollar dazu. Damit gingen sie zurück zu Jorge. „Wir fahren mit dir", sagte Ethan und gab ihm das Geld.

Jorge steckte es hektisch ein. „Die Zeit drängt", sagte er. „Je länger wir hier warten, desto schwieriger wird es." Er drehte sich um und rannte los in Richtung des Eingangs der Ruinen.

„Diesen ersten Teil der Strecke fahren wir mit meinem Wagen. In Ychu gehen wir zu einem Freund von mir. Der hat ein noch besseres Fahrzeug, mit dem er uns um den See und über den Staudamm bringen kann. Das wird der einfachste Weg sein, damit ihr zurück nach Takewawa kommt", sagte er.

„Warum nehmen wir nicht den gleichen Weg, auf dem wir hergekommen sind?", fragte Ethan, während sie Jorge hinterherliefen.

Der lachte hart und fast verächtlich. „Dieser Weg ist aussichtslos. Ihr habt doch auf dem Weg hierher gesehen, wie steil es war. Dort wird es jetzt überall Felsen und tiefen Schlamm geben. Ich schätze, dass es Wochen dauern wird, bis dieser Weg wieder befahrbar ist. Das kenne ich schon."

Sie gingen über den zentralen Platz und nahmen die Treppe hinunter zum Parkplatz. Die Vögel zwitscherten und auch die anderen Tiere waren aus dem Wald wieder zu hören. Es schien lauter als vor dem Erdbeben – als wenn sie die verlorene Zeit wettmachen wollten.

„Könnte es sein, dass die Menschen in Ychu eingeschlossen sind?", fragte Emily. „Wenn diese Straße zurück nach Takewawa nicht befahrbar ist, wie kommt man dann aus der Stadt noch heraus?"

Wieder zuckte Jorge mit den Achseln. „Ich weiß es nicht", sagte er. „Aber das ist nicht unser Problem. Wir müssen euch jetzt dorthin bringen, von wo ihr das Land verlassen und wieder nach Hause fahren könnt. Ich kenne noch eine andere Straße. Die ist möglicherweise noch offen. Dort gibt es garantiert weniger Verkehr als auf der Hauptstraße, denn auf der wird es sicher einen Stau geben. Außerdem kann ich Orte erreichen, wo andere Leute nicht hinkommen können."

Das Angebot war okay. Er hatte nichts Kritisches gesagt. Aber wie sie ihn vor sich hergehen sah, konnte Emily nicht umhin, sich zu fragen, wo Jorge noch seinen Vorteil sehen würde. Bestimmt heckte er noch etwas aus.

Jorge führte sie über den Parkplatz durch Gruppen von immer hysterischer werdenden Menschen. Er hatte einen großen Pick-Up mit Allradantrieb. Dieser hatte ein verlängertes Führerhaus mit einem großen und offensichtlich schon etwas älteren Bett. Die Reifen waren sehr breit und ziemlich neu mit ausgezeichnetem Profil.

„Das ist das alte Mädchen, das uns über die erste Etappe der Reise bringen wird", sagte Jorge mit einer geradezu liebevollen Stimme. „Ich habe sie etwas umgebaut, so dass sie schwere Lasten transportieren und auch tiefe Schlaglöcher aushalten kann."

„Es sieht so aus, als wenn sie das schon öfters gemacht hätte", kommentierte Ethan.

Jorge lachte. Das war das erste echte Lachen von ihm an diesem Morgen, dachte Ethan.

„Ja", sagte Jorge. „Sie hat schon einiges mit mir durchgemacht. Wir haben zusammen gute Arbeit geleistet."

Die Zwillinge stiegen ein und Jorge setzte sich auf den Fahrersitz. Ein paar Touristen aus der Menge liefen zu ihnen herüber.

„Die möchten anscheinend auch noch mitfahren", meinte Jorge. „Ist es okay für euch, wenn wir noch ein paar Leute mehr werden?", fragte er.

Ethan schaut Emily an. Sie zuckte mit den Achseln. „Warum nicht?", antwortete Ethan.

Jorge ließ den Motor an und öffnete sein Fenster. „Wollt ihr auch noch mitfahren?", fragte er.

„Ja, unbedingt", sagte der Mann. „Wir müssen zurück nach Ychu, um von dort irgendwie aus dem Land wieder herauszukommen."

„Ich verstehe. Wie so viele Leute gerade", sagte Jorge. „Aber die Fahrt ist nicht umsonst."

„Wir haben Geld", sagte der Mann. „Es ist im Hotel in Ychu."

Jorge verzog das Gesicht und schüttelte den Kopf. „Das tut mir leid, aber so funktioniert es nicht. Dann müsst ihr eine andere Möglichkeit finden." Und bevor der Mann antworten konnte, schloss Jorge das Fenster und gab Gas.

Die Reifen knirschten auf dem Schotter, als sie den Bürgersteig überquerten. Dann waren sie auf der Straße zurück nach Ychu. Ein paar Touristen versuchten, sie anzuhalten. Aber Jorge fuhr einfach weiter, so dass einige sogar zur Seite springen mussten, um nicht überfahren zu werden.

Emily nahm Ethans Hand und knirschte mit den Zähnen. Das war überhaupt nicht die Art, die sie sich erhofft hatte. Vor allem entsprach es überhaupt nicht dem, was sie von einem Gentleman erwartete. Auch wenn natürlich von Anfang an klar gewesen war, dass Jorge alles andere als ein Gentleman war.

Aber hatte er etwas wirklich falsch gemacht? Er hatte einen Geländewagen, und er war bereit, sie mitzunehmen. Für seine Zeit und das Benzin wollte er eine Entschädigung. So funktioniert der Markt, oder? Was sollte daran falsch sein?

Am Rand des Parkplatzes hielten zwei uniformierte Polizisten die Hände hoch, weil sie anhalten sollten. Jorge tat es und öffnete das Fenster. Frische Luft strömte herein. Da erst merkte Ethan, wie stickig es bis dahin gewesen war.

„Sie können nicht weiterfahren", sagte der Polizist. „Die Straße ist gesperrt."

Jorge nahm seine Sonnenbrille ab und blickte dem Mann in die Augen. „Hey, Carlos, ich bin es."

Der Polizist Carlos machte eine Grimasse. „Ihr werdet den Berg hinabstürzen und ich komme nicht zu deiner Beerdigung. Und wer wird dann die Raten für deine kleine Juanita zahlen?"

„Hey, ich bin es", sagte Jorge. „Du bekommst dein Geld am ersten des Monats, wie immer. Und ich kann mir gut vorstellen, dass dieses Erdbeben noch einige weitere Möglichkeiten für uns bietet. Lass uns später treffen und darüber sprechen."

Etwas widerwillig ließ Carlos sie weiterfahren.

Emily und Ethan sprachen ganz leise, während sie so taten, als wenn sie aus dem Beifahrerfenster schauten. Worum war es bei diesem Gespräch gegangen? Hatte Jorge etwa die Polizei bezahlt?

Die Straße war katastrophal. Sie hatten den Parkplatz verlassen und fuhren nun den Berg hinunter. Aber sie waren noch keine hundert Meter gefahren, als es schon nicht mehr weiter ging. Herabgestürzte Felsbrocken, mehrere Meter hoch, blockierten die gesamte Straße. Ein paar Autos steckten schon am Straßenrand im Schlamm fest. Ohne zu zögern, fuhr Jorge auf die Gegenfahrbahn und versuchte so, an den Felsen vorbeizukommen. Zum Glück gab es keinen Gegenverkehr.

Die Leute reckten ihre Hälse, um dieses gefährliche Manöver zu verfolgen. Haarscharf neben dem Abgrund und ohne wirklich anzuhalten, schaltete Jorge einen Gang herunter und fuhr seitlich auf den Felsen auf. Der Wagen wackelte und ruckelte so heftig, dass Emily ein- oder zweimal schon sicher war, dass sie seitwärts umkippen und in die darunter liegende Schlucht fallen würden. Aber auch wenn Jorge ein unangenehmer Kerl war, der fies verhandelte, wenn es ums Geschäft ging – wie man einen Geländewagen fährt, das wusste er definitiv.

Der Pick-up schaffte es über alle hervorstehenden Felsen, er rutschte auf der anderen Seite ein Stück herunter und war schließlich wieder auf der Straße. Aber selbst hier, wo die Straße ansonsten frei war, hatte es durch das Erdbeben an einigen Stellen Risse gegeben. Es würde sicher eine ganze Weile dauern, bis man hier wieder ganz normal würde fahren können.

Auf der restlichen Strecke bis zur Stadt hatten sie noch einige weitere Hindernisse zu überwinden. Als sie Ychu dann näherkamen, wurde es deutlich sichtbar, dass die Stadt durch das Erdbeben auch schwer beschädigt worden war.

Vom See war eine große Welle gekommen, die die Boote und Wasserfahrzeuge am Strand wild durcheinander geworfen hatte. Einige davon waren auf den See hinausgetrieben. Sie trieben jetzt reglos auf dem Wasser.

Ein ganzer Flügel des Hotels war eingestürzt, aber es war nicht der Teil, in dem die Tuttles ihr Zimmer gehabt hatten. Der Schaden war immens und es war klar, dass das Hotel für einige Zeit geschlossen bleiben müsste.

„Pech gehabt", kommentierte Jorge den Anblick. „Das ist ein schönes Hotel. Ich hoffe, euer Gepäck ist nicht in dem eingestürzten Flügel."

„Nein, wir sind auf der anderen Seite", sagte Ethan. „Aber wenn es noch eine seismische Gefahr gibt, werden sie uns vermutlich nicht hereinlassen, um unsere Sachen zu holen."

„Wir haben nur unsere Rucksäcke", sagte Emily. „Für den Moment ist das okay. Aber wir haben nichts zum Umziehen, wenn wir für einen längeren Zeitraum irgendwo anders bleiben müssen. Alle unsere Sachen sind auf unserem Zimmer."

„Ganz zu schweigen vom größten Teil unseres Geldes", fügte Ethan hinzu.

Jorge schaute Ethan erschrocken an. Aber Ethan winkte mit einer Handbewegung ab, um ihn zu beruhigen. „Wir haben noch genug dabei, um auch deinen Freund zu bezahlen. Mach dir keine Sorgen", sagte er.

Jorge entspannte sich ein wenig und fuhr über den eingefallenen Weg in den Innenhof des Hotels.

„Ich probiere, meinem Freund zu erreichen", sagte er. „Er hat ein Kettenfahrzeug, das auch mit solchen Hindernissen klarkommt, die dieser kleine Liebling hier nicht schafft."

„Weißt du, wo er ist?", fragte Emily.

„Vermutlich in der Bar gleich hier neben dem Hotel", sagte Jorge. „Da ist er immer um diese Tageszeit."

Als Jorge weg war, sagte Emily: „Wir müssen unbedingt an unser Gepäck kommen."

Ethan entgegnete: „Ich habe ein bisschen gelogen, als ich sagte, dass wir genug Geld haben. Ich wollte Jorge beruhigen. Wer weiß, was der Typ sonst anstellt."

Sie saßen noch einen Moment im Auto und starrten auf das Hotel.

Du entscheidest, wie es weiter geht.
„Ins Hotel" auf Seite 149.
Oder „Nicht ins Hotel" auf der nächsten Seite.

Nicht ins Hotel

Ethan saß im Pick-up auf dem Mittelsitz und blickte stumm auf das Hotel.

Es sah wirklich so aus, als ob es weitgehend unbeschädigt wäre, aber er wusste, dass dieser äußere Eindruck täuschen konnte. Das letzte, was sie jetzt gebrauchen konnten, war, verletzt zu werden oder in einem einstürzenden Hotel gefangen zu sein. „Wir gehen nicht rein", sagte er. „Sie haben schon Wachen an der Tür postiert, um die Leute davon abzuhalten. Das würden sie bestimmt nicht machen, wenn das Gebäude sicher wäre."

„Wahrscheinlich hast du Recht", sagte Emily. „Ich würde mich nur so gerne umziehen. Diese Sachen hier sind schon mehr als nur schmuddelig. Und wann kann ich endlich mal wieder duschen?"

„Ja", sagte Ethan. „Viele eigentlich selbstverständliche Dinge werden wir nun ganz besonders zu schätzen wissen – wenn wir sie denn überhaupt bekommen können."

Die Zeit verging langsam. Ethan überlegte, das Autoradio einzuschalten. Vielleicht könnten sie die Nachrichten hören oder zumindest etwas Musik, um sich die Zeit zu vertreiben. Aber er ließ es bleiben.

Emily sagte: „Das war cool bei den Ruinen, immerhin. Zumindest haben wir sie gesehen und die ganze Reise war nicht umsonst."

Die Szene vor ihnen ging ohne große Veränderungen weiter mit Ausnahme der leicht unterschiedlichen Rollen. Medizinisches Personal lief ständig hin und her.

Immer wieder kamen Leute aus dem Eingang auf der Vorderseite des Hotels. Die Einsatzkräfte waren fast nur bei dem zerstörten Flügel tätig. Offensichtlich befanden sich noch Menschen darin.

Ethans konnte seine Hand kaum stillhalten. Er wünschte, er könnte etwas tun, um sich nützlich zu machen. Aber er wusste, dass er den Rettungskräften nur im Weg sein würde, wenn er dort hinginge.

„Oh, wie schrecklich", sagte Emily, als sie sah, wie ein kleines Kind torkelnd aus den Trümmern kam. „Das Erdbeben hat dieser Stadt wirklich extrem zugesetzt."

Die anderen Gebäude rund um das Hotel waren weniger beschädigt worden, so schien es. Sie waren natürlich niedriger, kein mehrstöckiges Gebäude wie das Hotel. Aber auch dort gab es nirgends mehr Strom, wie es aussah.

„Ich kann nicht mehr hier drinsitzen", sagte Ethan. „Ich brauche zumindest etwas frische Luft."

„Ich komme mit", sagte Emily. Sie öffnete die Tür. Erst jetzt bemerkten sie den entsetzlichen Lärm draußen. Verwundete schrien. Rettungskräfte brüllten einander an und gaben Kommandos. Und über allem schien ein großes Seufzen zu sein, als ob das Land als solches niedergeschlagen wäre angesichts dieses Unglücks.

Ethan lehnte sich mit dem Rücken an das Auto. Er fühlte sich hilflos und verloren. Schließlich ging er herum und setzte sich auf die vordere Stoßstange. Emily kam zu ihm und legte ihre Hand auf seine Schulter.

„Es ist nicht deine Schuld", sagte sie.

„Ich weiß", sagte Ethan. „Aber ich fühle mich wie gefangen, und ich sollte einen Ausweg finden, aber ich sehe einfach keinen."

„Wir haben doch einen Ausweg", meinte Emily. „Deshalb sind wir doch hier mit Jorge. Er wird jede Minute wiederkommen, und dann fahren wir."

„Aber wohin?", fragte Ethan. „Es ist ja nicht so, dass wir mal eben in die Hauptstadt zurückfahren und man uns von dort einfach per Teleportation nach Hause bringt."

„Beam uns hoch, Scotty. Das wäre jetzt wirklich praktisch", antwortete Emily.

„Wir sollten unser Leben der Entwicklung der Teleportationstechnologie widmen, damit niemand mehr in solchen Situationen wie dieser hier feststecken muss", überlegte Ethan.

Emily grinste. „Das ist immerhin ein gutes Zeichen, wenn du wieder über Star Trek philosophieren kannst."

Weiter geht's mit „Raus aus dem Hexenkessel" auf Seite 156.

Ins Hotel

Sie standen vor dem Haupteingang des Hotels. Innen führte auf der linken Seite eine Treppe nach oben. Ihr Zimmer lag im zweiten Stock am Ende des Flurs.

Im Treppenhaus war es staubig. Die komplette Treppe war mit Staub bedeckt. Es war ein dickes graues Pulver, ähnlich wie zerbröselter Gips. Auf Höhe der zweiten Stufe begann ein großer Riss. Dieser reichte die ganze Wand hinauf bis zur Decke. Der Riss war so breit, dass Emily wohl ihren Finger hineinstecken könnte.

Ethan hatte den Riss auch bemerkt. „Gibt es noch mehr davon? Vielleicht weitere Risse, die wir *nicht* sehen können?", fragte er. „Vielleicht ist da doch keine gute Idee, da hochzugehen."

Emily setzte ihren Fuß auf die unterste Stufe. Sie hüpfte etwas auf und ab, um die Stabilität zu prüfen. Nichts bewegte sich. Es fühlte sich an wie eine normale Treppe aus Beton. „Ich denke schon, dass wir die Treppe nehmen können", sagte sie. „Sie scheint stabil zu sein." Sie nahm die ersten Stufen und prüfte behutsam jede einzelne.

Ethan blieb unten stehen. „Hast du den anderen Flügel des Hotels gesehen? Die gesamte Struktur könnte auch hier jederzeit nachgeben", sagte er.

„Ich verstehe schon, was du meinst, Ethan. Aber ernsthaft – es fühlt sich hier nicht so an. Komm mit rauf." Sie nahm noch drei oder vier Stufen bis zum ersten Absatz. Es gab keinerlei Knarren oder sonst irgendwelche beunruhigenden Geräusche.

Die Luft roch, als hätte jemand einen Staubsaugerbeutel ausgekippt. Ethan hatte es überall im Gesicht. Er folgte Emily die Treppe hinauf. Von irgendwo weiter im Inneren des Hotels hörten sie ein dumpfes Geräusch, als wenn etwas sehr Schweres gefallen wäre. Durch den Aufprall vibrierte der Boden unter ihren Füßen. Von der Decke kam noch mehr Staub herab.

„Das klang nicht sehr stabil", sagte Ethan. „Komm, wir sollten zurückgehen."

„Ich gehe nicht ohne meine Sachen", rief Emily von oben. „Wir sind fast da, ich kann schon die Tür zu unserer Etage sehen."

Im nächsten Moment hatte sie schon die letzten Stufen genommen und stand vor der Tür zum zweiten Stock. Sie hing etwas schief, als ob der Rahmen nicht mehr ganz rechteckig wäre. Zwischen Tür und Rahmen gab es eine Ritze von etwa einem Zentimeter.

Emily zog an der Tür, aber sie bewegte sich nicht. „Komm und hilf mir", sagte sie. „Sie ist schon fast offen."

Ethan stampfte die restlichen Stufen zu ihr hinauf und fasste die Tür mit seiner Hand in dem Spalt zwischen Türrahmen und Tür. Er zog, während Emily weiter am Türgriff zerrte. Langsam und knarzend bewegte sich die Tür immerhin bis zur Hälfte. Weiter war unmöglich. Die Bewegung der Tür hatte einen kleinen Bogen in den Staub auf dem Boden gewischt.

„Unser Zimmer ist schon die fünfte Tür", sagte Emily. „Ich kann es schon fast sehen."

Den Flur hinab sah es fast normal aus. Es gab weniger Staub hier und auch keine sichtbaren Risse in der Wand oder andere erkennbaren Schäden. Tatsächlich sah es so aus, als ob dieser Teil des Hotels insgesamt unbeschädigt geblieben war.

„Siehst du?", sagte Emily. „Hier ist nichts, worüber man sich Sorgen machen muss." Sie betrat den Flur.

Ethan folgte ihr über den weichen roten Teppich. Auf beiden Seiten standen die Türen zu den Hotelzimmern weit offen.

Sie schaute in das erste Zimmer hinein. Auf dem Bett standen mehrere Taschen offen. Darin waren Kleidung, Bücher und sogar einiges an Schmuck.

„Schau dir das an", sagte Emily. „Mit nur einem Teil davon könnten wir unsere ganze Reise bezahlen."

„Wir stehlen niemandem seinen Schmuck", erwiderte Ethan.

„Na klar", sagte Emily. „Ich meinte ja auch nur, was passieren könnte, wenn jemand anderes, der nicht so ehrlich ist, hier vorbeikommen würde."

In dem Moment kam etwas weiter den Flur hinunter eine Person ins Licht, fast als ob er sich dort materialisiert hätte. Sobald er die Zwillinge sah, wich er zurück in eines der Zimmer.

„Jemand wie *dieser*", sagte Emily. „Wir sollten uns besser beeilen."

Sie gingen weiter. Die Türen zu allen Zimmern, an denen sie vorbeikamen, standen ebenfalls offen.

„Es scheint, dass wir zu spät sind", sagte Emily. „Hier hat schon jemand unser Zimmer durchsucht nach Sachen, die er stehlen kann."

„Vielleicht haben die Mitarbeiter auch die Türen geöffnet, um sicher zu gehen, dass alle Personen das Hotel verlassen haben", meinte Ethan. „Aber jetzt achten sie nicht mehr darauf. Das ist wohl ein Fehler."

Sie hatten ihr Gepäck hinter dem zweiten der beiden Betten auf dem Boden gelassen. Emily konnte es unter dem Staub erkennen. Sie betrat vorsichtig den Raum. Aber noch bevor sie ganz im Zimmer war, gab es ein Ruckeln durch das ganze Gebäude und der Boden bebte unter ihnen.

„Ein Nachbeben!", rief Ethan. „Komm zurück!" Aber der Boden bewegte sich schon und es blieb ihr keine Zeit mehr.

Stattdessen warf sich Emily auf den Boden neben dem Bett und klammerte sich dort fest. Ein Stück aus der Decke löste sich und krachte auf die Betten. Aber dank Emilys schneller Reaktion blieb sie unverletzt.

„Emily!", schrie Ethan. Von irgendwo anders im Hotel gab es weiteres Dröhnen. Der Boden unter seinen Füßen vibrierte. „Emily! Bist du in Ordnung?" Ethan stand im Türrahmen und schrie. Er hielt sich am Türrahmen fest und spürte dabei, wie die Welle des

Nachbebens durch das Gebäude fuhr. Ihnen blieben nur noch wenige Augenblicke, um rauszukommen.

„Ich … Ich bin okay", sagte Emily mit bebender Stimme. Ein großes Stück Gips kippte auf den Nachttisch. Emilys Hand kam von unten auf das Bett. „Wie gut, dass wir diesen Katastrophenschutz-Kurs gemacht haben", sagte sie, als sie kopfschüttelnd unter den heruntergestürzten Teilen der Decke hervorkroch.

„Ja", sagte Ethan. „Obwohl ich gehofft hatte, dass es nicht zu diesem praktischen Teil kommen würde."

„Ich glaube, ich komme an unsere Sachen heran", sagte Emily.

„Lass es", rief Ethan. „Wir müssen jetzt sofort hier raus. Kein Gepäck ist es wert, dafür unser Leben zu riskieren." Er griff über das Bett, fasste Emilys Handgelenk und half ihr, auf die Beine zu kommen.

Sie warf noch einen sehnsüchtigen Blick zur anderen Seite des Raumes. Dort lag ihr Gepäck nun begraben unter einem gebrochenen Balken und bröckelndem Putz. Da war nichts mehr zu machen. Sie stolperten durch die Trümmer hinaus in die Halle.

Ein Mann lief an ihnen vorbei. Sein Gesicht war verzerrt. Er fasste Ethan an seinem Shirt und zog die beiden mit und nach vorne in die Halle. „Lauft!", rief er auf Spanisch. „Das bricht hier alles zusammen!"

Das brauchte er den Zwillingen nicht zweimal zu sagen. Ohne zu zögern drehten sie sich um und sprinteten zur Tür.

Hinter ihnen riss Tapete von der Wand. Türen brachen aus ihren Scharnieren und klappten wie Dominosteine in den Flur. Die drei liefen zur Tür am Ende des Ganges und hatten Mühe, diese noch ein paar Zentimeter weiter zu öffnen. Ethan und Emily rannten die Treppe hinab, der andere Mann unmittelbar hinter ihnen her.

Auf der unteren Etage war der Riss in der Wand nun schon fast 15 Zentimeter breit. Mit einem schrillen Geräusch riss die Decke über ihnen. Ethan schrie: „Spring!" Sie warfen sich durch die Tür nach außen. Im selben Moment gab die obere Treppe nach und brach hinter ihnen zusammen. Eine große Wolke Staub kam über sie, als sie draußen im Gras lagen.

Der Sicherheitsmann starrte sie mit offenem Mund an. Ethan hustete und klopfte sich den Staub von seiner Kleidung. Emily schüttelte ihre Haare und rieb sich die Staubkörnchen aus ihren Augen.

Der Sicherheitsmann schaute auf sie herab und sagte: „Das war sehr dumm."

„Ja, ich verstehe", sagte Ethan.

Der Sicherheitsmann schaute auf das zusammengebrochene Treppenhaus und die Betonbrocken und zuckte mit den Achseln. „Mir scheint, das brauche ich nun nicht mehr zu bewachen."

Emily hatte zwar überlebt, aber sie war verletzt. Sie taumelte ein wenig auf ihren Füßen, ihr rechtes Bein knickte ein. Ihre Hose war vom Knie bis zum Knöchel gerissen und Blut lief in ihren Schuh.

Ethan lag auf dem Boden und schaute auf ihr Bein. „Das sieht nicht gut aus", sagte er. „Das müssen wir auswaschen und verbinden."

„Wie dumm, dass wir uns nicht in einem Katastrophengebiet befinden", sagte Emily und blickte auf all die Rettungskräfte um sie herum. „Ob wir hier wohl jemals Erste Hilfe finden werden?"

Ethan kicherte ein wenig. „Dann kann es ja nicht so schlimm sein, wenn du immer noch Witze machen kannst", sagte er.

„Du kennst mich doch gut genug", antwortete Emily. „Ich glaube, ich würde auch mitten in einer Katastrophe noch Witze machen."

„Hey, sieh mal", rief Ethan. „Über einem der Tore da drüben hängt ein Schild, auf dem steht: 'Es ist eine Katastrophe.'"

Beide lachten etwas und konnten sich so ein wenig entspannen. Ethan stand auf und legte seinen Arm um seine Schwester, um sie zu stützen. Gemeinsam humpelten sie zur Vorderseite des Gebäudes. Dort war ein Pavillon aufgebaut und Leute mit Rot-Kreuz-Armbändern verteilten Verbandsmaterial an die Verwundeten.

„Meine Schwester ist verletzt", sagte Ethan, als sie dort ankamen.

„Es ist nur mein Bein", sagte Emily. „Es gibt einen Schnitt, aber ich glaube nicht, dass es tief ist."

Eine beunruhigt aussehende Krankenschwester kam mit mehreren Verbänden um den Tisch herum zu ihnen. Sie schaute sich Emilys Bein an und zog eine Flasche Desinfektionsmittel aus ihrem Gürtel. Damit besprühte sie Emilys Beine. Emily stöhnte zischend.

„Das tut weh", sagte sie zu Ethan.

„Das muss wohl die Strafe dafür sein, nach oben ins Hotel zu wollen", sagte er. „Das war wirklich dumm."

„Da will ich ausnahmsweise mal nicht mit dir streiten", antwortete sie.

In ein paar Minuten hatte die Krankenschwester das Bein verbunden und die Blutung damit fast gestoppt.

Sie gab Ethan den Rest der Verbandsrolle. „In etwa einer Stunde solltet ihr den Verband wechseln", sagte sie. „Danach solltet ihr es mindestens einmal pro Tag wechseln. Ansonsten kann es leicht zu einer Infektion kommen. Wir haben hier nicht gerade optimale Hygienebedingungen."

„Oder Wasser, um das auszuwaschen", ergänzte Ethan. „Aber vielen Dank. Wir werden es schon schaffen."

Es schien Emily, dass sie jetzt etwas besser gehen konnte. Sie hielt sich an Ethans Hand fest und sie gingen los. Sie kamen zurück zum Auto, aber das war abgeschlossen. Es sah auch nicht danach aus, dass Jorge von dem Treffen mit seinem Freund zurückkommen würde.

„Vielleicht sollten wir zu der Bar gehen und sehen, ob wir sie dort finden können", sagte Ethan.

„Nein danke", sagte Emily. „Ich habe genug davon, herumzulaufen und in seltsame Gebäude zu gehen."

Ethan seufzte und setzte sich auf die Stoßstange. „Gut, dann warten wir. Das ist mir eigentlich auch angenehmer. Es war ein sehr langer Tag." Er schaute zur Sonne. Sie stand schon weit über dem Zenit auf der anderen Seite.

„Dabei hatte der Tag so schön begonnen", sagte Emily. „Und jetzt sind wir hier."

„Ja", sagte Ethan. „Jetzt sind wir hier. Und wir wünschten beide, dass wir woanders wären."

Weiter geht's mit „Raus aus dem Hexenkessel" auf der nächsten Seite.

Raus aus dem Hexenkessel

Rauchschwaden wehten über den Platz. Ethan und Emily saßen mürrisch auf der Stoßstange des Pick-ups. Für einen Moment dachte Emily an Thon, ihren Freund aus den Ychurichuc-Ruinen, und fragte sich, wie es ihm jetzt wohl ging. Sie stand auf und blickte zurück zu den Bergen. Irgendwo dort oben war sein Dorf. Ob es dort wohl Qualm, zerstörte Dörfer, kaputte Häuser und Stromleitungen gab? Aber von hier unten konnte sie nichts sehen. Außerdem war der ganze Qualm, der hier in Ychu selbst aufstieg, so dicht, dass sie sowieso kaum etwas in diese Richtung sehen konnte.

Ethan öffnete seinen Rucksack und holte eine Plastikdose mit Dörrfleisch heraus. Er reichte auch Emily ein Stück.

„Danke. Ich habe keinen Hunger", sagte sie.

„Egal", sagte Ethan. „Du weißt nicht, wann du wieder Zeit und Gelegenheit zum Essen hast, also musst du jetzt essen. Man isst, wenn man die Zeit dazu hat, und nicht, wenn man hungrig ist. Und das wird jetzt wohl so lange so bleiben, wie wir noch in diesem Land sind, bis wir nach Hause kommen."

Pflichtgemäß nahm Emily ihr Stück Rindfleisch. Es war salzig und pfeffrig und brannte scharf im Hals. Aber nachdem sie ein paar Bissen genommen hatte, fühlte sie sich doch besser.

Wenig später kam Jorge über den Parkplatz. Er drückte auf seine Funkfernbedienung und der Wagen gab ein kurzes zwitscherndes Geräusch von sich. „Na, seid ihr es leid, im Wagen zu sitzen?", fragte er.

Ethan und Emily kauten weiter ihre Fleischstücke. Emily sah, wie Jorges Augen sich für einen kurzen Moment auf die Dose mit dem Dörrfleisch richteten. Aber dann blickte er ihr sogleich ins Gesicht, als wenn nichts gewesen wäre. Das macht er öfters, dachte sie. Er beobachtet Dinge und tut dann so, als ob er sich nicht dafür interessieren würde.

„Ich habe mit meinem Freund gesprochen", sagte Jorge wie beiläufig. „Er heißt Anibal. Er ist derjenige mit dem Spezialfahrzeug, von dem ich euch erzählt habe. Er sagt, er würde uns gerne runterbringen, aber es wird nicht billig sein. Dieses Fahrzeug ist auch nicht besonders schnell. Es wird sieben oder acht Stunden dauern."

„Das ist in Ordnung", antwortete Ethan. „Es ist immer noch schneller, als zu Fuß zu gehen."

Ihr Bargeld wurde allmählich immer weniger, dachte Emily und sie fragte sich, was Jorge in diesem Fall wohl meinte, als er sagte, dass es nicht billig werden würde.

„Also habt ihr noch mehr Geld?", fragte Jorge.

Emily entgegnete: „Du meinst vermutlich nicht das Bündel *Saladeras*, das ich noch in meiner Tasche habe, oder?"

Jorge lachte, als stünde er nicht mitten in einem Katastrophengebiet mit blutenden Menschen überall um ihn herum. „Nein, das Zeug meine ich natürlich nicht. Das wird nun nach dem Erdbeben künftig wohl gar nichts mehr wert sein. Es hatte eh schon die ganze Zeit ständig an Wert verloren, noch bevor jeder im Land seine Ersparnisse abgehoben und damit begonnen hatte, Wasserflaschen zu kaufen."

Ethan dachte an den Sturm auf den Geldautomaten vor ein paar Tagen. Aber im Vergleich zu diesem Erdbeben wirkte das nun wie ein Tanz in einem Ballsaal.

Ethan legte seine Hand auf Emilys Oberschenkel und drückte diesen einmal kurz. Sie interpretierte das als Aufforderung, still zu sein. Dann sagte Ethan: „Ich habe Geld - Dollars. Über welche Summe sprechen wir denn?"

Emily sah, wie Jorge nachdenklich mit den Augen rollte. Sie hatten noch nicht über den Preis für diese Fahrt gesprochen, dachte Emily. Er denkt gerade erst darüber nach. Ich würde mich nicht wundern, wenn sein Freund überhaupt nichts berechnen würde und

Jorge den ganzen Betrag für sich behalten will. Sie beschloss, Anibal später danach zu fragen.

„Ich denke, mit 100 Dollar pro Person wäre er einverstanden", sagte Jorge. Seine Stimme klang irgendwie komisch, als ob er daran zweifelte, dass sie so viel Geld hatten.

Ethan drückte Emilys Bein wieder, aber so, dass Jorge es nicht mitkriegte. „Ich weiß nicht, ob ich so viel noch habe", antwortete Ethan. „Ich glaube, ich habe nur noch einen 100-Dollar-Schein. Kannst du uns wenigstens einen Teil des Weges für diese 100 Dollar mitnehmen?" Er fragte das mit einer für ihn völlig untypischen jämmerlichen Stimme. Ethan jammerte eigentlich nie über irgendetwas.

Jorge tat so, als ob er darüber nachdenken würde. Er rieb sich am Kinn, nahm seine Baseballmütze ab und fuhr sich mit seinen Händen durch die Haare. Aber Emily war sich schon sicher, dass er einverstanden sein würde. „Nun, ich glaube nicht, dass Anibal darüber sehr glücklich sein wird. Es ist schon ein großes Risiko für ihn. Und es braucht einiges an Benzin und Zeit, um euch dorthin zu bringen."

„Er kann auch noch alle unsere *Saladeras* dazu bekommen", sagte Ethan. „Ich bin mir sicher, dass die immer noch etwas wert sind, wenn auch natürlich nicht annähernd so viel wie bei unserer Ankunft hier."

„Wie viele *Saladeras* habt ihr noch?", fragte Jorge wie ein Fisch, der nach einem Köder schnappte.

„Ein paar Tausend", entgegnete Ethan. „Wir hatten noch Geld gewechselt unmittelbar, bevor wir uns auf den Weg zu den Ruinen gemacht haben."

Jorge tat wieder so, als wenn er einen Moment nachdachte. „Okay. Gebt mir das Geld, und ich werde das mit Anibal klären. Wir treffen ihn in einer Stunde hinter der Bar."

Ethan hatte sich unter dem Spezialfahrzeug irgendeine Art von Bagger vorgestellt. Aber als es schließlich vor ihnen anhielt, sah es mehr wie eine Pistenraupe für Skipisten aus. Auch wenn in diesem Teil der Welt wohl niemals auch nur eine einzige Schneeflocke fallen wird. Wie ein Vogelnest saß eine Fahrerkabine mit Platz für vier oder fünf Personen auf vier separaten Ketten, die sich dort befanden, wo sonst die Räder wären. Jede Kette hatte die Form eines Dreiecks, mit dem Antriebsrad in der Spitze. Die Kabine war so hoch oben, dass Ethan aufrecht drunter hergehen konnte.

Vermutlich war dieses Gefährt ursprünglich einmal weiß gewesen. Aber von Farbe war nichts mehr übrig, außer an einigen wenigen innenliegenden Stellen. Aber der so sichtbare Stahl glänzte und es war auf dem scheckigen Ding nirgends auch nur eine Spur Rost zu sehen.

Der Fahrer schien genauso alt zu sein wie sein Fahrzeug, als wenn sie beide zur gleichen Zeit geboren worden wären. Er sprang jedoch flink und behände herunter und begrüßte die Tuttles mit einem warmen Lächeln.

„Ich bin llamo Anibal", sagte er und gab ihnen die Hand. „Ich freue mich sehr, euch kennenzulernen." Sein Spanisch klang nach einem fremden Akzent, als wenn er von woanders stammen würde.

„Sprechen Sie einen kastilischen Akzent?", fragte Ethan.

Das Gesicht des Mannes strahlte noch mehr – soweit das überhaupt noch möglich gewesen war. „Ja", sagte er. „Ich wurde in Spanien geboren etwas außerhalb von Madrid. Ich hatte im Laufe der Jahre schon viele Fahrgäste, aber nur sehr wenige von ihnen haben meinen Akzent erkannt und richtig zuordnen können." Er schaute für einen Moment auf die wenigen Habseligkeiten der Zwillinge. „Ist das euer ganzes Gepäck?", fragte er.

„Leider ja", antwortete Emily. „Wir konnten nicht zurück ins Hotel, um den Rest unserer Sachen zu holen. Die werden wir wohl nicht mehr zurückbekommen."

„Und dabei wurde das alte Schätzchen erst vor zwei Jahren renoviert", sagte Anibal. „Wenn nicht ein Wunder geschieht – und Wunder wären an vielen anderen Stellen gerade noch sehr viel dringender –, werden Bulldozer das Hotel irgendwann in den nächsten Wochen dem Erdboden gleich machen. Und all die schönen Sachen, die die Touristen dort lassen mussten, landen dann auf der Mülldeponie." Dieser Gedanke schien ihn aus seiner Fantasie zurück in die Gegenwart zu bringen. „Das Wichtigste ist jetzt, dass wir euch nach Hause kriegen. Jorge erzählte mir von eurem beinahe-Unfall oben in den Bergen."

„Ja", sagte Emily. „Wir möchten so schnell wie möglich nach Hause."

„Nun, die alte Esmeralda hier", sagte er und strich liebevoll mit der Hand über eine von Schmutz verkrustete Stelle seines Fahrzeugs, „schafft kaum mehr als 50 Stundenkilometer. Aber sie ist so zuverlässig, wie der Tag lang ist. Sie bringt einen überall hin, wo man nur will. Es mag ein Weilchen dauern, aber sie wird es schaffen."

Weiter geht's „Ins Feuer" auf der nächsten Seite.

Ins Feuer

Jorge sagte: „Ich denke, ich komme mit und leiste euch Gesellschaft."

Ethan schaute zu Emily. Warum sollte er mit ihnen auf eine fünfzehnstündige Reise kommen? Aber Ethan fiel auch kein wirklicher Grund ein, warum er widersprechen könnte, obwohl er klar spürte, dass er Jorge nicht dabeihaben wollte.

Bei ihrem neuen Fahrer hatte er ein viel besseres Gefühl. Anibal schien offen und aufrichtig zu sein. Ethan wollte ihn fragen, ob er das Geld schon bekommen hatte, um zu sehen, ob Jorge es ihm gegeben hatte oder stehlen wollte. Aber der passende Moment dafür wollte einfach nicht kommen.

Anibal ging auf die Fahrerseite und stieg über eine kurze Metallleiter ein. „Kommt ihr beiden doch hier nach vorne", sagte er.

Jorge sagte: „Ok, dann gehe ich nach hinten."

Die Kabine hatte zwei Türen vorne und hinten mit langen Sitzbänken mit einem Vinylbezug, der mit dem Alter schon einige Risse bekommen hatte. Das grüne Vinyl sah aus wie in einem Schulbus aus den 1970er Jahren. Anibal sah Ethans etwas kritischen Blick und klopfte mit einer väterlichen Geste auf den Sitz. „Das sind die Besten. Für kein Geld der Welt kannst du bessere Sitze bekommen. Auf diesen Babys sitzen die Leute bequem schon seit 20 Jahren in diesem Fahrzeug. Und wahrscheinlich wird es noch mindestens 30 Jahre so weitergehen, bevor es dann irgendwo auf einen Schrottplatz kommt. Der große Vorteil ist, dass sie nie nass werden und dass das Reinigen ein Kinderspiel ist. Ich brauche nur den Schlauch zu nehmen und kann alles abspülen."

Emily lachte und schob Ethan etwas an, neben Anibal zu klettern und zu rutschen. Das Innere roch, als wäre es gerade frisch mit einem nach Zitrone duftenden Reiniger geputzt worden. Zumindest mussten sie sich nicht die Nase zu halten. Als alle saßen, drückte Anibal einen Knopf und die alte Maschine brüllte förmlich auf. Es war so laut, dass man es wohl in der ganzen Stadt hören konnte. Anibal legte den

Gang ein und die Maschine setzte sich ruckelnd in Richtung See in Bewegung.

Jorge beugte sich nach vorne über Anibals Schulter und blickte angestrengt durch die Windschutzscheibe. „Gibt es irgendwelche Berichte über Erdrutsche auf der Südseite des Sees?", fragte er.

„Ich habe nichts gehört", entgegnete Anibal. „Aber es gab auch kaum Kommunikation mit diesem Teil der Stadt. Wobei es ja eigentlich nie wirklich viel Kommunikation in diese Richtung gab."

Die riesige, schmutzige Raupe wälzte sich die Stadt hinaus auf die kurvige Straße, die um die Südseite des Ychu-Sees führte.

Im Gegensatz zu den Zerstörungen und dem Chaos in der Stadt war die Landschaft hier in der Wildnis unberührt. Es sah genauso aus wie am Anfang der Woche, als die Zwillinge zum Bergsteigen waren und auf dem See Boot gefahren sind.

Die Bäume hatten das Erdbeben unbeschadet überstanden, und die Sonne schien hell und fröhlich wie immer.

„Das kann doch gar nicht sein", sagte Ethan. „Gerade noch haben wir so viele verletzte Menschen und eingestürzte Gebäude gesehen, und dann kommen wir hierher und es scheint, als wäre nichts passiert."

„So ist die Natur", sagte Anibal. „Der Natur ist alles egal. Es geht immer weiter und es sind nur die Menschen, die von diesen Dingen betroffen sind."

Nur ein paar Kilometer entfernt lag der Staudamm, der die Wassermassen des Ychu-Sees zurückhielt.

„Von dort kommt auch der Strom für die Hauptstadt, nicht wahr?", fragte Emily.

„So ist es", antwortete Anibal. „Ich erinnere mich noch, wie dieser Damm vor 25 Jahren gebaut wurde. Das hat den Archäologen, die an den Inka-Ruinen arbeiteten, ganz schön Bauchschmerzen bereitet. Sie waren sich ziemlich sicher, dass es hier noch weitere

Ruinen gab und dass der Zugang zu diesen nun für immer durch den See versperrt werden würde."

„Das ist ein ziemlicher Verlust", kommentierte Ethan.

Jorge schnaubte auf dem Rücksitz. „Ja, aber es wäre ein größerer Verlust, wenn wir diesen Damm nicht gebaut hätten und Takewawa nicht mit Strom versorgen könnten", sagte er. „Die wirkliche Tragödie wäre, wenn dort keine Häuser oder Straßen gebaut werden könnten, weil sie diese nicht mit Energie versorgen könnten. Außerdem bin ich mir sicher, dass ihr in den letzten Tagen auch am See gewesen seid und das bestimmt sehr genossen habt, oder? Der ist nämlich erst mit dem Bau des Staudamms entstanden und war vorher nicht da."

„Stimmt, da hast du Recht", sagte Ethan. „Irgendwie ist es schade, dass man sich zwischen den beiden entscheiden muss."

„Selbst oben in Ychurichuc muss man Kompromisse machen", erklärte Jorge „Viele lokale Stämme hier beanspruchen diese Gegend für sich. Aber die Wahrheit ist, dass es allen gehört. Und ohne das Engagement der Regierung gäbe es kaum die Möglichkeit, diese einzigartigen Stätten zu besuchen."

Ethan und Emily schauten sich verwundert an. Denn die interessantesten Dinge, die sie dort gesehen hatten, waren abseits der offiziellen Tour gewesen.

„Du meinst, dass niemand dort zu den Ruinen hinaufgegangen ist, bevor die Regierung sie übernommen hat?", fragte Ethan. Er versuchte das so neutral wie möglich zu sagen. Denn er spürte den heißen Atem von Jorge nur zu deutlich in seinem Nacken.

„Da hat Ethan einen Punkt", kommentierte Anibal.

„Nein, hat er nicht", schoss Jorge zurück. „Natürlich sind einige Leute nach da oben gegangen, aber bei weitem nicht die Massen von Menschen, die jetzt regelmäßig kommen. Die Anlage wird jetzt auch viel besser beworben als je zuvor."

„Vielleicht war es ja so, dass die Leute, denen es vorher gehörte, nicht wollten, dass sich jedes Jahr mehr als fünfzigtausend Leute dort tummeln", murmelte Anibal leise, aber Ethan konnte ihn noch verstehen.

„Jetzt, wo wir zuverlässige, lizensierte Leute für die Führungen haben, ist für die Touristen alles viel besser als vorher", fuhr Jorge fort, als ob Anibal nichts gesagt hätte.

„Lizensiert? Wie bekommt man so eine Lizenz als Reiseführer?", wollte Emily wissen. Auch sie bemühte sich um eine möglichst neutrale, beiläufige Formulierung, obwohl sie sich ziemlich sicher war, dass sie die Antwort schon wusste.

Jorge starrte sie an. „Das ist ein bestimmter Prozess", sagte er. „Es gibt Top-Leute, die uns qualifizieren."

„Und was sind das für Leute?", fragte Ethan.

„Top. Alles top Männer." Jorge lehnte sich auf seinem Sitz zurück. „Wir können nicht einfach jedermann dorthin lassen, der dann so tun könnte, als ob er ein Touristenführer wäre."

„Nein, auf keinen Fall", flüsterte Emily ihrem Bruder leise ins Ohr. „Nicht ohne jemandem in Takewawa eine fette Gebühr dafür zu zahlen. Sonst wäre es nicht richtig."

Ethan nahm die Hand vor den Mund und versuchte, sein Lachen als ein Husten erscheinen zu lassen.

Das Fahrzeug rumpelte die Straße entlang. Es schien immer die genau gleiche Geschwindigkeit beizubehalten, egal ob es bergauf oder bergab ging. Wobei die Strecke ziemlich eben war und es kaum auf oder ab ging bisher. Die Straße verlief einmal rund um den See. Das sind ungefähr 25 Kilometer. Demnächst mussten sie an einer Gabelung abbiegen, kurz nachdem sie den Damm überquert hatten. Dort mussten sie dann den Weg steil bergab ins Takewawa-Tal nehmen, wo die Hauptstadt liegt.

Aber bis dahin schien es mit dem alten Fahrzeug noch eine Ewigkeit zu dauern. Und die ganze Zeit lang sahen sie nicht ein einziges anderes Fahrzeug – nicht hinter ihnen und auch nicht ihnen entgegenkommend. Als sie das äußerste südwestliche Ende des Sees erreichten, hielt Anibal am Rande der kurvigen Straße, die über den Damm führte, an.

Jorge sagte: „Worauf wartest du? Es gibt keinerlei Verkehr, wir können weiterfahren. Nach Takewawa hinunter müssen wir kurz hinter dem Damm abbiegen. Dann sind es nur noch drei oder vier Stunden bis zur Hauptstadt. Es scheint, als wenn wir dieses Fahrzeug gar nicht gebraucht hätten."

„Man sollte niemals nie sagen", meinte Anibal strahlend. „Wir wissen ja nicht, wie der Zustand der Straße in die Hauptstadt ist. Möglicherweise werden wir uns noch sehr über das alte Mädchen hier freuen."

Er legte den Gang wieder ein und Esmeralda fuhr wieder los. Die unterschiedlichen Höhen der Landschaft machten Ethan ein wenig schwindelig. Auf der rechten Seite lag dunkelblau der See. Ganz am anderen Ende war die Stadt zu sehen. Links ging es mindestens 50 Meter steil in die Tiefe.

Das Fahrzeug machte sich jedoch keine derartigen Gedanken und fuhr stoisch weiter – immer mit der gleichen Geschwindigkeit.

Auf halbem Weg über den Damm fragte Emily: „Was ist das?" Quer über den Damm verlief eine dunkle, gezackte Linie. Und es schien, dass sich etwas Wasser auf der Fahrbahn gesammelt hatte.

„Keine Ahnung", sagte Anibal. „So etwas habe ich in all den Jahren, in denen ich hier lang fahre, noch nie gesehen."

„Das hat sicher nichts zu bedeuten", meinte Jorge. „Lasst uns weiterfahren."

„Ich bin mir ja nicht sicher," sagte Ethan. „Aber für mich sieht das schon verdächtig nach einem Riss aus."

„Ein Riss in diesem Damm?", fragte Jorge. „Niemals. Dieses Bauwerk wurde so konstruiert, dass es noch Schlimmeres aushalten würde als irgendeines der Erdbeben, die wir bisher hatten."

Sie fuhren etwas langsamer. Anibal beugte sich etwas vor und schaute ängstlich aus dem Fenster auf die zackige Linie auf der Straße.

Durch das Rumpeln des Motors hatten sie nichts anders gespürt. Aber jetzt, als die Wellen den See aufpeitschten und gegen die Staumauer schlugen, spürten sie Schwingungen, die definitiv nicht von Esmeralda ausgingen. Esmeralda begann dadurch beinahe zu hüpfen.

Anibal presste die Lippen zusammen und schaltete einen Gang rauf, um die Geschwindigkeit zu erhöhen. „Es ist ein Nachbeben", sagte er. Und der Riss vor ihnen – denn es war in der Tat ein Riss im Beton – begann sich zu verbreitern.

Anscheinend gab es ein Beben auf dem Grund des Sees. Dieses erzeugte mächtige Wellen, die über den rechten Rand des Damms schlugen und so immer wieder auch den Riss erreichten. Ein Stück Beton löste sich und stürzte links in den Abgrund. Dann hatten sie den Riss erreicht, aber selbst in den letzten 30 Sekunden war er breiter geworden und sie konnten zusehen, wie er sich stetig weiter ausweitete. Wasser strömte durch den Riss und löste weitere Betonstücke.

„Komm schon", rief Anibal der alten Maschine zu und schaltete in den nächsten Gang. Der Motor dröhnte und versuchte, das Fahrzeug durch den Wasserstrom zu ziehen, der von der Seite gegen die Maschine prallte. Dadurch wurden sie etwas seitwärts geschoben, aber es ging doch noch immer weiter vorwärts über den schon ziemlich beschädigten Damm.

„Das schaffen wir nie", sagte Jorge. „Ich wusste doch, dass das eine schlechte Idee war."

„Kann sein", brüllte Anibal, um das Rauschen des Wassers und das Knacken des Betons zu übertönen. „Aber jetzt sind wir halt hier und müssen da durch."

Die Ketten standen nun schon vollständig unter Wasser und es drang bereits Wasser durch die Türspalte hinein. Aber trotzdem fuhr Esmeralda spielerisch und unbeirrt weiter, als ob selbst alle Kräfte der Erde und des Himmels sie nicht aufhalten könnten. Doch dann kam vom See her eine mächtige Welle, prallte gegen die Seite des Fahrzeugs und spülte den Beton unter den hinteren Ketten weg.

Emily spürte, wie die Ketten über den Beton rutschten und sie dann fast schon vom Wasser angehoben wurden.

Anibal war schweißgebadet, wie er am Steuer kurbelte, die Gänge wechselte und versuchte, die Ketten am Laufen zu halten, um zu verhindern, dass Esmeralda von der Klippe rutschte. Aber es ging nicht. Das Wasser war zu stark, und selbst Esmeraldas enormes Gewicht und ihre schweren Ketten konnten sie nicht auf dem Damm halten. Der Damm brach und Wasser stürzte durch. Esmeralda rutschte seitlich, prallte gegen das Geländer und ragte bereits etwas über dem Abgrund in das Takewawa-Tal. Für einen Moment wurde sie dort noch vom Metall des Geländers und dem Rest der Betonwand gehalten, aber es würde wohl nicht lange dauern, bis diese nachgeben würden und sie alle von dem tosenden Wasserstrom mit hinabgerissen würden.

„Hilf mir, das Lenkrad zu halten", rief Anibal und blickte Jorge über die Schulter panisch an.

Aber Jorge entgegnete: „Rette sich, wer kann!" Damit öffnete er seine Tür, kletterte auf die Betonbarriere und stampfte von Esmeralda weg in Richtung des noch stabilen Teils des Damms.

„Nein", schrie Anibal. „Das schaffst du nicht!" Aber Jorge war schon draußen und kraxelte den Damm entlang.

Emily drehte ihren Kopf, um ihm nachzuschauen und um zu sehen, ob es klug wäre, ihm zu folgen. In dem Moment brach ein Betonbrocken von der Seeseite des Damms und riss Jorge und den Rest des Geländers mit hinweg. Als dieser große Brocken über den Damm rutschte, stieß er dabei von hinten gegen Esmeralda und schob das große Fahrzeug so etwas vorwärts. Dadurch bekamen die vorderen Ketten wieder Kontakt zum Boden, so dass sie sich wieder etwas weiter vorwärtsbewegten. Ein halber Meter, dann zwei, dann fünf Meter. Schließlich hatten auch die hinteren Ketten wieder Halt. Es ging weiter voran.

„Noch sind wir nicht tot", sagte Anibal. „Noch haben wir weiter eine Chance. Wir geben niemals auf!" Wasser schlug durch die Kabine und drohte, die Zwillinge und Anibal herauszudrücken. Ihre Rucksäcke, die auf dem Rücksitz lagen, bewegten sich in Richtung der Tür, die Jorge beim Aussteigen offengelassen hatte. Emily lehnte sich nach hinten und versuchte, ihren Rucksack zu fassen. Aber sie schaffte es nicht und erwischte nur noch einen Riemen von Ethans Rucksack. Ihr eigener wurde herausgespült und stürzte den Damm hinunter.

Esmeralda bewegte sich weiter brüllend vorwärts hin zu dem rettenden Ufer. Hinter ihnen riss der Damm weiter und gab schließlich dem Druck des Wassers nach. Die Struktur der riesigen Betonkonstruktion schien zu bröckeln, wie ein Stück Zucker, das sich in einer Tasse Tee auflöste, und mit einem gigantischen Lärm gab der gesamte Damm nach. Esmeraldas Motor lief auf Höchstgeschwindigkeit, während sie sich auf dem Feldweg am Ende des Damms bewegten. Zentimeter für Zentimeter schleppte sie sich selbst, die Zwillinge und Anibal den Hang hinauf zum Wald auf der Nordwestseite des Damms.

Wasser lief aus dem Fahrzeug ab und floss den Hang hinunter. Der reißende Wasserstrom verschlang alles, was vom Beton noch übrig war. Aber sie waren dank Esmeralda sicher auf der anderen Seite.

Die Zwillinge kletterten aus dem Fahrzeug. Ihre Beine zitterten. Ethan fühlte sich, als wäre er in einer Waschmaschine gewesen und herumgewirbelt worden. Wasser tropfte aus ihren Hosen.

Emily starrte mit rot umrandeten Augen auf den tosenden Strom, in dem sich der See ins Flusstal entleerte. „Jorge", sagte sie.

Ethan sagte: „Nicht nur Jorge. Denk nur an all die Menschen, die flussabwärts vom Damm waren. Ich hoffe, es gibt ein Warnsystem, so dass sie sich rechtzeitig in Sicherheit bringen konnten."

Anibal schüttelte den Kopf. „Ich glaube nicht, dass es ein Warnsystem gibt", sagte er. „Aber ich weiß, dass die nächsten Häuser flussabwärts mehrere Kilometer von hier entfernt sind. Bei dem Lärm hier sollten die Leute das rechtzeitig bemerken, so dass sie noch eine Chance haben sollten, sich auf höher gelegene Stellen zu retten. Das Problem ist, dass die Stromversorgung für den größten Teil der Stadt an diesem Damm hängt. Ohne wird die Stadt ziemlich dunkel sein. Das andere Problem ist, dass ihr nun wohl nicht mehr mit dem Flugzeug weiterkommt."

„Warum nicht?", fragte Ethan.

„Weil der Flughafen von dieser Welle aus dem Damm getroffen werden wird. Der Takewawa River verläuft direkt am südlichen Rand des Flughafens. Bei so viel Wasser wird es auch auf den Flughafen schwappen und die Start- und Landebahnen beschädigen. Und außerdem – ohne Strom bewegt sich dort sowieso nichts."

Die Zwillinge starrten auf diese Katastrophe des gebrochenen Staudamms und erkannten, dass ihre Pläne und ihre Hoffnungen, nach Hause zu kommen, damit ebenso brutal weggespült worden waren wie der Damm selbst.

Es war eine gedrückte Stimmung auf dem Rest des Weges hinab ins Tal. Keiner von ihnen wollte über das sprechen, was sie gerade erlebt hatten. Außerdem wurde ihre Aufmerksamkeit auch von den vielen Schäden beansprucht, die sie auf dem Weg sahen – Schäden durch die Erdbeben und vor allem durch den Bruch des Damms.

Im Gegensatz zur unbeschädigten Natur oben rund um den See gab es auf dieser Seite des Berges überall entwurzelte Bäume, Felsbrocken und Trümmer unterschiedlicher Art. Sie sahen ein paar Hütten, die von ihren Fundamenten gerissen und von der Flut mitgenommen worden waren. Die Straße, auf der sie fuhren, ging fast nur abwärts. Zum Glück verlief sie ganz am Rand des Tales, so dass sie von der Flut nicht beschädigt worden war. Aber das bedeutete nicht, dass sie es auch ohne Esmeralda geschafft hätten. Die große Maschine mit ihren tollen Ketten bewegte sich fast wie ein Panzer über umgestürzte Bäume, Schlammlawinen und ausgewaschene

Straßenabschnitte. Aber mit einem weniger geschickten Fahrer als Anibal hätten sie es wahrscheinlich trotzdem nicht funktioniert, auch nicht mit der erstaunlichen Stärke von Esmeralda.

Irgendwann sagte Ethan dann zu ihm: „Zusammen mit Jorge ist dann wohl auch dein ganzes Geld weggespült worden."

Anibal warf ihm einen Blick zu, konzentrierte sich dann aber gleich wieder auf den Weg. „Mein ganzes Geld? Wie kommst du denn darauf?"

„Nun," sagte Ethan, „nicht dein *ganzes* Geld, aber halt das ganze Geld, das wir an Jorge für diese Fahrt bezahlt haben, damit du uns nach Takewawa bringst."

Dieses Mal schaute Anibal einen Moment länger zu ihm. Dann fing er langsam an zu lachen und schüttelte den Kopf. „Dieser verrückte Geizhals", sagte er. „Bis zu seinem letzten Augenblick. Ich kenne Jorge, seit er ein kleines Kind war. Schon damals war er immer hinter Geld her. Er hielt sich immer schon für besser, als er tatsächlich war. Entsprechend meinte er auch, dass er eigentlich mehr Geld verdienen müsste, als er tatsächlich bekam. Das ist ja grundsätzlich nicht verkehrt. Aber Jorge hat dann die Polizisten und die Leute, die für die Lizenzen zuständig sind, bestochen, damit er möglichst wenig Konkurrenz hat. Er hatte seine Finger in der Hälfte aller Betrügereien in der Stadt. Ich erinnere mich noch an seinen Vater – das war ein guter Mann – und ich versuchte Jorge zu helfen, wenn ich konnte. Er war kein schlechter Kerl, wirklich nicht. Er hatte halt nur die falschen Prioritäten. Armer Junge."

Anibal klopfte Ethan auf den Oberschenkel. „Ich hatte mich schon gefragt, warum er auf diese Fahrt mitkommen wollte. Schließlich hat er immer versucht, jeder nicht unbedingt nötigen Arbeit aus dem Weg zu gehen. Vermutlich hatte er eine Idee, wie er noch etwas mehr Geld von euch bekommen könnte. Nein, mein Lieber, ich habe nicht nach einem Cent für diese Fahrt gefragt. Ich musste sowieso hierherfahren und noch dazu war es für mich eine günstige Zeit."

Emily sagte: „Man soll ja nicht schlecht von den Toten sprechen. Aber ich hatte vom ersten Moment an das Gefühl, dass mit ihm etwas nicht stimmte."

„Er war halt etwas gierig. Das sind aber viele Leute, oder?"

„Ja, klar", sagte Emily. „Mit solchen Leuten haben wir schon reichlich Erfahrung gemacht." Dann berichtete sie Anibal davon, wie sie damals eine Kundgebung für die Imbisswagenbesitzer organisiert hatten und auch von ihrer Recherche über die Hintergründe für den Bau der Straße nach Surfdom.

„Wow", sagte Anibal. „Da habt ihr ja schon so einiges erlebt."

„Und auch in den letzten Tagen haben wir viel mehr solcher Geizhälse gesehen, als uns lieb war", fügte Ethan hinzu.

Als sie jetzt ins Tal kamen, konnten sie die Schäden, die das Erdbeben und die Flut hier und in der Stadt angerichtet hatten, erst richtig sehen.

Die Hauptstraße hinunter nach Takewawa war schlicht verschwunden. Anibal bremste Esmeralda und hielt an. Während der Motor weiter blubberte, rieb er sich das Kinn. Er zeigte nach links, wo Schlamm und Schmutz in einer Lichtung zwischen den Bäumen zu sehen waren. „Das alles sollte nicht da sein", sagte er. „Als ich das letzte Mal hier war, gab es dort eine Straße – und zwar die Hauptstraße in die Stadt."

Aber das war nun definitiv keine Hauptstraße mehr. Die Straße war unter umgeknickten Bäumen, Schlamm und Felsbrocken völlig verschwunden. Wenn unter all dem noch eine Straße war, so war sie jedenfalls nicht zu sehen. „Wir müssen auf diesem einspurigen Weg bleiben", meinte Anibal. „Er kommt an der gleichen Stelle raus. Aber über die Hauptstraße wäre es deutlich angenehmer als über diesen alten Ziegenpfad."

Unten unter ihnen stapelten sich Büsche, Felsstücke und glitzernder Schlamm in der Schlucht. Das Wasser brachte immer wieder Trümmerteile aus der Mauer des Staudamms mit. Riesige Betonplatten, so groß wie ein Haus, aus denen die Stahlbewehrung herausragte, lagen dort, als wenn sie vergeblich nach dem Himmel greifen würden.

Ethan pfiff. „Kaum zu glauben, dass wir um ein Haar darin umgekommen wären", sagte er.

In der Ferne konnten sie den Dunst der Stadt erkennen mit ein paar hohen Gebäuden, die über den Rest herausragten. Links, am südlichen Stadtrand, befand sich der Flughafen. Oder das, was einmal der Flughafen gewesen war. Ethan war sich ziemlich sicher, dass sie ihn von ihrem Standpunkt aus eigentlich erkennen müssten. Aber er hatte keine Ahnung, was er da wirklich sah. „Müsste nicht genau dort der Flughafen sein?", fragte er.

„Ja, da war er mal", antwortete Anibal. „Ihr müsstet es eigentlich noch erkennen." Er deutete auf eine weite grünlich-braune Fläche, die aussah, als wenn dort militärische Tarnung ausgelegt worden war. „Genau dort waren einmal zwei Start- und Landebahnen und der Tower gleich daneben." Aber in dem Trümmerfeld war nichts davon zu erkennen.

„Kaum zu glauben, dass wir *dort* mittendrin sein könnten", sagte Emily.

„Genau", sagte Ethan. „Es hätte anscheinend keinen großen Unterschied gemacht, wenn wir uns für eine andere Option entschieden hätten. Wir wären so oder so vom Erdbeben erwischt worden."

Anibal schüttelte den Kopf und sagte: „Wie schrecklich das alles für mein Land ist. Es wird ewig dauern, das alles wieder in Ordnung zu bringen. Und wo soll das Geld dafür herkommen?" Er setzte Esmeralda wieder in Bewegung und sie fuhren über den halbgepflasterten Ziegenpfad.

„Uns war schon aufgefallen, dass die *Saladera* immer mehr an Wert verloren hat", sagte Ethan. „Jetzt wird das bestimmt noch schlimmer, nicht wahr?"

Anibal sagte: „Ich bin nun wahrlich kein Experte in Geldangelegenheiten, aber da hast du ganz sicher Recht. Ein Problem ist auch, dass ein Großteil der Verwüstungen hier öffentliche Gebäude betrifft. Der Staudamm, der Flughafen, viele Gebäude von Behörden – alles im Besitz der Regierung. Für den Wiederaufbau werden die gleichen Leute gebraucht, die sie ursprünglich mal gebaut hatten. Erst braucht die Regierung viel Geld für die Arbeiter, die all das aufräumen sollen, und anschließend braucht sie noch mehr Geld für den Wiederaufbau. Das müssen Unsummen werden alles zusammen. Normalerweise bekommen sie dieses Geld von den Steuern der Bürger."

Hier unterbrach Emily ihn. „Davon verstehen wir eine ganze Menge", sagte sie.

Anibal schaute sie an und nickte. „Ja, das sagtest du ja bereits. Ihr wisst also, wie das alles funktioniert. Leider gibt es für die Regierung nur eine einzige Lösung, wenn ihr das Geld ausgeht und sie den Menschen nicht genug Steuern für all ihre Ausgaben abnehmen kann."

„Dann druckt sie einfach mehr davon", sagte Ethan. „Unser Onkel hat uns das erklärt. Und jetzt werden wir es wohl aus nächster Nähe miterleben können – oder vielmehr müssen."

„Je länger ihr noch hier seid, desto mehr", bestätigte Anibal. „Man muss kein Genie in Sachen Wirtschaft sein, um das zu verstehen. Wenn die Regierung immer höhere Ausgaben hat, muss sie dafür immer mehr Geld drucken."

„Genau", sagte Emily. „Dann kommt dieses neue Geld zusätzlich in Umlauf und der Wert des schon vorhandenen Geldes sinkt dadurch. Irgendwann werden die Zahlen auf den Scheinen immer größer, aber man kann immer weniger dafür kaufen."

„Das ist dann Inflation", sagte Ethan. „Das haben wir nun ja schon ein wenig erlebt."

„Das war aber noch gar nichts", sagte Anibal und runzelte die Stirn. „Was jetzt kommt, wird noch viel schlimmer werden. Der Wert von so ziemlich all unserem Geld wird ab jetzt steil bergab fallen. Das hat dann nicht nur lokale Auswirkungen, sonders es wird auch international Konsequenzen haben." Anibal schaltete in einen höheren Gang, als die Straße in Richtung Tal langsam weniger steil wurde.

„Und nicht nur das", sagte Ethan. „Ich habe gerade an Ychu gedacht. Das ist doch eine der wichtigsten Quellen des Landes für Einnahmen aus dem Tourismus. Geld, das Allqukilla jetzt dringend bräuchte. Aber die Stadt lebte vom See. Und der größte Teil des Sees", sagte er, „ist jetzt da unten."

„Und damit auf dem Weg zum Ozean", kommentierte Anibal, als hätte er einen alten Freund verloren. Und vielleicht war es genauso, dachte Ethan. Er hat bestimmt schon sehr lange an diesem See gelebt.

Anibal sagte: „Jetzt ist dieser schöne See, auf dem ihr vor ein paar Tagen noch Wasserski gefahren seid, nur noch ein Loch, halb leer, mit Schlamm auf dem Boden. Die Verwüstung wird nicht nur hier, unterhalb des Damms, schrecklich sein, sondern auch darüber. So viele Menschen haben ihren Lebensunterhalt mit den Touristen in Ychu verdient. Ich habe keine Ahnung, was aus meiner Provinz nun werden soll."

Mit diesen trüben Gedanken kamen sie aus dem Wald heraus auf das flache Land, das zur Hauptstadt führte.

Weiter geht's mit „Die zerstörte Stadt" auf der nächsten Seite.

Die zerstörte Stadt

Es gab zwei verschiedene Arten von Schäden. Die meisten der neueren Häuser, die in letzter Zeit gebaut worden waren, seit das Land wohlhabend geworden war, hatten das Erdbeben ziemlich gut überstanden. Auch den sehr alten Häusern, die schon drei- oder vierhundert Jahre alt waren, hatte das Rumpeln der Erde anscheinend fast nichts ausgemacht. Aber alles andere hatte enorm gelitten. Es lagen Glasscherben auf dem Pflaster, Ziegel und Putz fielen von beiden Seiten auf die Straße. Hohe Gebäude sahen aus wie aufgebrochene Sparschweine. Ihre Fassaden stürzten teilweise direkt vor ihren Augen ein. Die Stadt war im Vergleich zu dem, wie sie sie noch vor einer Woche erlebt hatten, kaum wiederzuerkennen.

Anibal fuhr langsam durch die Straßen. Dabei rumpelte Esmeralda über Trümmer von zerstörten Gebäuden und damit auch von ruinierten Leben. Leise Tränen flossen über sein Gesicht. „Wir wurden gewarnt", sagte er. „Aber was hätten wir tun sollen? Die einzige Möglichkeit wäre gewesen, diese Gegend hier komplett mit allen Menschen zu verlassen. Aber so – was können wir Menschen gegen solche Naturkräfte tun?"

„Wo fahren wir jetzt hin?", fragte Emily. „Ich habe nicht mal mehr meinen Rucksack. Mein Pass ist weg, und auch der größte Teil meines Geldes. Und unser restliches Gepäck ist in den Ruinen des Hotels in Ychu geblieben."

„Ich denke, wir sollten zur Botschaft gehen", sagte Ethan. „Das ist wohl der einzige Ort, an dem wir Hilfe bekommen können."

„Ich kann euch hinbringen", sagte Anibal. „Aber ich vermute, dass es schwierig werden könnte, durch die Stadt zu kommen. Ich bin mir ziemlich sicher, dass die Behörden keinen privaten Verkehr auf den Straßen zulassen, während sie versuchen, diese freizuräumen."

„Aber was können wir sonst tun?", fragte Emily. „Zu Fuß durch die ganze Stadt zur Botschaft zu gehen, ist wohl ziemlich aussichtslos."

„Selbst wenn wir wüssten, wo die ist", sagte Ethan. „Wobei – ich habe immerhin einen Stadtplan", fügte er etwas schüchtern hinzu.

„Den wirst du brauchen", sagte Anibal. „Bei dieser enormen Zerstörung glaube ich nicht, dass es Handyempfang oder GPS gibt."

Ethan holte seine Karte heraus.

Stück für Stück arbeiteten sich die drei mit Esmeralda durch die Stadt. Die Situation auf den Straßen war düster. Es gab nicht genug Wasser. Die Leute standen Schlange vor großen Sattelschleppern, um Brot und etwas Gemüse zu bekommen. Auf den Fahrzeugen stand „Takewawa General" – das Logo der Regierung.

Die Lebensmittelgeschäfte, an denen sie vorbeikamen, waren alle völlig leer, die Fenster zertrümmert und Reis lag auf der Straße verschüttet. Kein Lieferwagen kam mehr durch, um neue Waren zu liefern. So blieb den Läden nur das, was sie noch auf Lager hatten. Und das war bei weitem nicht genug für eine Bevölkerung, die plötzlich zu verhungern drohte.

Zweimal wurden sie von Beamten angehalten, die sie fragten, was sie auf der Straße machten. Nachdem sie sich erklärt hatten, wurden sie beide Male etwas widerwillig weiter gelassen. Nach dem zweiten Mal hielt sie der nächste Polizist einen Block weiter gleich wieder an, um sie zu bitten, ein Stück Beton von der Straße ziehen, um diese so für den anderen Verkehr wieder freizumachen. Sie waren fast überglücklich, dass sie helfen konnten. Ethan befestigte die Kette an der Rückseite von Esmeralda. Währenddessen kam Emily mit einer Gruppe von Einheimischen ins Gespräch. Diese versuchten, genug Schutt von der Straße zu räumen, damit sie mit ihrem Auto die Stadt verlassen konnten. Aber schon einen Block weiter ging die Arbeit von Neuem los.

„Sie haben Freunde in den Bergen", sagte sie, als sie wieder im Fahrzeug waren. „Sie sagt, es gäbe Gerüchte, dass die Lage dort oben ziemlich gut ist – oder zumindest nicht annähernd so schlimm wie hier. Die größten Schäden scheint es in den Großstädten zu geben."

„Also genau an den Orten, wo die meisten Menschen leben", kommentierte Ethan.

Auch bei Esmeraldas Höchstgeschwindigkeit hatte es ein paar Stunden gedauert, aber schließlich kamen sie dort an, wo laut der Karte die amerikanische Botschaft sein sollte. Die Botschaft war auch noch da und das Gebäude sah unbeschädigt aus. Zwei Wachtposten standen am Tor und schüttelten die Köpfe, als Esmeralda sich näherte.

„Fahren Sie weiter", sagten sie und winkten die Straße hinunter.

„Entschuldigen Sie", sagte Ethan und lehnte sich aus dem Fenster. „Ich bin Amerikaner. Meine Schwester und ich sind hier im Urlaub. Wir wollen versuchen, nach Hause zu kommen. Wir hatten gehofft, dass uns in der Botschaft jemand helfen könnte."

Die Wachen hörten auf zu winken und der Kleinere von beiden kam zu ihnen. „Das habe ich in den letzten Stunden häufig gehört. Das Botschaftspersonal ist umgezogen, weil das Gebäude hier einsturzgefährdet ist. Sie wissen sicher, dass das bei einem Erdbeben passieren kann."

„Oh ja", sagte Emily. Dabei hatte sie gleich wieder ein Bild ihres zerstörten Hotels vor Augen und sie versuchte nun, dieses ganz schnell wieder aus ihrem Kopf zu bekommen. „Das wissen wir sehr gut."

„Nun denn", sagte der Soldat. „Die Botschaft ist ein Stückchen weiter hier in der Stadt gezogen. Haben Sie eine Karte?" Ethan gab dem Soldaten seinen Stadtplan. „Genau hier", sagte dieser und zeigte auf die Karte. „Es ist nicht weit weg. Dort wird man Ihnen sicher helfen können."

Es war in der Tat nicht sehr weit. Esmeralda schaffte die Strecke in einer Viertelstunde. Und trotz des Unheils und der Trümmer auf den Straßen, trotz der katastrophalen Momente, die sie zusammen erlebt hatten, oder vielleicht genau deswegen, plauderten die drei auf der Strecke wie alte Freunde.

Von all den Menschen, die sie auf dieser Reise bisher getroffen hatten, war Anibal der einzige, den sie zuhause vermissen würde, dachte Emily.

Nachdem sie um die nächste Ecke gebogen waren, sahen sie am Ende einer Straße mit erstaunlich wenig Trümmern jemanden in einer Uniform, die sie sofort erkannten. Ethan verspürte etwas Heimweh, aber er verdrängte es gleich wieder.

Esmeralda hielt an. Der Mann in Uniform bewachte die Vorderseite eines langen, niedrigen Gebäudes, das wie ein silbernes Rohr aussah, das halb im Boden vergraben war. Ethan kannte das von alten Videos aus dem Zweiten Weltkrieg. „Das ist eine Wellblechhütte", sagte er. Er schaute noch einmal auf die Karte, nur zur Sicherheit. „Ja, hier ist es."

Die Zwillinge kletterten die Leiter hinunter auf den Kiesweg. „Das ist wohl der Moment, wo wir uns verabschieden müssen", sagte Emily.

Anibal schwang sich aus seinem Fahrersitz und sprang elegant auf den Boden. Er nahm seine Baseballkappe ab und fuhr sich mit der Hand durch seine dünner werdenden grauen Haare. „Ja, so ist es wohl".

Emily umarmte ihn. „Vielen Dank", sagte sie. „Ich weiß nicht, was wir ohne dich gemacht hätten."

„Vermutlich hättet ihr genau das Richtige getan", sagte Anibal, als er Emily an sich drückte.

Männlich reichte Ethan ihm die Hand. „Wir werden dich vermissen", sagte er. „Bitte gib uns deine Adresse, damit wir dir eine Postkarte oder so schicken können, wenn wir wieder heil zuhause angekommen sind."

„Und du musst uns auch eine schicken", ergänzte Emily, „damit wir dasselbe auch von dir wissen."

Anibal kritzelte seine Adresse auf den Stadtplan. „Aber verliert den jetzt nicht. Nicht, dass der in einem Flughafen bleibt, der unter

Wasser steht, oder in einem einstürzenden Hotel oder von den Wassermassen bei einem Dammbruch weggespült wird."

„Nein, auf keinen Fall", sagte Ethan mit einem Grinsen. „Versprochen."

Anibal versicherte sich, dass die Zwillinge all ihre Sachen hatten. Dann winkte er zum Abschied und kletterte zurück in Esmeralda. Er drückte den Startknopf, erweckte sie damit wieder zum Leben, legte den Gang ein und fuhr los. Die beiden Zwillinge gingen in die andere Richtung die staubige Straße hinunter. Es knirschte bei jedem ihrer Schritte, als sie über Glasscherben und zertrümmerte Ziegel gingen.

Weiter geht's mit „Die provisorische Botschaft" auf Seite 202.

Im Bus

„Wir müssen sehen, dass wir so schnell wie möglich hier rauskommen", sagte Ethan eindringlich, aber leise. Dabei beobachtete er die Menschenmenge um sie herum, als ob er versuchte, sicherzustellen, dass ihnen niemand zuhört. Er sprach auf Englisch, obwohl es viele Touristen gab, die das verstehen würden.

„Wo bringen die uns hin?", fragte Emily. „Ich muss noch meine Tasche holen."

„Ich glaube, daraus wird nichts", meinte Ethan. „Ich schätze, dass sie uns nicht lassen werden. Aber es ist bestimmt in Ordnung. Ich bin mir sicher, dass sie sie hier gut verwahren und wir sie später abholen können. Erstmal müssen wir vom Flughafen weg."

„Warum?", fragte Emily und schaute Ethan tief in die Augen. Es war nicht zu übersehen, dass er sich Sorgen machte.

„Wegen der Gefahr durch den Damm", sagte er schließlich und nickte in Richtung der Sanitäter. „Sie haben Angst, dass der Damm brechen könnte."

„Du meinst den großen Staudamm?", fragte sie.

Ethan nickte und bewegte sich weiter in Richtung des Transporters, der nun statt der Busse dort stand. Sie hatten jedes verfügbare Fahrzeug eingesetzt, um so viele Menschen wie möglich zu transportieren. Aber wohin sollte es gehen? Als sie an einem der Wächter vorbeigingen, fragte Ethan: „Wohin bringen Sie uns?" Der Mann zuckte nur mit den Achseln und leitete die Leute weiter. Wahrscheinlich wusste er es selbst nicht, geschweige denn, dass es ihn interessiert hätte. Aber selbst, wenn er es wüsste, würde er es nicht verraten.

Schließlich waren sie vorne in der Schlange und wurden in ein langes, niedriges Fahrzeug geschoben. Es war kein Bus, sondern eher ein Transporter, der eindeutig für Gepäck und nicht für Personentransporte gedacht war. Anscheinend war es das einzige noch verfügbare Fahrzeug gewesen.

Sie kletterten hinauf. Die Decke war niedrig, aber Ethan und Emily konnten gerade noch aufrecht stehen. Die meisten der Ureinwohner hatten überhaupt keine Probleme, weil sie alle kleiner waren. Einige der Touristen aber mussten sich bücken oder den Kopf einziehen. Kein Spaß, falls es eine lange Fahrt werden würde. Es kamen immer mehr Leute rein, bis es so voll war, dass es keinen Platz zum Sitzen mehr gab. Es roch schrecklich. Überall war Staub, der in den Augen juckte und den man unweigerlich mit einatmete. Fast alle Leute mussten husten.

Dann wurde die Tür geschlossen und der Wagen fuhr los. Weil es ein Transporter war, gab es keine Fenster – Gepäck hat schließlich keinerlei Bedürfnis danach, aus dem Fenster zu schauen. So konnte im Laderaum niemand erkennen, wohin die Fahrt ging. Die Dunkelheit war beunruhigend. Immer wieder fielen die Passagiere aufeinander und sagten „Entschuldigung" in verschiedenen Sprachen. Sie niesten und husteten. Es war eigentlich eine menschenunwürdige Behandlung, sie auf diese Weise zu transportieren. Ethan hielt seine Hand fast durchgehend an seiner Hüfttasche, wo sein Bargeld, sein Pass und alle anderen Unterlagen drin waren. Die brauchten sie unbedingt, wenn sie es schaffen wollten, das Land zu verlassen.

Etwas Feuchtes berührte im Dunkeln Emilys Hand. Der Transporter schaukelte, und dann spürte sie es wieder. Es war feucht und klebrig. Dann war es wieder weg.

Emily hielt ihre Hand vor ihre Nase. Es roch metallisch – und es roch zweifelsfrei nach Blut.

Willst du herausfinden, woher das Blut kam?
Du entscheidest, wie es weiter geht.
Mit „Blut" auf der nächsten Seite.
Oder „Ohne Blut" auf Seite 188.

Blut

Da war es schon wieder. Was auch immer es war, Emily wollte es wissen und nahm vorsichtig ihre Hand herab, um es zu fühlen. Es war glatt, rund und fast etwas schleimig. Es könnte ...

Der Transporter bog um eine Ecke, so dass viele Leute umfielen. Einige schrien, weil sie fast zerdrückt wurden. Emily bemerkte ein Paar nackter Füße neben ihr. Sie bückte sich und streckte ihre Hände aus. Der Transporter lenkte wieder geradeaus und die Menschen wurden in die Gegenrichtung gedrückt. Und Emily hatte ein Kind an der Hand.

Ihr – für Emily war es eine *sie,* ohne dass sie darüber nachgedacht hätte – Kopf reichte nur bis zu Emilys Taille. Das Kind zerrte an ihr wie ein verwundeter Vogel. Sanft fragte Emily: „Bist du alleine?" Sie merkte, dass sie auf Englisch gesprochen hatte. Die einzige Reaktion des Kindes war, still stehen zu bleiben, wie eine Holzpuppe. Emily versuchte es auf Spanisch.

„Bist du alleine? Oder hast du deine Eltern verloren?"

Das Kind entspannte sich ein wenig. Sie antwortete auf Spanisch: „Genau. Ich weiß nicht, wo sie sind."

„Sind sie mit dir hier eingestiegen?", fragte Emily.

„Nein", sagte das Kind. „Ich habe sie am Flughafen verloren." Dann fing sie an zu weinen.

Damit war sie bei weitem nicht die Einzige. Es gab viel Jammern und Weinen überall im Laderaum. Emily selbst war auch kurz davor, schien es ihr. Aber würde das irgendjemandem nützen?

„Brauchst du jemanden, an dem du dich festhalten kannst?", fragte Emily.

„Ich möchte zu meiner Mama." Das klang irgendwie dringend und sehr verzweifelt. Aber für Verzweiflung war hier im Laderaum eines fahrenden Transporters kein Platz.

„Ich bin zwar nicht deine Mama", antwortete Emily, „aber du kannst dich an mir festhalten, wenn du möchtest."

In der Dunkelheit konnte sie das Kind zwar nicht sehen, aber es legten sich zwei kleine Arme um ihren Hals und eine weiche, feuchte Wange drückte sich sanft gegen ihre eigene.

Ihre Beine schliefen fast ein, weil sie so gebückt kauerte. Also stand sie auf und hob das Kind mit hoch. Es legte seine Beine um ihre Taille.

„Mein Name ist Emily", sagte sie. „Wie heißt du?"

„Maya", sagte das Kind und legte seinen Kopf auf Emilys Schulter.

Ethan prallte gegen sie, als der Transporter wieder um eine Kurve fuhr. Er tastete mit seinen Händen, um zu erspüren, was Emily hielt. „Was hast du jetzt gemacht?", fragte er.

„Ich habe versucht, die Welt ein wenig besser zu machen", antwortete Emily. „Das solltest du auch versuchen. Das ist Maya."

Ethan sagte in die Richtung, wo er den Kopf des Mädchens vermutete: „Hallo, Maya. Ich bin Ethan. Ich bin Emilys Bruder. Wir sind auch allein und haben uns verlaufen."

Weiter geht's mit „Ankunft im Stadion" auf der nächsten Seite.

Ankunft im Stadion

Stopp. Weiter. Wieder stopp. Wieder ein paar Meter. Stopp.

„Wir stehen in einer Schlange. Oder im Stau", sagte Ethan.

Emily wiegte hin und her, mit dem Mädchen auf dem Arm.

„Ich kann Maya auch mal nehmen", sagte Ethan. Dabei merkte er, wie sie sich noch mehr an seine Schwester anschmiegte. „Okay, war vielleicht keine so gute Idee."

„Ist schon okay", antwortete Emily. Ihre Stimme klang müde aber auch noch etwas anders: zärtlich? Es hörte sich für Ethan etwa so an wie ihre Mutter, wenn sie sich um sie kümmerte, wenn sie krank waren. „Wenn wir schon in einer Warteschlange stehen, sind wir bestimmt auch bald an der Reihe."

Was hätte Ethan dafür gegeben, ein Fenster zu haben oder wenigstens etwas Licht? Nicht hinaussehen zu können – und auch innen gar nichts erkennen zu können – das machte einen geradezu verrückt.

Der Transporter hielt an und der Motor wurde abgestellt. Die Tür öffnete sich mit einem kreischenden Geräusch. Helles Sonnenlicht drang hinein und blendete die Passagiere. Ethan legte seine Hand vor sein Gesicht.

„Vamos", sagte eine Stimme. Auf diesen Befehl hin setzten sich die Flüchtlinge – denn genau das waren sie im Moment, wie Ethan inzwischen realisiert hatte – in Bewegung und kamen einer nach dem anderen heraus.

Dann standen sie draußen und blinzelten in die Sonne, während uniformierte Männer sie an den Armen packten und sie auf Spanisch anbrüllten. Einige Gruppen wurden in die eine Richtung geschoben, einige in eine andere.

Als Ethans Augen sich wieder an die Helligkeit gewöhnt hatten, sah er, dass sie sich mitten in einem riesigen Stadion befanden. Rund um das Spielfeld verlief die rote Bahn für die Läufer – *hier könnte ich etwas trainieren*. Die Flüchtlinge haben sich alle auf dem Rasen im

Inneren versammelt. Hinter der Entladezone war eine Zeltstadt. Es sah aus wie eine Menge Maulwurfshügel. Einige Gruppen von Menschen wuselten dort hinten herum.

Ein Wachmann kam auf die Zwillinge zu und schaute sie mit einem genervten Blick an. „Ist das euer Kind?", fragte er.

Ethan hob eine Augenbraue. „Meinen Sie diese Frage ernst?"

Der Wächter schimpfte. „Also gehört sie nicht zu euch? Dann kommt sie mit mir."

Maya versuchte, sich in Emily einzugraben. Der Wächter packte Mayas dünnes Ärmchen und zog daran. Emily schwankte. Ethan umklammerte seine Schwester, um sie festzuhalten. „Hey, Sie Grobian", sagte er. „Vorsichtig. Das Kind will nicht von ihr weg."

Der Wächter zerrte stärker und nahm einen Schlagstock aus seinem Gürtel. Emily schrie: „Nein! Sie hat Angst. Sie blutet. Sie will bei mir bleiben!"

Über dem Lärm war plötzlich ein lauter Schrei zu hören. Ethan, Emily und der Wächter erstarrten, aber Maya schaute auf und drehte ihren Kopf von einer Seite zur anderen, um die Quelle dieses Schreis zu finden.

Das Schreien änderte sich von Verzweiflung zu Schock, dann aber zu einer Art unbändiger Freude. Maya zappelte wie ein Schmetterling, der sich aus seinem Kokon herausarbeitet. Emily musste sie loslassen. Als Mayas Füße auf dem Boden waren, schoss sie los wie eine Kanonenkugel – genau in die Richtung, aus der der Schrei kam.

Ethan drehte sich um. Dort stand eine Frau in einem hellbraunen Kleid, die Maya so fest in ihre Arme genommen hatte, als ob sie sie nie mehr wieder loslassen wollte. Neben ihr hob ein Mann die Arme zum Himmel und rief etwas, das wie ein Gebet klang.

Der Wächter stand da mit seinem Klemmbrett und offenem Mund. *Wahrscheinlich sehe ich gerade ähnlich komisch aus*, dachte Ethan.

„Nun denn", sagte Emily strahlend. „Wir wären dann soweit. Wo sollen wir denn hingehen?"

Weiter geht's mit „Warten im Stadion" auf Seite 190.

Ohne Blut

Emily entschied sich, dass es für sie am besten wäre, so nahe wie irgend möglich bei Ethan zu sein. Dann könnten sie sich gegebenenfalls gegenseitig beschützen. Also versuchte sie, irgendwie näher zu ihm zu gelangen, anstatt sich um irgendetwas rätselhaftes Blutverschmiertes im Dunkeln zu kümmern.

Im hinteren Bereich begann eine Frau zu schreien. Einige ruhige Stimmen versuchten sie zu fragen, was los wäre. Aber sie schien diese gar nicht zu hören. Sie schrie einfach immer weiter, und zwar in einer Sprache, die Emily nicht verstand. Vielleicht war es Quechua. Sie verstand viel zu wenig davon, um auch nur ansatzweise zu erahnen, was der Frau fehlte. Offenbar auch niemand sonst.

Der Bus fuhr um eine Ecke. Wieder einmal fielen sie alle gegen die Wand. Und dann wieder zurück in die andere Richtung. Das Schreien der Frau wurde noch lauter. Auch andere Menschen schrien jetzt anscheinend unter Schmerzen. Die Fahrt konnte nicht mehr lange dauern, vor allem aber durfte sie nicht mehr lange dauern, dachte Ethan. So ähnlich muss es für die Menschen gewesen sein, die im Zweiten Weltkrieg aus einer Bombenzone weggebracht wurden. Oder auch aus der unmittelbaren Gefahrenzone nach den Überschwemmungen im Sommer 2017 in Puerto Rico.

Zum Glück dauerte die Fahrt nicht mehr lange. Ethan und Emily hielten sich einander umarmend gegenseitig fest. So standen sie etwas fester und sicherer. Andere Leute stießen sie zwar immer noch gelegentlich an, aber dadurch schwankten sie nun nicht mehr so sehr. Was auch immer das Blutige gewesen war, das Emily zuvor berührt hatte – es tauchte nicht wieder auf. Oder wenn doch, so konnte sie es durch ihre Jeans nicht spüren. Der Transporter bremste abrupt, so dass alle Leute nach vorne geschleudert wurden wie Gepäck auf der Kofferanlage eines Flughafens.

Wie gerne wäre sie jetzt in einem Flugzeug, wenn es nur irgendwie ginge, dachte Emily. Aber wohin auch immer sie jetzt gebracht wurden – garantiert entfernten sie sich erst einmal immer weiter von jeglicher Möglichkeit, bald nach Hause zu kommen.

Die Tür an der Rückseite öffnete sich laut quietschend. Draußen standen Männer, die mit einer anderen Uniform bekleidet waren. Einer der Soldaten hatte eine Waffe auf seinem Rücken hängen. Sie winkten sie heraus.

Sie waren in einem großen Stadion. Der Transporter musste durch einen der Liefereingänge hereingefahren sein.

Es gab eine Laufbahn rundherum. Rechts war die Sandgrube für den Weitsprung. Neben ihnen gab es weitere Transporter, aus denen Leute auf den Rasen ausstiegen, der sich so von Grün durch die vielen Menschen allmählich in Braun zu verfärben schien.

Tausende Menschen würden hier reinpassen. Einige Leute machten sich gleich auf den Weg zu den Sitzen auf den Tribünen. Polizisten versuchten, sie zurückzuhalten, aber dafür waren sie zu wenige. Vermutlich würde schon bald das ganze Stadion voller Menschen sein, denn hinter ihnen standen weitere Transporter, die darauf warteten, die Leute rauszulassen. Der Flughafen konnte also bei weitem nicht der einzige Ort sein, der evakuiert worden war.

Nach dem Aussteigen blickte Emily sich um. Sie wollte versuchen, zu erkennen, von wem wohl die blutige Kontaktaufnahme im Dunkeln ausgegangen war. Da sah sie ein kleines Kind, höchstens sieben oder acht Jahre alt, das sich an der Nase rieb. Blut klebte ihr an beiden Armen bis zu den Ellenbogen. Das Mädchen sah sie verängstigt an und schrie laut in eine andere Richtung. Emily war sich nicht sicher, ob sie es gewesen war, die sie vorhin gespürt hatte. Und sie hoffte, dass es nicht so war, denn sonst hätte sie so gerne auf der Fahrt etwas getan, um dem Mädchen zu helfen.

Weiter geht's mit „Warten im Stadion" auf der nächsten Seite.

Warten im Stadion

Emily lag auf dem Rücken. Über ihr strahlte der Himmel in schönstem Blau und die Sonne schien auf ihren Körper. Ehrlich gesagt, hatte sie das Gefühl, niemals wieder aufstehen zu wollen. Wie hatte sie ihre Tasche nur verlieren können? Wie konnte es sein, dass sie ihre wichtigsten Dokumente, die sie jetzt wirklich dringend brauchte, nicht mehr bei sich hatte?

Eigentlich wusste sie es besser. Oder: eigentlich hatte sie es besser gewusst. Aber das Erdbeben kam so schnell und der Befehl zur Evakuierung folgte so plötzlich, dass sie vom Sturm der Ereignisse mitgerissen worden war. Jetzt fühlte sie sich nutzlos und hoffnungslos. Sie saß in einer fremden Stadt fest, ohne Nahrung und ohne Wasser. Sie konnte nur hoffen, dass sie und ihr Bruder eine Möglichkeit fänden, aus dieser Situation wieder herauszukommen. Im Stadion waren Schreie von Angst und von Schmerzen zu hören. Vereinzelt gab es aber auch fröhliche Wiedersehen. Emily fühlte sich leer. Sie wusste, dass sie einen schrecklichen Fehler gemacht hatte. Und sie hatte keine Ahnung, wie sie diesen wieder gutmachen könnte.

Das Stadion war sehr groß, vermutlich das größte der Stadt. An den oberen Tribünen hingen Banner der gewonnen Fußballmeisterschaften. Es waren nicht viele. Anscheinend war Takewawa – oder welche Mannschaft auch immer in diesem Stadion zuhause war – nicht sonderlich erfolgreich gewesen.

Das Stadion selbst schien vom Erdbeben kaum beschädigt worden zu sein. Die Tribünen waren noch perfekt oval und sie konnten keinerlei Risse im Beton erkennen. Etwa alle halbe Stunde oder so rumpelte es tief im Erdboden, aber das war nichts im Vergleich zu dem schrecklichen Beben, das sie am Flughafen miterlebt hatten.

Regierungsbeamte verschiedener Abteilungen machten sich auf der Laufbahn zu schaffen. Sie stellten Tische auf und bereiteten sich darauf vor, die Namen aller Menschen hier im Stadion zu registrieren. Um Emily herum versuchten die Leute, mit ihren Handys zu telefonieren. Aber es gab wohl keinerlei Empfang. Sie sah niemanden, der Erfolg hatte bei der Suche nach Empfang. Aber die Leute versuchten es immer wieder, bis ihre Akkus leer waren. Das Ergebnis war nichts als Frustration.

Ethan hatte sich im Stadion in nördliche Richtung aufgemacht, um Wasser zu suchen. Er hatte gesagt, dass er großen Durst hätte. Oh ja, Emily war auch sehr durstig, aber sie wäre lieber gestorben, als es zuzugeben. Sie hatte schließlich schon genug Ärger verursacht.

So saß Emily allein auf dem Rasen und hatte nichts zu tun. Daher wählte sie einzelne Beamte aus und beobachtete sie jeweils für eine Weile, um zu sehen, welche Aufgaben sie hatten. Wenn überhaupt jemand den Zwillingen helfen würde, dann würde die Hilfe von dort kommen. Einer der Beamten am südlichen Ende hatte ein Funkgerät, in das er regelmäßig sprach. Soweit Emily es erkennen konnte, war er der Einzige, der Kommunikation nach außen hatte. Nachdem sie die Szenerie etwa 15 Minuten lang beobachtet hatte, stand Emily auf. Sie versuchte, sich diesen Fleck Rasen, der für sie im Augenblick ihr „Zuhause" war, genau einzuprägen, und dann machte sie sich auf den Weg durch die Menge in Richtung zu dem Beamten mit dem Funkgerät.

Als sie ihn erreichte, sprach er gerade wieder in sein Funkgerät: „Ja. Wir haben etwa fünftausend Leute hier. Sie brauchen Wasser, Nahrung und medizinische Versorgung." Dann ließ er die Sprechtaste los und hörte die Antwort.

Das Funkgerät quakte ihn an. Dabei sprach die Person am anderen Ende so schnell auf Spanisch und es klang über die kleinen Lautsprecher so verzerrt, dass Emily nicht verstehen konnte, was gesagt wurde. Dem Stirnrunzeln auf dem Gesicht des Beamten nach zu urteilen waren es aber keine guten Nachrichten. Sichtbar wütend drückte er wieder die Sprechtaste und rief: „Und was soll ich den Leuten dann sagen?"

Erneut quakte die aufgebrachte spanische Stimme aus dem Funkgerät auf ihn ein. Angewidert schaltete er das Gerät einfach ab und schnallte es wieder an seinen Gürtel.

„Entschuldigen Sie bitte", sagte Emily.

Er hob leicht den Kopf und sah sie aus dem Augenwinkel an. Als er sie als ein blondes, weißes, offensichtlich amerikanisches Mädchen erkannte, schüttelte er nur den Kopf. „Es tut mir leid. Es gibt nichts, was ich tun könnte, um Ihnen zu helfen."

„Ich brauche keine Hilfe", sagte Emily. „Ich habe nur eine Frage."

„Ja?", fragte er skeptisch.

„Wissen Sie, ob die amerikanische Botschaft daran arbeitet, den Amerikanern zu helfen, nach Hause zu kommen?", wollte sie von ihm wissen.

„Ja, das werden sie irgendwann wahrscheinlich organisieren", antwortete er. „Aber nicht mehr heute. Die Botschaft wurde durch das Erdbeben schwer beschädigt. Es gibt vorübergehend ein Ausweichquartier für die Botschaft, da bin ich mir sicher. Aber niemand hat mir bisher gesagt, wo dieses ist. Sie müssen also erstmal hierbleiben."

„Danke", sagte Emily. „Ich weiß, dass Sie Ihr Bestes geben." Damit wandte sie sich ab, um zu gehen.

„Warten Sie", sagte der Mann. Er blickte zum Funkgerät an seinem Gürtel und dann wieder zu ihr. Dann wurde sein Blick etwas sanfter. „Ich habe einen Kontakt, der vielleicht in der Lage ist, jemanden von der Botschaft zu erreichen. Soll ich das probieren?"

„Ja, sehr gerne", erwiderte Emily. „Aber ich kann es auch verstehen, wenn Sie erstmal wichtigere Dinge zu tun haben."

„Nein, nein", sagte der Mann und spuckte auf den Boden. „Ich fände es schön, wenn ich wenigstens für eine Person heute ein Problem wirklich lösen könnte. Ich fürchte, es wird noch eine Weile dauern, bis wir in der Lage sind, allen Menschen hier zu helfen."

„Ich habe meinen Platz da drüben auf dem Rasen, fast im Mittelkreis", sagte Emily und deutete in die Richtung.

Der Mann nickte, fummelte an den Schaltern auf seinem Funkgerät herum und drückte dann erneut auf die Sprechtaste.

Gegen Mittag hatten sich die Beamten dann organisiert und sie begannen damit, Gruppen von Personen zu sich zu rufen. Sie nahmen ihre Namen und Adressen auf, ließen sich ihre Ausweise zeigen – die nur sehr wenige Leute noch hatten – und sie schrieben ihre Namen auf eine lange Liste.

„Warum benutzen sie keine Computer?", fragte Emily.

„Weil es nichts nützen würde", antwortete Ethan. „Es gibt keinen Handyempfang, folglich gibt es auch kein Internet. Die Computer können nicht miteinander kommunizieren. Strom gibt es wohl auch höchstens sporadisch mal. Und schließlich lässt sich Papier ja auch recht leicht von einem Ort zum anderen transportieren." Es kamen immer weiter Autos und Busse ins Stadion. Die meisten brachten weitere Leute her. Aber manchmal wurden auch Beamte oder Sicherheitspersonal ausgewechselt. Es gab eine ganze Reihe von bewaffneten Sicherheitsleuten, die rund um das Lager herumstanden.

Es war schon fast sechs Uhr, als ihre Gruppe aufgerufen wurde. Sie stellten sich in einer Reihe vor einen Tisch. Dahinter stand der Sicherheitsbeamte, mit dem Emily vorhin gesprochen hatte. Als sie an der Reihe waren, reichte Ethan ihm seinen Pass: „Ich bin Ethan Tuttle", sagte er. „Und das ist meine Schwester Emily Tuttle. Wir sind hier im Urlaub."

„Es war nur sehr wenig Urlaub bis hierher", murmelte Emily.

Der Beamte erkannte Emily. „Ah", sagte er. „Ich habe inzwischen mit der amerikanischen Botschaft gesprochen. Sie würden Ihnen gerne helfen, aber sie sind gerade sehr knapp mit Personal, wie Sie sich sicher vorstellen können. Das Botschaftsgebäude selbst wurde von dem Erdbeben hart getroffen, aber sie haben vorübergehend ein anderes Gebäude. In den nächsten Tagen wollen sie die amerikanischen Staatsbürger dort sammeln. Wir bringen Sie mit dem Bus so schnell wie möglich dorthin." Er streckte seine Hand aus in Erwartung von Emilys Ausweis.

Sie hielt ihm ihre leere Hand hin. „Es tut mir leid", sagte sie. „Mein Ausweis ist immer noch am Flughafen. Ich habe ihn nicht bei mir."

Er runzelte ein wenig die Stirn und schüttelte den Kopf, aber er wirkte dabei eher traurig als wütend. „Das habe ich heute schon sehr häufig gehört", sagte er. „Wir werden uns bemühen, Ihnen möglichst schnell zu helfen."

Weiter geht's mit „Auf zur Botschaft" auf der nächsten Seite.

Auf zur Botschaft

Am Ende des ersten Tages im Stadion wurde endlich etwas zu Essen geliefert. Es waren vor allem Reis und Bohnen, die über einem offenen Feuer in einem großen Topf gekocht und auf Papptellern ausgegeben wurden. Etwas Fleisch war auch mit im Topf. Ethan konnte es schon von weitem riechen und sofort knurrte sein Magen. Damit war er nicht der Einzige. Es gab fast einen Aufruhr, als es schien, dass das Essen nicht für alle reichen würde. Aber schon bald kam ein weiterer Wagen mit einem weiteren riesigen Topf, so dass schließlich jeder zumindest etwas bekam.

Ethan fragte Emily, ob sie genug habe. Sie sagte ja, aber er glaubte ihr nicht wirklich. Denn für ihn selbst war es nicht annähernd genug gewesen, um satt zu werden. Sein Magen knurrte weiter. Schließlich hatte er den ganzen Tag lang fast nichts gegessen. Die Tasse mit Bohnen und Reis, die er bekommen hatte, hatte wunderbar geschmeckt, aber es war angesichts seines riesigen Hungers viel zu wenig gewesen.

Es folgte eine lange und recht kühle Nacht in der Hochgebirgsluft. Bei der niedrigen Luftfeuchtigkeit kühlte es sich schnell ab. Irgendwie war es seltsam, dass nach einer solchen Katastrophe hier auf der Erde die Welt rund herum sich weiterdrehte, als wenn nichts gewesen wäre. Außerhalb des Stadions war ständig irgendwo Qualm zu sehen. Auch wenn ihre Akkus fast leer waren, versuchten die Leute immer wieder, mit ihren Handys zu telefonieren. Sie wollten wissen, wie es ihren Freunden und Familien ging, was mit ihren Sachen passiert war und sich informieren, wie sie nach Hause kommen könnten.

Spät am Abend wurden einige Feldbetten geliefert. Sie wurden am südlichen Ende des Stadions ausgegeben und die Verteilung über die ganze Fläche ging sehr langsam. „Ich werde eins für uns holen", sagte Ethan und marschierte los. Wie eine Welle in Zeitlupe stand die ganze Menge auf und beobachtete, wie die Betten durchgereicht wurden. Es konnten aber niemals genug für alle sein, oder? Das waren bestimmt keine fünftausend. Noch nicht einmal die Hälfte davon.

Doch die Welle bewegte sich immer weiter. Von Hand zu Hand wurden die Feldbetten weitergereicht. Mittendrin war Ethan. Da hatte er eines in der Hand. Dann gab er es weiter. Das nächste erreichte ihn. Er sah sich um und gab es einem älteren Mann.

Wieder wurde ein Bett durchgereicht und es wurde einem kleinen Kind, einer alten Frau oder einer Schwangeren gegeben.

Niemand gab Anweisungen. Niemand organisierte die Verteilung. Die Menge, die gerade noch so hilflos und hoffnungslos gewesen war, hatte sich mit dieser gemeinsamen Aktion wie verwandelt. Leute lächelten. Das Lachen breitete sich aus. Dann nahm Ethan eines der Feldbetten und ging damit zurück in Emilys Richtung. Unmittelbar bevor er sie erreichte, hielt er inne und drehte sich zur Seite. Ganz dicht bei ihr stand eine Mutter mit einem Baby auf dem Arm und einem kleinen Kind, das sich an sie klammerte.

Ethan gab ihr das Feldbett mit einer Verbeugung. Tränen der Dankbarkeit zeigten sich in den Augen der Mutter. Sie legte ihre beiden Kinder auf das Bett und kniete sich daneben.

„Sorry, Emily", sagte Ethan und wischte sich die Stirn. „Das war das letzte."

Emily umarmte ihn. „Ich mag auch den Rasen hier", sagte sie. „Mal sehen, ob ich uns eine Decke besorgen kann."

Als Ethan am nächsten Morgen aufwachte, fühlte er sich steif und mit Tau bedeckt. Er dachte, es wäre gut, ein paar Runden auf der 400-Meter-Bahn zu drehen, um sich etwas aufzuwärmen und seine Muskeln zu lockern.

Als er loslief, kamen gleich drei oder vier weitere Leute dazu. Während sie ihre Runden liefen, konnten sie sich etwas unterhalten. Zwei von ihnen kamen aus Takewawa und einer war ein amerikanischer Tourist, der zum Sportfischen gekommen war.

Ethan berichtete ihnen, was er am Vortag von dem Wachmann erfahren hatte, dass die amerikanische Botschaft dabei war, ein Ausweichquartier aufzubauen.

„Darauf würde ich an deiner Stelle besser nichts geben", sagte der Amerikaner.

„Warum nicht?", entgegnete Ethan. „Das sind schließlich diejenigen, die uns am ehesten helfen können."

„Welche Möglichkeiten sollte die Botschaft denn haben, die die Menschen vor Ort hier nicht haben?", fragte der Amerikaner. „Es ist ja nicht so, dass sie Privatflugzeuge hätten, die von einem anderen Flughafen aus starten könnten. Denn von *diesem* Flughafen hier wird für eine ganze Weile kein Flugzeug abheben."

„Aber sie sind bestimmt für solche Fälle wie diesen gut ausgerüstet", meinte Ethan.

„Diese kleine Botschaft hier?", fragte der Sportfischer. „Der Botschafter mit seiner Familie und eine Handvoll Mitarbeiter. Mehr sind das doch nicht. Vermutlich werden sie einige Fahrzeuge haben. Aber wie groß ist die Chance, dass sie dich mitnehmen? Ein Teenager von irgendwo in den Staaten? Diese Fahrzeuge bekommen bestimmt nur irgendwelche besonders wichtigen Menschen oder solche, die viel Geld bezahlen können."

Ethan wollte antworten, dass er doch etwas Geld hätte. Aber die Wahrheit war, dass das Bisschen, das er noch in seiner Hüfttasche hatte, sicher nicht ausreichen würde, um einen dieser vermutlich knappen Plätze in einem überfüllten Van zu bekommen. „Was sollten wir deiner Meinung nach tun?", fragte er.

„Nun, ich kann dir sagen, was ich tun werde", erwiderte der Mann. „Als erstes werde ich probieren, an einen Ort zu gelangen, von wo ich meiner Familie mitteilen kann, dass ich okay bin."

Da erinnerte Ethan sich daran, dass sie noch keine Gelegenheit dazu gehabt hatten. Er beschloss, die Beamten zu fragen, ob er im Laufe des Tages irgendwo telefonieren könnte.

„Und dann", sagte der Mann, „werde ich sehen, dass ich bei einem Flüchtlingszug mitkomme und es so über die Grenze nach Ecuador schaffe. Ich bin mir ziemlich sicher, dass ich von dort aus leichter wieder zu meiner Familie komme."

Ein Flüchtlingslager ist schon irgendwie eine ziemlich riskante Sache, dachte Ethan dann. Als er zurückkam, wollte er mit seiner Schwester über die verschiedenen Ideen sprechen. Emily saß auf dem Rasen und rieb sich den Schlaf aus ihren Augen.

„Ich bin mir noch nicht sicher, wie genau es funktionieren soll", sagte Ethan. „Aber wir sollten drüber nachdenken. Es sieht schließlich nicht danach aus, als wenn sie uns schnell wieder hier aus dem Stadion rauslassen."

„Nein", sagte Emily, „Aber sobald es einen Bus zur provisorischen amerikanischen Botschaft gibt, können wir ab dort wieder frei entscheiden, wie wir weiter machen möchten."

„Lass uns das noch mal genau durchdenken", meinte Ethan. „Schließlich wissen wir nicht, wie schnell sie uns hier rausbringen werden."

Doch dann stellte sich heraus, dass es schon sehr bald so weit sein würde. Noch bevor die Sonne mehr als ein oder zwei Zentimeter über den Rand des Stadions geklettert war, kam ein Fahrzeug ins Stadion gefahren, das wie eine Mischung aus Bus und SUV aussah und einen amerikanischen Adler an der Seite hatte. Ein Beamter begann damit, Menschen aufzunehmen. Der hilfsbereite Sicherheitsmann, mit dem sie zuvor gesprochen hatten, winkte ihnen zu, und so bekamen Ethan und Emily einen Platz in diesem Bus. Emily bedankte sich überschwänglich bei dem Sicherheitsmann. Ethan quetschte sich in eine Ecke, damit Emily genug Platz hatte.

Dann drehte der Bus eine Runde auf der 400-Meter-Bahn und fuhr über die Liefereinfahrt wieder aus dem Stadion heraus. Jetzt sahen die Zwillinge zum ersten Mal, was in der Gegend rund um das Stadion passiert war. Dabei waren sie froh, dass sie das bei ihrer Herfahrt am Vortag nicht hatten sehen müssen. Auf den Straßen strömten die Menschen in Richtung der Kirchen, der Restaurants oder zu irgendwelchen anderen öffentlichen Gebäuden, die noch offen waren und die sie erreichen konnten. Überall um sie herum waren zerstörte Häuserreihen, Trümmer lagen an den Straßenrändern. Viele Straßen schienen von Felsen und Trümmern blockiert zu sein. Überall gab es Brände. Sirenen heulten. Krankenwagen und Feuerwehrfahrzeuge rasten durch die Stadt auf dem Weg zu den schlimmsten Stellen, die sie löschen sollten. Aber sie hatten keine Chance, auch nur annähernd alle der unzähligen Brände zu bekämpfen. Die noch unbeschädigt aussehenden Gebäude waren durch das Erdbeben auch fast alle einsturzgefährdet, so dass die Leute nicht mehr darin wohnen konnten.

In der Mitte der Innenstadt waren hohe Bürogebäude mit orangefarbenem Band abgesperrt worden. Sicherheitsleute waren immer noch dabei, in kleinen Teams hineinzugehen, um drinnen noch Leute zu finden und aus den Gebäuden zu holen. Auf den Bürgersteigen lagen Glassplitter. Überall drehten sich die Menschen nach ihrem Fahrzeug um, schon wenn sie es von weitem hörten. Dabei hoben sie die Hände in die Luft, als wenn sie um Hilfe riefen. Der Fahrer schaute fast schon grimmig und fuhr stur weiter. Wie hätte er den Leuten auch helfen sollen?

Wenig später fuhren sie auf einen kleinen Parkplatz. Dort war eine Wellblechhütte mit dem Logo der amerikanischen Botschaft an der Tür.

„Endstation, alles aussteigen", sagte der Fahrer. „Ich muss zurück und die nächste Gruppe aus dem Stadion abholen. Der Wächter draußen wird Ihnen weiterhelfen."

Weiter geht's mit „Die provisorische Botschaft" auf der nächsten Seite.

Die provisorische Botschaft

Von überall her waren Leute mit Bussen, Lieferwagen und anderen, teils sehr seltsamen Fahrzeugen hergebracht worden. Sie standen Schlange vor einem Sicherheitsmann vor der Wellblechhütte. Einer der Posten kontrollierte die Pässe oder andere, ersatzweise Identitätsnachweise. Der andere untersuchte Koffer, Pakete und das sonstige Gepäck, das die Leute dabei hatten. Es war fast wie bei einer Zollkontrolle, dachte Ethan.

„Bitte zeigen Sie mir Ihren Pass", sagte der Wachmann. Ethan griff in seine Hüfttasche und reichte ihm seine Unterlagen. Die Wachen schauten sich die Sachen genau an und überprüften genau den Stempel, den Ethan bei der Einreise ins Land in seinem Pass erhalten hatte. Mit einem schmalen Lächeln bekam Ethan seinen Pass zurück. Dann blickte der Posten zu Emily.

„Es tut mir leid", sagte Emily. „Ich habe keinen Pass mehr. Ich habe ihn verloren."

„Wir haben ihn beim Erdbeben verloren", ergänzte Ethan.

„Also habt ihr auch kein Gepäck?", fragte der andere Wachmann.

„Ich habe meinen Rucksack", sagte Ethan. „Aber ansonsten haben wir nichts, bis auf die Dinge, die wir direkt bei uns haben – unsere Kleidung und dann noch meine kleine Hüfttasche hier."

Der Wächter murmelte etwas wie, dass es ihm leidtat. Dann ließ er sie durch die Tür hinein. Dabei sagte er noch: „Eigentlich dürfte ich Sie ohne irgendeine Art von Ausweispapier nicht hereinlassen. Aber es ist ziemlich offensichtlich, dass ihr beiden Bruder und Schwester seid. Also lassen wir ausnahmsweise den einen amerikanischen Pass für euch beide gelten."

Einige Oberlichter waren die einzige Lichtquelle im Inneren der Wellblechhütte. Diese schien schon etwas älter zu sein, dem Holzfußboden und den Dekorationen an der Wand nach zu urteilen. Es war ziemlich offensichtlich, dass die Hütte bis vor kurzem nicht im

Eigentum der US-Botschaft gewesen war, denn an den Wänden hingen Plakate mit spanischer Schrift, auf denen es um Arbeitsverträge und Baumaschinen ging.

In der Hütte war es muffig. Dieser Geruch mischte sich mit dem typischen Duft verzweifelter Touristen. Es war auch sehr warm. Die kleinen Fenster an einem Ende der Hütte waren ganz geöffnet. So gab es immerhin eine leichte Brise, aber es half fast nichts, um das Innere abzukühlen, denn die Hütte war in der Nachmittagssonne wie ein Backofen. Ethan schwitzte in seinem ohnehin schon sehr schmutzigen Shirt. Er wünschte sich nichts so sehr wie ein Bad und ein Bett, um einmal wieder ausschlafen zu können – und ohne dabei von Erdbeben oder dringenden Entscheidungen, bei denen es um Leben und Tod ging, unterbrochen zu werden.

Hinter zwei Schreibtischen saßen die Botschaftsmitarbeiter. Sie nahmen die Namen und Telefonnummern auf. Und sie sahen ziemlich mitgenommen aus, als hätten sie schon längere Zeit weder gegessen noch geschlafen.

Die Zwillinge brauchten nur ein paar Minuten in der Schlange zu warten. Dann sah ein Botschaftsbeamter sie freundlich an.

„Wo sind eure Eltern?", fragte die Frau.

„Sie sind zuhause in den Staaten", sagte Ethan. „Wir sind allein hier im Urlaub."

„Wir hatten nicht damit gerechnet, von einem Erdbeben erwischt zu werden", sagte Emily. „Aber wir haben uns wirklich bemüht, uns möglichst schnell auf den Rückweg zu machen. Leider waren wir zu spät, um noch rechtzeitig einen Flug in Richtung USA zu erwischen."

„So oder so ähnlich habe ich das heute schon sehr oft gehört", sagte der Beamte. „Hunderten von Menschen geht es mehr oder weniger genauso."

„Wir haben auch nichts mehr von unserem Gepäck," fügte Emily noch hinzu.

„Nur meinen Rucksack", sagte Ethan. Er zeigte ihn hoch für eine Kontrolle.

Aber die Frau hat ihn nicht kontrolliert.

Die Zwillinge berichteten alles, was sie erlebt hatten, seit sie ins Land gekommen waren. Die Beamtin machte sich dabei einige Notizen.

„Ich kann euch Hilfe anbieten", sagte sie, als sie fertig waren. „Wir haben ein Lager nur für Amerikaner eingerichtet, und ich kann euch dorthin bringen. Es ist kein Luxus, aber es ist eine Unterkunft. Und im Moment habt ihr keine, oder?"

Sie blickte prüfend in ihre Gesichter und sah, dass sie Recht hatte. „Was den Rest betrifft", fuhr sie fort, „wird es etwas schwieriger. Ich habe verstanden, dass ihr Flugtickets habt, um das Land zu verlassen. Aber diese Tickets werden euch nichts nützen. Falls ihr es noch nicht gehört habt – der Flughafen ist durch Überschwemmungen fast vollständig zerstört worden."

Ethan und Emily schauten sich in die Augen.

Die Beamtin bemühte sich zu lächeln und sagte: „Gestern früh ist der Ychu-Staudamm gebrochen. Und so ziemlich alle Gebäude, die entlang des Flusses lagen, wurden vollständig zerstört. Für eine ganze Weile wird niemand mehr von diesem Flughafen aus abheben, wenn überhaupt jemals wieder."

Ethan sackte in sich zusammen. Der Flughafen war ihr einziger Ausweg gewesen. Aber natürlich war ihm klar, dass die enorme Wassermenge aus dem See alles zerstören musste, was ihr im Weg stand.

„Wir werden versuchen, Kontakt mit der amerikanischen Botschaft in Ecuador aufzunehmen", sagte die Frau. „Dann würden die Kollegen dort die Zuständigkeit übernehmen und sich von dort um die Rückflüge in die Staaten kümmern. Ich weiß jedoch nicht, wie lange es dauern wird. Wenn ich richtig verstehe, hat Emily keinen Pass mehr. Richtig?"

„Ja, das stimmt", sagte Emily. Sie hätte gedacht, dass die Beamtin ihr deswegen irgendwie hätte helfen können.

Aber die Dame machte ihnen nicht viel Hoffnung. „Wir werden unser Bestes geben", sagte sie. „Aber im Moment ist einfach alles sehr schwierig."

Weiter mit „Ersatzbotschaft" auf der nächsten Seite.

Ersatzbotschaft

Damit endete der angenehme Teil des Gesprächs. Ethan und Emily wurden aufgefordert, nach draußen zu gehen und auf den Transport in das Lager nur für Amerikaner zu warten.

„Das war nicht sehr ermutigend", sagte Ethan, als sie draußen waren und in der glühenden Sonne standen. „Ich glaube, die sind hier nicht besonders froh, dass wir da sind."

„Da sind wir schon zwei", bestätigte Emily den Eindruck ihres Bruders.

„Wenn wir nur eine Nachricht an Mom und Dad schicken könnten", meinte Ethan. „Aber auch das ist wohl eher aussichtslos."

„Wir können uns doch in der Stadt frei bewegen, nicht wahr?", fragte Emily. „Ich meine, wir sind schließlich keine Gefangenen oder so. Wir können überall hingehen, wo wir hinwollen."

„Äh – ja, vermutlich schon", antwortete Ethan skeptisch. „Aber ich denke, wir sollten schon so nah wie möglich hier bei der Botschaft bleiben. Sonst kommt der Transport vielleicht gerade dann, wenn wir nicht hier sind."

„Aber das hier ist ja kaum eine richtige Botschaft. Es ist eher eine schlechte Notlösung, eine Ersatzboot-schaft", scherzte Emily. Ethan grinste.

Seine Schwester fuhr fort. „Sie haben Mühe, irgendwie klarzukommen. Und sie sind selbst noch dabei, herauszufinden, was sie mit all den Menschen tun sollen, die hier bei ihnen gestrandet sind. Sie haben kaum Kapazitäten, und sie werden uns kaum mehr als unbedingt nötig helfen." Sie deutete mit ihrem Kopf auf den Wachposten, der über die zerstörte Stadt blickte und dabei nicht mehr Mimik als eine griechische Statue zeigte. „Das geht nicht gegen Sie persönlich", sagte sie.

„Ist schon in Ordnung", sagte der Soldat mit der minimalen Andeutung eines Lächelns.

„Sie geben sich bestimmt die allergrößte Mühe", sagte Ethan.

„Und genau deswegen habe ich Angst", sagte Emily, „dass dieses Bisschen das Beste ist, was sie tun können. Möglicherweise geht es uns besser, wenn wir uns selbst um einige Dinge kümmern."

Ethan hielt sich eine Hand über die Augen, als er in die Richtung blickte, aus der die Sonne ihn blendete. Die Botschaft lag auf einer leichten Anhöhe, so dass er in alle Richtungen ein Stück weit die Straßen hinunterschauen konnte. Was es da zu sehen gab, war alles andere als ermutigend. „Es sieht nicht danach aus, als wenn wir dort irgendwo große Unterstützung bekommen könnten", sagte er und deutete mit seinem Arm auf die Straße, die in Richtung Norden führte.

Etwas weiter unterhalb war ein Mehrfamilienhaus zur Hälfte eingestürzt und auf die Straße gefallen. Schmutzig aussehende Menschen durchwühlten die Trümmer. „Ich meine …", sagte Ethan. „Schau dir das an." Bei einer anderen Straße links von ihnen war der Bürgersteig durch einen breiten Riss in der Erde in zwei Hälften geteilt worden. „Wenn die ganze Stadt so aussieht, werden wir nicht weit kommen."

„Das stimmt", sagte Emily. „Aber andererseits ist es ja auch so, dass, wenn *wir* nicht sehr weit kommen, *sie* auch nicht sehr weit kommen können." Dabei deutete sie auf das Barackengebäude der Botschaft. „Und ganz bestimmt werden sie sich keinerlei besondere Mühe geben, um uns zu helfen, eine Nachricht an Mom und Dad schicken zu können. Das müssen wir irgendwie allein hinbekommen. Es kann doch nicht sein, dass die ganze Stadt komplett von der Kommunikation mit der Außenwelt abgeschnitten ist."

Ethan schnaufte. „Was schlägst du vor?"

„Was steht denn in deinem Notfallplan für einen solchen Fall? Du erstellst doch immer und für alle Fälle vorher einen solchen Plan. Was hast du geplant für den Fall, dass um uns herum alles zusammenbricht, so dass wir völlig auf uns allein gestellt sind, weil es niemanden gibt, der uns helfen könnte?"

Ethan dachte einen Augenblick nach. Scharfer Rauch lag in der Luft, nicht dick, aber doch so, dass er bei jedem Atemzug im Hals brannte. Es gab eine Menge Brände über die ganze Stadt verteilt. Vor lauter Qualm sah es so aus, als ob die ganze Stadt mitten auf einem aktiven Vulkan wäre. Schwefelgestank mischte sich mit dem Geruch von Diesel und brennendem Holz.

„Der Plan für einen solchen Fall ist, einen Ort zu finden, von dem aus wir eine Nachricht nach außen schicken könnten. Das könnte jegliches Büro mit einem Internetanschluss sein oder irgendein Ort, an dem es ein Satellitentelefon gibt", sagte Ethan.

„Ich wette, das haben sie dort drin", sagte Emily und zeigte in Richtung der Botschaft. „Aber ich glaube nicht, dass sie es uns benutzen lassen, um zuhause anzurufen. Wir müssen also sehen, dass wir woanders eine Möglichkeit finden, von der aus wir telefonieren oder eine Mail verschicken können. Irgendwo hier in der Stadt muss es das doch geben."

„Das gibt es bestimmt", meinte Ethan. „Die Frage ist, ob wir es schaffen würden, dorthin zu kommen – vorausgesetzt, dass wir überhaupt wüssten, wohin wir dafür gehen müssten."

„Das werden wir schon herausfinden", meinte Emily. „Wir sind doch schließlich clever. Das ist eine Herausforderung, wie wir sie noch nie hatten. Und deshalb macht es auch irgendwie Spaß, finde ich."

„Es macht dir Spaß?", fragte Ethan ungläubig. „Das meinst du jetzt nicht ernst, oder?"

„Doch, das meine ich schon ernst", sagte Emily. „Es ist natürlich eine andere Art von Spaß als in Disneyland oder so. Aber es macht trotzdem Spaß." Sie musste nicht weiter erklären, dass sie für diese Reise eine ganz andere Art von Spaß geplant hatten und dass alles nun ganz anders gekommen war, als sie es erwartet hatten. „Ich werde zumindest versuchen, so viel Spaß wie möglich zu haben", sagte Emily. „Komm schon! Eigentlich freuen wir uns doch über solche Herausforderungen. Wo könnte es hier ein Satellitentelefon geben?"

Ethan drehte sich ganz langsam einmal um die eigene Achse und schaute dabei jede Straße hinunter, so weit er sehen konnte. Nach einer Weile hielt er an und deutete in Richtung Südwesten. „Siehst du das?", fragte er. „Ein paar Straßen weiter unten."

Emily hielt sich die Hand über ihre Augen und blickte in diese Richtung. „Was ist das da auf diesem Gebäude? Ich kann es nicht genau erkennen", sagte sie.

„Ich denke, das sind Solarzellen."

Emilys Gesicht leuchtete. „Na klar!", rief sie. „Strom kann es jetzt nur noch an Orten geben, die unabhängig vom öffentlichen Stromnetz sind."

Ethan nickte. „Genau das meine ich", sagte er. „Der einzige Ort, an dem wir Strom finden können, muss ein Ort sein, der seinen Strom selbst produzieren kann. Und mit etwas Glück gibt es dort auch noch ein paar andere Annehmlichkeiten, die wir in dieser besonderen Situation gut gebrauchen können."

Emilys Magen knurrte. Sie hielt eine Hand auf den Bauch und grinste. „Wie spät ist es?"

„Kurz nach elf", antwortete Ethan. „Ich habe auch Hunger. Ein Taco-Stand wäre jetzt gut – und zwar egal, welche staatlichen Auflagen es dafür gibt."

Emily grinste und erinnerte sich an eines ihrer besonderen Abenteuer, als sie noch jünger waren. „Unsere Aktion für die Imbisswagen damals war wirklich ziemlich cool. Diese Leute hatten echt ein Problem."

„Ich würde es bei jedem Haus mit einem Solarpanel probieren, vor allem, wenn es noch nach weiteren elektronischen Geräten auf dem Dach aussieht. Lass uns dort hinuntergehen. Und wenn wir da kein Glück haben sollten, kommen wir wieder hierher zurück. Es dauert ja nicht lange."

Ein paar Leute standen am Eingang der Botschaft, aber der Bus war weg und mit ihm ein guter Teil der Schlange, die dort gewartet hatte. Der Soldat ging hinein und holte eine Kiste mit Wasserflaschen. Er gab jedem der Zwillinge eine. Sie bedankten sich und genossen den frischen Schluck.

„Aber wenn wir weggehen, könnten wir hier etwas verpassen. Auch wenn es nur ein paar Straßen sind, wer weiß, was in der Zwischenzeit passieren könnte? Sollten wir nicht doch besser hierbleiben?", fragte Ethan.

Dabei schaute er Emily fragend an.

Du entscheidest, wie es weiter geht.
„Bei der Botschaft bleiben" auf der nächsten Seite.
Oder „Auf ins Internet-Café" auf Seite 212.

Bei der Botschaft bleiben

„Ja, ich habe gesagt, wir sollten es allein woanders probieren. Das ist mir schon klar. Aber wenn ich ganz ehrlich bin, finde ich es schon sicherer und besser, wenn wir hier warten", sagte Emily. „Aber was sage ich. Du hast ja schließlich für alles einen Plan. Was machen wir?"

„Meine Pläne haben in der Regel eines gemeinsam: bei den Menschen zu bleiben, die uns bereits geholfen haben. Das bedeutet also, hierzubleiben."

„Also gehen wir nicht zu dem Haus mit den Solarzellen?", fragte Emily und deutete mit ihrem Daumen über ihre Schulter in Richtung des Gebäudes.

Ethan schaute noch einmal sehr lange diese Straße hinab. „Nein", sagte er schließlich und er sah dabei alles andere als glücklich aus. „Ich bin mir zwar überhaupt nicht sicher. Aber ich bin es leid, immer noch mehr Abenteuer zu erleben. Ich bin schließlich nicht hierhergekommen, um eine Rundreise durch Takewawa zu machen – mal ganz unabhängig von dem Erdbeben. Ich will jetzt nur noch nach Hause." Er winkte den Soldaten zu, die vor der Wellblechhütte standen, in der das amerikanische Diplomatenpersonal untergebracht war. „Diese Leute sagen uns, dass sie uns nach Hause bringen werden. Dann sollten wir sie das auch tun lassen und diese Hilfe annehmen."

Emily verschränkte ihre Arme vor der Brust und neigte ihren Kopf zur Seite. Sie schien irgendwie amüsiert. „Bedeutet das etwa, dass wir damit etwas vernünftiger geworden sind?"

„Reisen in fremde Länder erweitern den Geist - immer."
Emily lachte.

Weiter geht's „Von der Botschaft aus nach Hause" auf Seite 248.

Auf ins Internet-Café

Emily blickte die Straße hinunter in Richtung der Solarzellen, die auf dem Dach eines roten Backsteingebäudes montiert waren. Es waren flache schwarze Paneele, die wie ausgebreitete Arme die Energie sammelten. Das Haus schien kaum beschädigt zu sein, im Gegensatz zu vielen anderen Gebäuden in der Nähe. Genau genommen, sah es fast unbeschädigt aus.

„Komisch", meinte Emily.

„Es kann schon sein, dass wir hier genau das finden, was wir jetzt brauchen. Es gibt nur eine Möglichkeit es herauszufinden", sagte Ethan. „Auch wenn es etwas riskant ist."

„Ich denke, wir sind längst über den Punkt hinaus, ab dem es unvermeidlich ist, einige Risiken einzugehen. Wir müssen jetzt tatsächlich selbständig entscheiden und handeln und dabei die volle Verantwortung für uns selbst übernehmen. Wenn wir darauf warten, dass andere Leute es für uns tun, wird es nur noch chaotischer werden."

„Also gut, einverstanden", sagte Ethan achselzuckend und mit einem Lächeln. Emily wusste, dass es ein großer Schritt für ihn war, sich für die ungewisse Variante zu entscheiden. Und sie ahnte, dass von nun an noch eine ganze Menge unsicherer Situationen auf sie zukommen würden. Sie nahm Ethans Rucksack und setze ihn sich auf. „Ich trage ihn mal zur Abwechslung", sagte sie. Dann nahmen sie die westliche Straße und gingen in Richtung des Gebäudes mit den Solarzellen.

Schon sehr bald nach dem Unglück hatten die Menschen damit begonnen, zu räumen und zu reparieren. Als sie die Straße hinuntergingen, sahen sie Menschen, die Steine von der Fahrbahn holten, Holzstücke aufsammelten, Gebäudetrümmer, die auf die Straße gefallen waren, wegräumten und die dabei überall leise miteinander redeten. Dies schien keine Wohngegend zu sein. Die meisten dieser Gebäude waren kleine Restaurants, Bürogebäude und ein paar Elektronikgeschäfte. Diese schienen am meisten dadurch beschädigt, dass ihre großen Schaufensterscheiben alle zersplittert waren. Bei einem Laden war das Obergeschoss auf oder eher in das Erdgeschoss gestürzt und hatte dort die gesamte Einrichtung zerstört. Der Inhaber stand vor dem Gebäude mit den Händen auf die Hüften gestützt. Er starrte fassungslos auf den Trümmerhaufen und schüttelte traurig den Kopf.

„Hier ist so viel zerstört worden", sagte Emily. „Wir sollten sehen, ob wir irgendwo helfen können."

„Ich glaube, wir helfen den Leuten hier am meisten, wenn wir einen Weg nach Hause finden, damit sich niemand hier mehr um uns kümmern oder uns mit Lebensmitteln versorgen muss", sagte Ethan.

Emily ging voran und Ethan folgte einen Schritt hinter ihr. So arbeiteten sie sich die Straße hinunter. Dabei schien es, dass der Schaden hier nicht ganz so schlimm war wie an manchen anderen Orten der Stadt. Je mehr sie sich dem Gebäude mit der Solaranlage näherten, desto geringer schienen die Schäden zu werden.

Das Haus schien fast unbeschädigt geblieben zu sein. Selbst die Fensterscheiben hatten das Beben unbeschadet überstanden. Nur einige Fenster im Obergeschoss waren zerbrochen.

„Anscheinend waren hier Handwerker tätig, die ihre Arbeit wirklich verstehen", sagte Emily. An der Vorderseite des Gebäudes hing ein Schild, auf dem auf Spanisch „Internet Café" stand.

„Das ist ja wirklich genau das, wonach wir gesucht haben", sagte Ethan. „Und sie haben auch noch Strom. Siehst du?" Er zeigte durch eines der Fenster nach innen, wo man ein paar Lampen leuchten sah. Außerdem konnten sie von der Straße aus auch das Leuchten einiger Computermonitore sehen.

„Bingo", freute sich Emily.

„Du sagst es."

Ethan legte seine Hand auf den Türgriff des Internetcafés. Trotz der Sonne war der Griff erstaunlich kühl. Er vermutete, dass das eine Klimaanlage im Inneren bedeuten müsste. Dass er kein Brummen einer Klimaanlage hören konnte, lag wohl an dem hohen Geräuschpegel der Stadt.

Er zog an der Tür, aber sie ließ sich nicht öffnen. Durch die Tür konnte er in das Innere des Ladens sehen. Es waren Leute drin, aber sie schienen nicht an ihm interessiert zu sein und hatten nicht einmal aufgeblickt.

„Das ist komisch", sagte Ethan.

„Was ist? Ist die Tür abgeschlossen?", fragte Emily.

„Ja", antwortete Ethan. Er klopfte an die Scheibe. Immer noch reagierte drinnen niemand. „Das ist ja noch seltsamer", sagte Ethan. „Wie sollen denn Leute zu ihnen ins Café kommen, wenn die Tür abgeschlossen ist?"

„Vielleicht musst du etwas fester anklopfen", meinte Emily. Sie kam einen Schritt näher und versuchte es nun selbst. Dabei schaute sie auch in das Café hinein und auch sie konnte keinerlei Reaktion auf ihr Klopfen wahrnehmen. Mehrere Leute saßen vor den Computern, aber trotz des Klopfens tippten sie immer weiter auf ihren Tastaturen. Oder vielleicht konnten sie es nicht hören. Es könnte ja sein, dass die Musik drinnen so laut ist, dass sie es nicht hören konnten. Ethan konnte es sich nicht erklären. „Was machen wir nun?", fragte er.

Emily überlegte eine Sekunde. Dann sagte sie: „Hast du Papier im Rucksack?"

„Na klar", entgegnete Ethan. „Aber wie sollte uns das jetzt helfen?"

„Gib mir einfach ein Blatt Papier und einen Stift", sagte Emily. Er reichte es ihr. Emily nahm es und sagte: „Dreh dich mal um. Ich brauche einen Platz zum Schreiben."

Er hörte, wie sie auf seinem Rücken etwas auf das Papier kritzelte. Dann sagte sie: „Okay, probieren wir es mal auf diese Weise", und hielt das Blatt an die Scheibe. Ethan sah ein großes, ausgemaltes Dollarzeichen durchschimmern. Dieses Mal schlug Emily mit der Faust gegen die Scheibe und sie tat das so lange, bis jemand aufblickte. Es war ein Mann mit einem krausen Bart und knallroten Haaren, die zu einem Pferdeschwanz zusammengebunden waren. Als er aufblickte, zeigte sie auf das Blatt. Der Mann hob die Augenbrauen und auf seinem Gesicht erschien ein breites Lächeln. Er machte eine Geste, als ob er sagen wollte: „Warum hast du das nicht gleich gesagt?". Dann stand er von seinem Stuhl auf, schlenderte hinüber zur Tür und öffnete von innen.

„Na endlich", sagte Ethan etwas genervt.

„Dann wart ihr doch noch clever genug, um herauszufinden, wie ihr hier hereinkommt. Das schafft längst nicht jeder", erwiderte der Mann.

Ethan trat hinein. Hier gab es nicht nur Strom, sondern sogar auch eine *Klimaanlage*. Er spürte einen kühlen Luftzug. Der Mann schloss die Tür und verriegelte sie wieder mit einem Knopfdruck. Ethan hörte einen Klack, als wenn es eine elektromagnetische Schließanlage wäre.

„Ich verstehe nicht, warum sie ein Internetcafé haben, aber nicht wollen, dass Leute hereinkommen", sagte Ethan.

Der Mann zeigte durch das Fenster auf die Stadt. Er sagte: „Normalerweise wäre es mir egal. Aber in den letzten 24 Stunden haben sich die Dinge geändert. Jetzt scheint es mir klüger zu sein, nur noch bestimmte Leute in meinen Laden zu lassen."

Emily und Ethan schauten sich an. „Aber *uns* haben Sie hereingelassen?", sagte Emily fragend.

„Na klar", antwortete der Mann. „Weil ihr das richtige Codewort hattet. Er ging voran ins Innere – ohne weitere Erklärungen und auch ohne sie aufzufordern, ihm zu folgen. Bei jedem seiner Schritte bewegte sich sein Pferdeschwanz wie bei einem Jogger auf dem Laufband. Es roch ein wenig nach Zimt.

Emily sagte: „Ich vermute, das Codewort lautet Geld."

Weiter geht's mit „Endlich drinnen" auf der nächsten Seite.

Endlich drinnen

Der Mann, der ihnen die Tür geöffnet hatte, dachte wohl, damit sei die Sache für ihn erledigt. Ohne ein weiteres Wort war er zurück zu seinem Tisch gegangen und hatte angefangen, weiter auf seiner Tastatur zu tippen. Emily sah Ethan an und zuckte mit den Achseln. Dann gingen sie dem Mann nach weiter in das Café hinein.

Die Deckenlichter waren ausgeschaltet. Aber mit den großen Fenstern in Richtung Straße schien die Sonne herein und es war drinnen überall hell. Sechs oder sieben Leute saßen über den Raum verteilt, alle den Blick fest auf ihre Computerbildschirme gerichtet. In der Mitte war ein offener Bereich mit einem Tisch und ein paar Laptops darauf. Die Laptops waren geschlossen und die Stühle waren frei. Auf dem Tisch standen mehrere Wasserflaschen und Emily fragte sich sofort, ob diese für den Verzehr zur Verfügung stünden. Sie war ziemlich durstig. Und sie bekam auch schon wieder Hunger. Ethan ging etwas umher und schaute den Leuten vor ihren Computerbildschirmen etwas über die Schultern. Keiner von ihnen blickte zu ihm auf oder schien auch nur irgendwie Notiz von ihm zu nehmen.

Emily ging hinüber zu dem Mann, der ihnen Tür geöffnet hatte. „Mein Name ist Emily", sagte sie.

„Du kannst mich Pietro nennen", erwiderte er.

Er hatte blasse Haut und blonde Haare, in denen Staub und Schmutz zu erkennen war. Damit wirkte er so gar nicht wie ein Allqukillan oder wie ein Italiener, worauf der Name Pietro hindeutete.

„Ich habe *dir* meinen richtigen Namen gesagt", sagte Emily.

Der Mann schaute sie kurz an und wandte sein Gesicht dann erneut dem Bildschirm zu. „Das war nicht sehr schlau", meinte er. „Was nutzt es mir, deinen richtigen Namen zu kennen?" „Ich bin einfach nur höflich", sagte Emily. Der Mann nickte, sagte aber nichts. „Wir müssen unsere Eltern kontaktieren", sagte Emily. Ihr war klar geworden, dass der Mann an keinerlei Smalltalk oder ähnlichem interessiert war. „Da seid ihr hier richtig", sagte Pietro. „Aber das kostet etwas." „Damit haben wir schon gerechnet", sagte Emily. „Wir haben Geld." Der Mann zog eine Augenbraue hoch und schüttelte dann lächelnd den Kopf, so als ob er ihr nicht wirklich glaubte. „Ihr glaubt, dass ihr Geld habt, das ist mir schon klar", sagte er. „Die Frage ist aber, ob das stimmt?"

Ethan war zu Emily gekommen. Jetzt griff er in seine Hüfttasche und holte einen Hundert-Dollar-Schein heraus. „Das hier ist es, worüber meine Schwester spricht", sagte Ethan. Der Mann schaute kurz hoch, wirkte aber nicht sonderlich beeindruckt. Er konzentrierte sich gleich wieder auf seinen Computer. „Das überzeugt mich nicht", sagte er dann. „Und wie heißt *du* überhaupt?"

„Ich bin Reginald", sagte Ethan.

Der Mann schnaubte etwas und dann drehte er sich dieses Mal in seinem Stuhl, um Ethan direkt ins Gesicht zu schauen. „Ihr lernt schnell. Das ist gut. Das Geld ist ja ganz nett", sagte er und zeigte auf den Hundert-Dollar-Schein. „Aber ich brauche etwas Handfesteres." Ethan hielt ihm den Schein direkt vor sein Gesicht und blickte Pietro fest an. „Dieser Schein ist echt", sagte er. „Mit Falschgeld haben wir nichts zu tun." Pietro lachte. „Das habe ich auch nicht gemeint", sagte er. „Im Übrigen würde ich eine Fälschung schon erkennen, selbst wenn es eine sehr gute ist. Aber im Vergleich zu echtem Geld ist sämtliches Papiergeld sowieso eine Fälschung." „Wie meinst du das?", fragte Emily. „Das verstehe ich nicht." „Wir können es gut verstehen, wenn jemand vielleicht nicht so sehr an *Saladeras* interessiert ist", sagte Ethan. „Diese verlieren ja jeden Tag mehr an Wert."

„Nein", sagte Pietro. „Sie werden von *Stunde zu Stunde* wertloser." Dabei war in seiner Stimme eine Mischung aus Ärger und Mitleid zu hören. „Als vor ein paar Jahren eine neue Regierung gewählt wurde, haben sie gemerkt, dass es sehr, sehr schwierig wird, all die Auslandsschulden zurückzuzahlen. Als erste Maßnahme haben sie die Druckmaschinen angeworfen und immer mehr *Saladeras* gedruckt.

Jetzt nach dem Erdbeben haben die Leute alle ihre *Saladeras* von ihren Bankkonten abgehoben, so dass schon bald die Straßen damit überflutet sein werden. Und dann wird die Situation langsam schwirig werden. Aber das ist nicht das, was ich meinte", sagte er.

„Selbst das hier …", sagte er und griff nach dem Hundert-Dollar-Schein, aber Ethan nahm ihn schnell weg.

„Keine Sorgen, ich wollte ihn nicht *behalten*", sagte Pietro. „Aber jetzt hast du ihn ja eh vor mir in Sicherheit gebracht. Auch *das*", sagte er und nun zeigte nur auf den Schein. „Es mag echt und wertvoll scheinen, aber es ist kein echtes Geld. Wisst ihr, was Geld ist?"

„Natürlich wissen wir, was Geld ist", sagte Ethan. „Es ist das Zeug, mit dem du Dinge kaufen kannst." „So denken die meisten Leute", sagte Pietro mit dem leicht selbstzufriedenen Nicken eines Lehrers. „Und ja, für die meisten Menschen geht es beim Geld darum, Dinge zu kaufen. Oder zumindest denken sie, dass es so ist. Aber Geld ist tatsächlich deutlich mehr und deutlich wertvoller als nur ein Zahlungsmittel. Es ist auch viel zerbrechlicher als dieses Stück Papier. Es ist überhaupt nicht das, was die Leute denken."

„Das kann doch nicht sein", sagte Emily. „Alle Leute benutzen ständig Geld. Und du willst uns sagen, dass die alle nicht wissen, was es ist?"

„Ja, genau das will ich euch sagen", sagte er. Dann griff Pietro in die Hosentasche seiner verwaschenen Jeans und holte eine Münze heraus. Die war gelblich glänzend und leuchtete im Sonnenlicht, das durch die Fenster hereinschien. „Seht ihr das?", fragte er. „Das ist Gold. Und selbstverständlich ist Gold Geld, oder?"

„So, wie du fragst, vermute ich, dass die Antwort nein ist", sagte Ethan. „Aber ich hätte wohl ja gesagt, wenn du anders gefragt hättest."

„Klar, das hättest du", sagte Pietro. Er bewegte die Münze auf seiner Handfläche und ließ sie dann wie ein Zauberer von einem Finger zum anderen gleiten. Ethan dachte schon, dass er die Münze als nächstes bei jemandem aus dem Ohr holen würde. „Aber ich gebe euch trotzdem die volle Punktzahl. Ihr habt diesen kleinen Test bestanden. Die Wahrheit ist, obwohl seit Generationen bekannt ist, dass Gold Geld ist, ist es gleichzeitig auch kein Geld. Oder anders gesagt: es gilt nicht unbedingt die ganze Zeit als Geld. So ist es besser formuliert."

Emily stierte auf das Wasser auf dem Tisch und leckte ihre Lippen. Pietro sagte: „Hast du Durst, Emily? Dein Name war doch Emily, richtig?"

„Ja. Zweimal ja", sagte Emily.

„Also, wenn ich dir diese Goldmünze anbieten und dich fragen würde, was du lieber hättest, die Münze oder eine dieser Wasserflaschen, was würdest du antworten?"

Emily blickte auf die Münze und streckte ihre Hand aus. Pietro legte die Münze hinein. Sie war relativ schwer, natürlich nicht ein ganzes Kilo, aber es war schon mehr als nur ein paar Gramm. „Vielen Dank für die Münze", sagte Emily.

Pietro lächelte und streckte nun seinerseits seine Hand nach der Münze aus. Emily gab sie ihm zurück, wenn auch ein wenig widerwillig. „Ich dachte mir, dass du dich so entscheiden würdest", sagte er. „Weil du noch nicht sehr durstig bist." Er schob seinen Stuhl ein wenig zurück und widmete ihnen nun seine ganze Aufmerksamkeit. Sie waren schmutzig und rochen wahrscheinlich ziemlich übel, aber sie waren doch ganz Amerikaner. Ethan fragte sich, was Pietros blassblaue Augen sonst noch wahrnehmen würden.

„Wie seid ihr zur Botschaft gekommen? Ich vermute doch, dass ihr von der Wellblechbaracke oben auf dem Hügel gekommen seid, die sie dort als Botschaft nutzen. Oder?"

Die Zwillinge schauten sich an. „Ja, genau", sagte Ethan. „Das war schon ein ziemliches Abenteuer, bis wir dort angekommen waren. Wusstest du, dass sie ein Lager für Tausende von Flüchtlingen in einem Fußballstadion eingerichtet haben?"

„Das Alberto Garcia-Stadion. Ich habe etwas darüber in den Nachrichten gesehen. Das Erdbeben ist nun schon mehr als einen Tag her. Wie viele der Leute im Stadion würden jetzt lieber einen Schluck Wasser nehmen als die Goldmünze?"

„Sicher einige", gab Ethan zu. „Die Lage dort ist ziemlich übel."

„Und was ist mit all den Leuten, die nicht das Glück hatten, ins Stadion zu kommen?", fragte Pietro. „Was ist mit diesen Menschen? Würden sie lieber einen Schluck Wasser trinken, als eine Goldmünze zu bekommen? Diese Münze ist etwa 4.000 US-Dollar wert. Aber wenn es in der Stadt ein paar Tage lang kein Wasser und keinen Strom gibt, wird diese Münze fast nichts mehr wert sein. Denn dann ist eine Flasche Wasser für die Menschen viel, viel wertvoller." Pietro steckte die Münze zurück in seine Hosentasche. „Der Wert, den die Menschen dem Geld beimessen, verändert sich von Zeit zu Zeit. Alles Geld ist auch ein Wertaufbewahrungsmittel. Manchmal kann man Wert in Dingen speichern, die keinen Wert an sich haben, wie diese Münze. Oder wie dein Hundert-Dollar-Schein. Aber manchmal verlieren diese Dinge ihren ursprünglichen Wert. Manchmal verlieren sie ihren Wert sogar auch ohne Naturkatastrophen, wobei der Wertverlust dadurch keinesfalls weniger schlimm ist."

„So war es mit der *Saladera*", warf Ethan ein. „Sie begann, ihren Wert zu verlieren, weil die Regierung mehr gedruckt hat."

„Stimmt", sagte Pietro. „Deshalb würde ich im Moment einfach gar nichts für S*aladeras* verkaufen. Und ich nehme auch keine Dollars mehr an. Wenn ihr also von hier aus eure Eltern anrufen wollt, muss ich euch etwas über eine andere Art von Geld beibringen."

Pietro drehte sich auf seinem Stuhl zurück und seine Finger rasten wieder über die Tastatur. Dann erschien auf dem Bildschirm eine Website, die wie die Seite von einer Bank aussah. Aber wenn es eine Bank war, dann war es eine, von der Ethan noch nie gehört hatte. Pietro tippte weiter, und dann gab er blitzschnell eine lange Reihe von Ziffern und Buchstaben ein. Es war anscheinend ein Passwort. Auf der Website blinkte es ein paar Mal, bevor er hereingelassen wurde.

„Habt ihr schon mal von Kryptowährung gehört?", fragte Pietro.

Ethan sah Emily an. Sie zwinkerte. Ethan sagte zu seiner Schwester: „Darum ging es doch auch, als wir damals über das Ungeheuer von Jekyll Island gesprochen haben."

„Das hört sich schon ganz gut an", sagte Pietro. „Bitcoin ist beispielsweise eine Kryptowährung. Es ist nur eine von Dutzenden verschiedener Arten von Kryptowährungen. Diese sind alle genauso Geld wie jede andere Art von Geld, die ihr kennt. Der einzige Unterschied ist, dass die Kurse der Kryptowährungen nicht von Regierungen manipuliert werden können."

„Meinst du damit, dass es bei den Kryptos keine Inflation gibt?", fragte Ethan.

„Oh, doch. Natürlich gibt es Inflation", sagte Pietro. „Aber das liegt bei den Kryptos nicht an der Geldmenge. Die Kryptos werden immer mehr, um die große Nachfrage zu befriedigen. Aber das bedeutet nicht unbedingt Inflation. Vor allem kann keine Regierung zusätzliche Bitcoins drucken, nur um sich damit von ihren Schulden zu befreien. Das macht es viel schwieriger, Kryptos für politische Zwecke zu manipulieren."

„Also kann kein Präsident eine Menge davon drucken lassen, damit er zum Beispiel die Auslandsschulden seines Landes damit bezahlen kann", rekapitulierte Emily. Sie leckte wieder ihre Lippen. Es war ein gutes Gespräch mit interessanten Theorien. Aber sie hatte immer noch kein Wasser.

„Richtig. Niemand kann direkt beeinflussen, ob der Wert steigt oder fällt. Das regelt allein der Markt."

Ethan mischte sich auch wieder ein. „Aber ich habe irgendwo gelesen, dass der Wert von Bitcoins sehr stark schwankt, ähnlich wie bei Aktien."

„Ja, der Kurs schwankt an den internationalen Börsen", sagte Pietro. „Der Wert der jeweiligen Kryptowährungen gegenüber anderen

Währungen steigt und fällt je nach Angebot und Nachfrage. Das ist genau wie bei jeder anderen, ‚normalen' Währung. Aber der Unterschied ist, dass die Kryptos nicht von selbst inflationieren, weil sich ihre Menge nicht so stark ausweiten lässt. Der Wert ist daher nicht abhängig von dem Vertrauen der Menschen in eine bestimmte Regierung oder von der Fähigkeit einer Regierung, ihre Versprechen einzuhalten."

„Wie die Regierung von Allqukilla", sagte Ethan. „Sie hat viele Versprechungen gemacht, hat dann einen Berg von Schulden aufgenommen, so dass das Land jetzt ernste finanziellen Schwierigkeiten hat."

Wie auf dieses Stichwort war draußen ein Wagen mit Martinshorn zu hören.

„Allmählich fangt ihr an, zu verstehen", sagte Pietro. „Die einzige Währung, die ich noch akzeptiere, ist eine, die nicht von einer Regierung oder einer anderen kleinen Gruppe von Menschen kontrolliert werden kann. Das bedeutet also Kryptowährung."

„Aber wir haben keine Bitcoins", sagte Ethan. „Kann ich nicht meine Dollars in Bitcoins umtauschen?"

Pietro antwortete: „Natürlich kannst du das. Und zu eurem großen Glück bin ich zufällig jemand, der euch das ermöglichen kann." Er tippte wieder etwas auf der Tastatur und eine neue Seite erschien auf dem Bildschirm. „Du musst hier deine Daten eingeben und ein Konto eröffnen", sagte er, aber dann hielt er inne und schaute Ethan prüfend an. „Aber du bist noch unter achtzehn, richtig? Dann wird es vermutlich nicht funktionieren."

Ethan zeigte ihm noch einmal seinen Hundert-Dollar-Schein. „Mein Vater ist weit über achtzehn. Wenn du mich mit ihm telefonieren lässt, kann er ein solches Konto bei sich einrichten und er kann dann für uns mit Bitcoins bezahlen. Ich würde dir so lange diese hundert Dollar als Pfand geben. Wäre das in Ordnung?"

Pietro strahlte über das ganze Gesicht und stand von seinem Stuhl auf. „Kommt mal mit", sagte er. „Das Telefon ist im Nebenraum."

Weiter geht's mit „Ein Telefon!" auf der nächsten Seite.

Ein Telefon!

Pietro bahnte sich einen Weg zwischen Stühlen und Computertischen hin zu einer Metalltür direkt an der Rückseite des Hauptbereichs. Er schaute sich um und zwinkerte ihnen zu, als er sah, dass sie ihm folgten. Dann klopfte er dreimal an der Tür, dann zwei Mal, dann wieder dreimal. Eine Klappe in der Tür öffnete sich. Heraus blickte ein Mädchen mit einem rosafarbenen Gesicht.

„Du und deine geheimen Klopfzeichen", sagte sie.

„Hey", sagte Pietro und zuckte mit den Achseln. „Wir haben alle unsere kleinen Macken." Das Mädchen seufzte lang und tief. Nun war das Klacken eines Schlosses zu hören, dann ein dumpfes Summen, das durch die Dielen zu kommen schien, und schließlich sprang die Tür ein paar Zentimeter auf.

„Habt ihr an allen Türen elektromagnetische Schlösser?", fragte Ethan.

„Ja", antwortete Pietro. „Und ein paar andere kleine Überraschungen. Aber die sind nur für Insider, nicht für euch." Er zog die Tür auf und machte eine leichte Verbeugung. Dann streckte er seine Hand nach vorne, um anzuzeigen, dass die Zwillinge vorausgehen sollten. Der Raum war hell, durch Dachfenster schien die Sonne herein.

„Das ist meine Tochter", sagte Pietro und deutete auf das Mädchen. Sie war etwa einen Meter fünfzig groß und hatte wilde blonde Haare, die an den Spitzen blau waren, so als ob sie in Heidelbeersaft getaucht worden wären. „Ihr könnt sie Pandora nennen", sagte Pietro.

„Was nicht ihr richtiger Name ist, oder?", kommentierte Emily.

Pietro machte ein Gesicht, als ob er sagen wollte: „Was denkst du denn?" Vom Boden bis unter die Decke war der Raum völlig vollgestellt mit allen möglichen elektronischen Geräten. Der typische Geruch von heißen Computerchips und kaltem Schweiß lag in der Luft. An einer Wand gab es ein ganzes Regal voller Süßigkeiten. Es war ein ganz anderes Sortiment als am Flughafen von Takewawa, nämlich eine Auswahl guter traditioneller amerikanischer Snacks: Donuts, Twinkies und jede Menge Energy Drinks.

„Damit seid ihr ja auf jegliche Art von Katastrophe gut vorbereitet", meinte Ethan.

Pandora antwortete mit einem Lächeln. Sie schaute Emily und Ethan prüfend an und sagte dann: „Ich vermute mal, dass ihr gerne unser Satellitentelefon benutzen möchtet. Hat er euch schon gesagt, was es kostet?"

Pietro, der hinter einem Stapel von Computerausrüstung verschwunden war, meldete sich zu Wort: „Wir haben uns noch nicht auf einen Preis geeinigt."

Pandora nieste und wischte ihre Nase mit dem Ärmel ihres Pullovers. Sie schien etwa zwölf, vielleicht dreizehn Jahre alt zu sein, und Englisch war wohl ihre Muttersprache. Für Ethan klang es, als wenn sie zuhause ihre Nachbarin sein könnte. „Das sagt er immer. Habt ihr ihm schon einen Vorschlag gemacht?"

„Na klar", sagte Emily und starrte dabei auf den Bildschirm, auf dem sich ein langer Code in rasender Geschwindigkeit bewegte. „Aber 100 Dollar sind anscheinend nicht genug."

Pandora nieste wieder. „Sorry", sagte sie, „hier ist es so staubig."

Ethan schaute nach oben: „Wenn ihr eines der Oberlichter öffnen würdet, würde das sicher helfen, denke ich."

„Das Fenster ist wieder mal nicht offen", sagte Pietro. „Das war ja klar. Fast jeden Tag muss ich selbst hinaufgehen und es öffnen."

Ethan schaute wieder nach oben. Er konnte überhaupt kein Fenster sehen, aber wenn Pietro es gesagt hatte, dann musste dort auch eines sein. Emily fuhr mit ihrer Hand die vielen Computerbauteile in dem Regal entlang und berührte jedes leicht mit dem Finger. Dabei fiel ihr eine Lücke auf zwischen einem Regalboden und einem Gerät, das wohl ein Server sein musste. Über ein Eisenband an der Rückseite war der Server an dem Regalträger befestigt. Alle Regalböden waren aus dickem Holz, mindestens anderthalb Zentimeter dick. Sie waren an einem Metallrahmen verschraubt, der vom Boden bis zur Decke reichte und in den Dachsparren verschwand, als ob er dort angeschweißt wäre. Wahrscheinlich war es auch genauso.

Sichtlich beeindruckt sagte sie: „Das ist wohl der Grund, warum in diesem Haus immer noch alles funktioniert, während in der ganzen Nachbarschaft alles zerstört ist."

„Ja", sagte eine Stimme direkt in ihr Ohr. Sie sprang zur Seite. Pandora stand direkt hinter ihr. „Und deshalb ist das Gebäude auch nicht eingestürzt. Wir haben es extra so gebaut, als wir vor ein paar Jahren hierher kamen."

Pietro rief von der anderen Seite: „Genauso ist es. Es hat mich ein Vermögen gekostet – fast alles, was ich hatte. Aber es hat sich gelohnt. Vor allem in Zeiten wie diesen wird klar, dass es sich wirklich gelohnt hat."

Er hatte eine Kiste geholt und stellte sie auf einem Tisch bei der Tür ab. Er nahm eine schwarze Box heraus, legte sie auf den Tisch und öffnete die Schlösser. Er klappte sie auf und nahm einen großen schwarzen Kasten und ein paar Kabel heraus. Schließich holte er aus diesem Kasten ein schlankes schwarzes Telefon hervor. Er verband das eine Ende des Kabels mit dem Telefon und das andere mit dem schwarzen Kasten. Dann schaltete er einen Schalter an der Seite des Telefons ein und eine orangefarbene Kontrolllampe leuchtete auf. Pietro blickte zufrieden lächelnd das Telefon an, fast so, wie eine Mutter ihr neugeborenes Baby anlächelt. „Jetzt können wir fast alles tun, was wir wollen", sagte er leise. Er wandte sich an Ethan und sagte: „Hiermit kannst du jeden Anschluss auf der ganzen Welt anrufen. Mit wem möchtet ihr sprechen?"

Emily antwortete: „Ich möchte gerne meine Eltern sprechen."

„Ich kann das für euch einrichten", sagte Pietro. „Aber wenn ich das mache, welche Garantie habe ich dann, dass ich dafür bezahlt werde?"

„Du kannst meinen Hundert-Dollar-Schein so lange haben", sagte Ethan.

„Mmmmmm", brummte Pietro und rieb sich das Kinn. „Ich weiß nicht. Ein angemessenes Pfandstück ist es nicht wirklich. Ich habe schließlich keine Ahnung, ob dieses Geld noch irgendetwas wert sein wird, wenn ich es verwenden möchte."

„Du nicht", meinte Ethan. „Aber ich schon. Deshalb werde ich auch nicht ohne diesen Schein hier weggehen. Also kannst du mich als Pfand ansehen. Ich werde hierbleiben, bis ich das getan habe, was du von mir als Bezahlung brauchst."

„Wie Rumpelstilzchen", sagte Emily.

„Es ist die Königin, die die ganze Arbeit macht", sagte Pandora.

„Das stimmt nicht", sagte Pietro. „*Rumpelstilzchen* macht die meiste Arbeit. Es ist eigentlich die einzige sympathische Figur in der ganzen Geschichte. Aber die Zeit ist im Moment nicht danach, in Märchen zu schwelgen. Ich nehme mal an, dass ihr eure Telefonnummer kennt?" Ethan nickte. „Dann gib mir den 100-Dollar-Schein und ich akzeptiere ihn als Sicherheit. Obwohl mir dein Pass viel lieber wäre."

„Nein, den gebe ich aber nicht her", sagte Ethan. „Wir haben nämlich nur noch diesen einen."

Pietro schaute zu Emily hinüber, die mit den Achseln zuckte. „Schlechtes Timing", sagte sie.

„Schon gut", sagte Pietro. „Folgt mir aufs Dach und ich werde euch dank dieser geradezu magischen hoch modernen Technologie mit den Menschen verbinden, die euch am meisten lieben." Er begann zu wählen, stoppte dann und schaute zu Ethan hinüber. „Es sind doch *die* Menschen, die euch von allen Menschen auf der ganzen Welt am meisten lieben, oder?"

Emily starrte Pietro an. „Na klar", sagte sie. „Sie sind die Menschen, die uns am meisten lieben."

„Ich wollte nur sichergehen", sagte Pietro.

Er nahm das Telefon und ging zu einer Tür in der Rückwand. Dahinter gab es eine Treppe nach oben. Zwei Stockwerke höher kamen sie auf eine breite, flache Terrasse auf dem Dach des Hauses. Hier waren neben der Tür die drei Dachfenster in einer Reihe zu sehen. Nachdem er die Nummer gewählt hatte, schaute Pietro nach oben, so, als ob er dort den Satelliten sehen könnte.

„Hat das Gerät einen Lautsprecher?", fragte Ethan. Pietro tippte auf einen Knopf. Es gab einige Klicks im Telefon und dann war das typische Klingelgeräusch zu hören. Das zweite Klingeln war noch nicht ganz beendet, da gab es einen weiteren, lauten Klick und es meldete sich etwas hektisch eine Stimme. „Hallo? Hallo?"

„Hi Mom", sagte Emily. „Oh, Mama." Tränen liefen über ihr Gesicht, von denen sie gar nicht gewusst hatte, dass sie sie die ganze Zeit zurückgehalten hatte. Sie hatte nicht vor diesen fremden Leuten weinen wollen, aber es war für sie doch eine so große Erleichterung, die Stimme ihrer Mutter zu hören.

Dann sprach Ethan. „Mom, hier ist Ethan. Emily ist hier bei mir, und bevor du fragst: es geht uns gut. Uns geht es wirklich gut. Vom Erdbeben haben wir gar nichts abbekommen."

„Wir sind jetzt bloß ziemlich hungrig und durstig", sagte Emily. „Aber das bekommen wir schon hin", meinte sie und dabei dachte sie an die Snacks in dem Zimmer im Erdgeschoss. „Wir haben hier Leute mit einem Satellitentelefon gefunden, von dem aus wir telefonieren können. Das kostet natürlich etwas. Aber mit dem Geld, das wir haben, sind sie nicht einverstanden." Pietro wedelte mit den Händen, als ob er „nein, nein, einfach weiterreden" sagen wollte.

„Danke", sagte Ethan.

„Bleib dran", sagte Mom. „Dad will euch auch noch sprechen. Ich schalte auf Lautsprecher." So berichteten Ethan und Emily ihren Eltern in den nächsten zehn Minuten alles, was ihnen in den letzten drei Tagen passiert war.

Hier und da kommentierten ihre Eltern die Dinge mit „wie schrecklich". Mom stöhnte mehrfach laut, als sie von dem Erdbeben und den schrecklichen Dingen erzählten, die seitdem geschehen waren. Es wirkte etwas surreal, dass sie diese Ereignisse von einem ruhigen und sicheren Platz aus und mittels modernster Technologie berichten konnten, scheinbar weit weg von dem Chaos und der Verzweiflung in der Umgebung.

Dad knurrte ein wenig, als Emily erzählte, dass sie ihren Pass nicht mehr hätte. Aber ansonsten gab es von ihren Eltern keinen Kommentar.

„Wie geht es nun weiter bei euch?", fragte Dad, nachdem sie mit ihrem Bericht fertig waren.

„Heimwärts", sagte Emily ohne zu zögern. „Wir wollen nach Hause kommen."

„Allerdings ist das etwas schwierig", sagte Ethan. „Denn der Flughafen ist komplett zerstört." Dabei schaute er zu Pietro. Dieser nickte.

Jetzt schaltete sich Pietro zum ersten Mal in das Gespräch ein. „Soweit mir meine Freunde berichtet haben, ist es so, dass der Damm, der die Hauptstadt mit Strom versorgt, gebrochen ist. Damit ist die Stromversorgung zusammengebrochen und dann tat das Wasser den Rest. Der Flughafen wird wahrscheinlich noch für eine ganze Weile nicht benutzt werden können. Und soweit mir bekannt ist, gibt es keinen anderen Flughafen – zumindest keinen, der für euch funktionieren würde. Ich denke, die einzige Möglichkeit ist es, über die Grenze nach Ecuador zu gelangen und dann von Quito aus zu fliegen."

„Habt ihr dafür noch genug Geld?", fragte Dad.

„Ich glaube nicht", antwortete Ethan. Dabei zuckte er mit den Schultern, auch wenn seine Eltern das natürlich nicht sehen konnten. „Also ziemlich sicher nicht." Dabei tippte Ethan auf seine Hüfttasche. „Wir waren bei der Botschaft. Aber wir sind uns nicht sicher, ob sie uns aus dem Land herausbringen können, beziehungsweise, wie lange das dauern würde."

„Was haben die Leute von der Botschaft denn gesagt?", wollte Mom wissen und die Zwillinge erzählten es.

„Sie können halt auch keine Flugzeuge herbeizaubern und auf einem zerstörten Flughafen starten und landen lassen", sagte Ethan. „Sie müssten uns also auch nach Quito bringen."

Pietro meldete sich noch einmal zu Wort. „Ich schätze, dass wahrscheinlich zehntausend Flüchtlinge sich auf den Weg in Richtung Norden machen, um nach Ecuador zu kommen oder zumindest in eine Gegend, in der es nicht so viel Zerstörung gegeben hat. Es gibt nur relativ wenig Rettungspersonal hier. Und wenn ich das so sagen darf, sehe ich keine Möglichkeit, dass die Botschaft irgendwie in der Lage sein sollte, Ihren Kindern zu helfen. Jedenfalls für eine ganze Weile lang nicht. Als erstes werden Sie sich um ‚offizielles Personal' kümmern und erst danach um die übrigen Amerikaner, die hier im Land sind. Ich fürchte, dass es noch einen Monat dauern könnte, bis sie geklärt haben, von wo aus die ganzen Touristen nach Hause fliegen können und wie sie diese zu diesem Flugplatz bringen können. Es ist hier Hochsaison für die Touristen. Das macht die Dinge auch nicht unbedingt leichter."

„Was würden Sie empfehlen?" Das war Mom. Wie immer dachte sie rein praktisch.

„Ich hätte so einige Empfehlungen", sagte Pietro. „Aber lassen Sie uns zuerst über die Bezahlung sprechen. Wir haben hier schon eine kurze Diskussion über Geld geführt und ich denke, Ihre Zwillinge verstehen die missliche Lage, in der ich mich befinde. Bei dem Geld hier gibt es eine extreme Inflation. Praktisch niemand in der Stadt akzeptiert mehr die nationale Währung. Das macht die Lage hier natürlich noch schlimmer, aber lassen wir das mal für einen Moment außer Acht. Von Dollars bin ich auch nicht so begeistert. Zum einen ist es für mich schwierig, damit hier zu zahlen. Und dann vertraue ich ihnen auch nicht wirklich, weil es keine unabhängige Kontrolle gibt. Am liebsten möchte ich mit Kryptowährung bezahlt werden. Wenn Sie ein paar Minuten haben, kann ich Ihnen erklären, wie Sie ein Konto einrichten und mir dann Bitcoin schicken können. Dann will ich Ihren Kindern auch gerne mehr helfen, als nur einmal der Telefonist zu sein."

„Ich mag Leute mit genauen Vorstellungen", sagte Dad. „Da weiß man, wo man dran ist. Mein Computer läuft schon. Was soll ich tun?" Es dauerte eine halbe Stunde – und damit verbrauchte das Telefon sicher eine ganze Menge seiner Akkulaufzeit –, in der Pietro ihren Vater durch die Einrichtung eines Kryptowährungskontos führte, ihn Geld auf das Konto einzahlen ließ und davon dann einen Teil auf sein eigenes, zwanzigstelliges Konto übertragen ließ.

„Das reicht für dieses Telefonat und die Verpflegung für den heutigen Tag", sagte Pietro. „Ich könnte auch noch weitere Hilfe anbieten. Ihre Kinder glauben, dass der Weg über die Botschaft der beste ist. Dort wird man ihnen auch bestimmt helfen. Aber ich kann Ihnen eine noch bessere Option anbieten, weil ich gute Kontakte zu Menschen habe, die sie auf andere Weise aus dem Land bringen könnten."

„Das klingt interessant", sagte Mom. „Bitte sagen Sie uns mehr dazu."

„Ich bin selbst quasi als Flüchtling hierhergekommen", erklärte Pietro. „Davor habe ich in den Staaten gelebt. Das hören Sie bestimmt an meinem Akzent. Aber dann dachte ich, dass es woanders besser sein könnte. Aus Zeitgründen will ich Ihnen einen ausführlichen Vortrag über meine Einschätzung der weltweiten Finanzentwicklung ersparen. Aber mir war schon immer klar, dass Vorsorge mehr bedeutete, als nur ein solides Haus und einen großen Vorrat an Süßigkeiten zu haben. Es bedeutet nämlich auch, bei Bedarf fliehen zu können. Für mich ist diese Situation hier in Allqukilla weiter interessant und ich denke, dass sie für einen jungen Unternehmer wie mich gute Chancen bietet."

In dem Moment ließ Pandora ein deutliches Husten vernehmen. Emily war die Betonung des „jungen" auch schon etwas komisch vorgekommen. Pietro warf ihr einen zornigen Blick zu, bevor er weitersprach. „Aber ich habe trotzdem eine Möglichkeit, das Land relativ schnell zu verlassen und ohne große Schwierigkeiten über die Grenze zu kommen. Ich bin bereit, Ihnen diese Möglichkeit für Ihre Zwillinge anzubieten. Allerdings wäre das natürlich nicht billig. Aber es wäre garantiert die bei weitem schnellste Möglichkeit für sie, nach Hause zu kommen."

Mom sagte: „Können Sie garantieren, dass es wirklich funktionieren wird?"

Pietro lachte. „Nein, natürlich kann ich das nicht garantieren. Ich kann *gar nichts* garantieren, nicht einmal, dass hier in meinem Haus die Wasserversorgung weiter funktioniert. Ich kann Ihnen aber versprechen, dass es meiner Ansicht nach der schnellste und auch der sicherste Weg ist. Die Botschaft wird Ihnen auch keinerlei Garantie geben."

„Ethan, bist du da?", fragte Dad.

„Ja, ich bin hier", antwortete Ethan.

Dad fragte: „Was hältst du von dieser Idee?"

Ethan schaute zu Emily, die auch schon darüber nachdachte. Einerseits war es natürlich riskant, sich auf inoffiziellen Wegen, abseits der offiziellen Regelungen zu bewegen. Denn er war ziemlich sicher, dass Pietros Variante genau das bedeuten würde. Andererseits war die Aussicht, innerhalb von drei oder vier Tagen nach Hause zu kommen, anstatt erst in einem oder anderthalb Monaten, schon wirklich sehr verlockend.

„Lasst mich das kurz mit Emily besprechen", sagte Ethan. Dann fragte er Pietro: „Können Emily und ich für einen Moment allein unter vier Augen sprechen, bitte?"

„Klar, kommt mit", schaltete Pandora sich ein.

Sie brachte die Zwillinge zur Treppe und dann zurück in den Hinterraum. Dort gab es eine weitere Tür in der Rückwand. Diese war schwer, aus Holz, und obwohl sie kein Schloss hatte, gab es einen sehr robusten Türgriff aus Messing. Pandora öffnete die Tür. Sie kamen in eine Art Vorratsschrank, gefüllt mit allen möglichen Dingen von Lebensmitteln bis zu Feuerzeugen.

„Hier", sagte sie. „Es ist zwar etwas eng, aber ihr seid ja nur zu zweit." Sie ließ die Zwillinge herein, schaltete noch das Licht an und schloss dann die Tür hinter ihnen. Im Licht einer nackten Glühbirne sahen sie jede Menge Regale, die sicher mindestens vier Meter hoch waren, vollgepackt mit Vorräten jeglicher Art.

Links von Ethan gab es unterschiedliche Varianten von getrocknetem Rindfleisch. Sein Magen fing bei dem Anblick an zu knurren. „Lass uns schnell eine Entscheidung treffen", sagte Ethan,

„damit wir endlich auch etwas essen können und dann sehen, wie genau wir weiterkommen. Die wichtigste Frage ist, ob du diesem Pietro vertraust?"

Emily verkniff die Augen und rieb sich das Kinn. Sie schniefte ein wenig und putzte sich mit einem Taschentuch die Nase. „Ich weiß nicht, ob ich es wirklich Vertrauen nennen kann", sagte sie. „Aber ich glaube schon, dass er sein Wort hält, wenn er sein Geld bekommen hat."

„Ja, im Gegensatz zu einigen anderen Personen, die wir bisher kennengelernt haben. Das ist jedenfalls mein Eindruck", sagte Ethan. „Und das ist ja schon eine Art von Vertrauen, oder?"

Emily sagte: „Onkel Reginald sagt, dass Vertrauen die einzige wirkliche Währung ist. Es hat ähnlich wie Geld einen Wert aus sich selbst heraus."

„Also ist die Frage, ob wir eher der Botschaft oder eher diesem etwas hippie-mäßigen Exil-Amerikaner vertrauen, der hier ein Internetcafé betreibt und sich wie ein libertärer Prepper verhält", meinte Ethan.

„Stimmt. Genau das ist die Frage", sagte Emily und lächelte. „Die Antwort scheint für mich klar."

Du entscheidest, wie es weiter geht.
„Zurück zur Botschaft" auf der nächsten Seite.
Oder „Weiter mit Pietro" auf Seite 239.

Zurück zur Botschaft

„Wir müssen es irgendwie schaffen, nach Hause zu kommen", sagte Emily. „Und zwar mit Hilfe von Menschen, denen wir vertrauen können. Klar ist die Regierung bei weitem nicht der vertrauensvollste Partner. Aber ich bin mir ziemlich sicher, dass sie uns nicht in einer hoffnungslosen Situation in einer hoffnungslosen Stadt, ohne Geld und ohne anderen Ausweg allein lassen würde. Und sie würde uns gewiss auch nicht in die Sklaverei oder so verkaufen. Vielleicht dauert es ein paar Wochen, bis wir aus Takewawa rauskommen. Aber so ist es wohl die beste und sicherste Variante", sagte sie. „Was meinst du?"

Ethan seufzte. „Ich sehne mich so sehr danach, schnell nach Hause zu kommen. Am liebsten wäre ich ja schon morgen Nachmittag dort. Aber trotzdem muss ich dir Recht geben. Wir sollten schon den sicheren Weg nehmen, auch wenn es etwas länger dauert. Wenn wir uns schon vorgestern am Flughafen so entschieden hätten, anstatt auf die schnellere Lösung zu hoffen, dann wären wir jetzt schon längst Zuhause."

„Ja", sagte Emily. „Wenn wir weiter zusammenhalten, werden wir es schon irgendwie nach Hause schaffen."

„In Ordnung", sagte Ethan abschließend und öffnete die Tür.

Auf der anderen Seite der Tür stand Pandora und aß gerade ein Stück getrocknetes Rindfleisch. „Habt ihr euch entschieden?"

„Ja", sagte Ethan. „Wir werden zurück zur Botschaft gehen."

Pandora zuckte mit den Schultern. „Ganz wie ihr meint", sagte sie. „Ich halte das nicht für sonderlich schlau. Aber es ist schließlich eure Entscheidung, nicht meine."

Damit gingen sie zurück zu Pietro, der noch mit Mom und Dad über das Satellitentelefon sprach.

„Sie wollen sich allein auf den Weg zurück in die Staaten machen", sagte Pandora.

„Nichts für ungut", sagte Ethan. „Aber wir glauben, dass der sicherste Weg jetzt die beste Wahl ist."

Pietro lachte. „Okay, Mom und Dad. Für meine Unterstützung bis hierher haben sie den vereinbarten Betrag ja bereits überwiesen. Dafür werde ich Ihre Kinder ordentlich satt machen und sie dann zurück zur Botschaft bringen. Ab da sind sie dann wieder auf sich gestellt."

„Wir melden uns so bald wie möglich wieder", sagte Ethan zu Mom. „Bestimmt gibt es in der Botschaft auch ein Satellitentelefon und vielleicht können wir sie dazu bringen, dass wir es einmal benutzen dürfen." Die Zwillinge klangen etwas wehmütig, als sie sich von ihren Eltern verabschiedeten. Schließlich wussten sie nicht, wann sie wieder mit ihnen sprechen könnten.

Weiter geht's mit „Abschied aus dem Café" auf der nächsten Seite.

Abschied aus dem Café

Die Zwillinge blieben noch für eine Stunde im Internetcafé und wurden dort großzügig verpflegt. Pietro war weiter freundlich, wenn auch inzwischen ein wenig distanziert. Nach einer Weile dachten sie fast schon, sich doch noch anders zu entscheiden. Es könnte ja sein, dass der von der Botschaft angekündigte Transfer zur provisorischen Unterkunft nicht klappt.

Als sie dann die Eingangstür des Cafés öffneten und wieder nach draußen kamen, war die schwüle Luft wie ein Schlag ins Gesicht.

„Ach", meinte Emily. „Das Wetter ist auch nicht besser geworden, während wir drinnen waren." Sie marschierten den Weg zurück zur Botschaft. Als sie dort ankamen, war die Situation quasi unverändert.

Sie fragten den Wachtposten: „Ist der Bus schon angekommen, der uns zu unserem Hotel bringen soll?"

„Es ist kein Hotel", sagte der Soldat. „Sondern eher ... naja, das werdet ihr schon selbst sehen, wenn ihr dort ankommt. Aber nein, der Bus ist noch nicht da und wird auch sicher noch eine Stunde brauchen."

Sie setzten sich vor der Tür auf den Boden und blickten in Richtung Stadt. Immer noch stiegen Rauchschwaden gen Himmel.

Weiter geht's mit „Von der Botschaft aus nach Hause" auf Seite 248.

Weiter mit Pietro

Emily öffnete vorsichtig die Tür, so als ob sie dachte, dass auf der anderen Seite jemand sein Ohr daran gelehnt hätte, um zu lauschen. Pandora war da, aber sie stand ein paar Schritte entfernt, sie hatte ihre Arme vor der Brust verschränkt und man sah ihr an, dass sie ungeduldig war.

„Was würdest du uns raten", fragte Emily. „Können wir uns auf deinen Vater verlassen?"

Sie runzelte ein wenig die Stirn. Dann antwortete sie: „Wenn ihr ihn bezahlt, dann garantiert. Er ist ganz Kaufmann bei allem, was er tut. Er rechnet immer aus, was es ihm bringt und inwieweit eine Aktivität etwas zu seinem Lebensunterhalt beiträgt."

Emily nickte. „Genau das ist unser Eindruck auch."

„Dann lasst uns mit ihm sprechen", sagte Ethan.

Als sie die Tür zur Dachterrasse öffneten, sagte Pietro am Telefon gerade: „Und so bin ich dann hier gelandet. Ich sagte ja, dass es keine große Geschichte ist."

„Es ist genug für mich, um zu wissen, dass unsere Kinder bei Ihnen gut aufgehoben sind", hörten sie Moms Stimme aus dem Telefon.

Und Dad sagte: „Wenn die Kinder wieder da sind, sagen Sie ihnen bitte, dass wir sie unterstützen, so gut wir können, egal wie sie sich entscheiden."

„Das haben Sie ihnen gerade selbst gesagt. Sie sind soeben wieder bei mir", sagte Pietro und schaute dann fragend zu Ethan und Emily. „Nun, was habt ihr beschlossen?"

„Gleich mehreres", sagte Ethan. „Gibt es in diesem Haus ein Bad oder eine Dusche, die wir benutzen können?"

Pandora lachte. Pietro nickte. „Wir haben keine Kosten und Mühen gescheut", sagte er. „Sonst noch Wünsche?"

„Ja", sagte Emily. „Ich hätte gerne etwas von dem getrockneten Rindfleisch, den Kartoffelchips und der Limonade. Eine Dose von den

Erdnüssen wäre auch klasse. Könnten wir bitte auch etwas *Richtiges* zu essen bekommen?", fragte sie. „Damit meine ich etwas mit Fleisch drin, das wärmer ist als Körpertemperatur."

Diesmal lachte Pietro. „Oh, du hast ja eine ganze Menge Wünsche", sagte er.

„Ja, das haben wir in der Tat", antwortete Ethan für seine Schwester. „Aber wir haben verstanden, dass du dein Wort hältst, wenn du bezahlt wirst. Wir sind bereit, zu bezahlen. Und wir möchten die Gelegenheit nutzen, mit Hilfe deiner Kontakte eine hoffentlich bessere Chance für die Ausreise aus dem Land zu haben als auf die Weise, die irgendwelche Beamte sich jetzt kurzfristig ausgedacht haben." Ethan streckte seine Hand aus. Pietro schaute ihm für einen Moment ins Gesicht und schüttelte dann Ethans Hand.

„In Ordnung", sagte er. „Ich werde euch behandeln, als ob ihr meine eigenen Kinder wäret."

Emily sagte: „Wenn es noch etwas besser wäre als das, würde ich mich in dieser besonderen Situation wohler fühlen."

Pandora lachte wieder.

Emily hätte gedacht, dass Pietro sie mit nach ganz unten nehmen würde, bis in den Keller. Aber stattdessen ging er mit ihnen durch eine Tür gegenüber von dem Raum, wo sie ihre kurze Zweierkonferenz abgehalten hatten. Dort ging es über eine Betontreppe hinauf in den zweiten Stock.

Die Tür am Ende der Treppe knarrte. Pietro machte wieder eine schwungvolle Bewegung mit dem Arm, um ihnen anzudeuten, dass sie vorausgehen sollten. Sie betraten einen riesigen Raum, der sich ohne Wände über die gesamte Grundfläche des Gebäudes erstreckte. An allen Wänden gab es breite Fenster, deren Rahmen auf eine lustige Art bunt verziert waren. In der Mitte des Raumes sahen sie ein Fenster auf dem Boden. Das war das Oberlicht vom Raum darunter. Wie ein

Aufzugschacht in der Mitte des Gebäudes sorgte es so für zusätzliche Helligkeit im Erdgeschoss.

Es roch angenehm, als ob erst kürzlich ein Lufterfrischer verwendet worden wäre. An einer der Wände gab es zwei Betten. Als Emily genau hinschaute, konnte sie sehen, dass es doch ein paar Trennwände gab. Denn in einer Ecke befanden sich zwei Türen, die in einen kleinen Raum führten, der in den großen ein paar Meter hereinragte.

Pietro ließ die Tür hinter sich ins Schloss fallen. Er deutete auf die Betten. „Betten", sagte er unnötigerweise. Dann zeigte er auf die hintere Ecke mit den beiden Türen und sagte: „Duschen". „Es tut mir leid, dass das schon alles ist, was ich an Komfort zu bieten habe."

„Das ist okay", sagte Ethan. „Ich bin ja schon heilfroh und dankbar, wenn ich endlich mal wieder geduscht bin. Danach bin ich frisch und kann dann weiter für mich selbst sorgen."

„Das brauchst du gar nicht", sagte Pietro. „Ihr seid jetzt Staatsgäste. Und der Staat bin ich." Dabei fing er laut an zu lachen.

„Das ist doch ein Zitat, oder?", fragte Emily.

„Von Ludwig XIV.", antwortete Pietro.

Die Dusche war spitzenmäßig. Nie hatte warmes Wasser so gutgetan. Eine Dreiviertelstunde später kamen die Zwillinge wieder nach unten und lasen im Internet auf verschiedenen Nachrichtenseiten, um sich zu informieren, was alles auf der Welt vor sich ging. Die Berichte über das Land Allqukilla waren ziemlich düster. Der Damm war in der Tat zerbrochen, die Luftaufnahmen sahen schrecklich aus. Das bedeutete, dass zwei oder drei Millionen Menschen im Land nun ohne Strom waren. Die meisten der Hauptverkehrsadern waren durch Schutt und Geröll blockiert, und es gab Zehntausende Touristen, die im Dorf Ychu oder in anderen Orten von der Umwelt abgeschnitten worden waren.

„Es ist genau das passiert, was wir befürchtet haben", sagte Ethan. „Da haben wir richtig Glück, dass wir jetzt nicht dort eingeschlossen sind."

Einheimische Hilfsdienste hatten Rettungsaktionen durchgeführt, und es gab auch Unterstützung von Rettungsteams aus anderen Ländern, aber es war immer noch ein schreckliches Durcheinander. Schätzungen zufolge wurden etwa 50.000 Menschen bei dem Unglück getötet, aber die Zahl änderte sich anscheinend stündlich. In ein paar Dörfern gab es noch Strom – meist nur deshalb, weil sie ihn vor Ort selbst erzeugten. Am schlimmsten hatte es jedoch die Hauptstadt getroffen.

„Wenn man das sieht, haben wir alles in allem ziemlich viel Glück gehabt", meinte Ethan.

„Ja", antwortete Emily. „Wenn man das so sieht, erscheint der Verlust meiner Kleidung und meines Reisepasses fast schon lächerlich. Und ich habe aus unserem Deal hier mit Pietro sogar einen neuen Rucksack bekommen." Sie hielt ihn hoch. „Das ist wohl der teuerste Rucksack, den ich je besessen habe."

Zum Abendessen gab es die besten Hamburger, die sie jemals in ihrem Leben gegessen hatten. Dabei erklärte Pietro ihnen, was er für die nächsten Tage geplant hatte. „Heute Nacht bleibt ihr hier bei uns", sagte er. „Morgen kommt mein Kumpel Travis. Wir kümmern uns gemeinsam um eine Art Kurierdienst und Nahrungsmitteltransporte zwischen hier und anderen Orten in der Region. Wir haben schon manches zusammen …, ähm, gearbeitet. Und Travis hat die Ausrüstung und weiß, wie man Menschen auch unter schwierigen Umständen aus dem Land bringen kann."

„Die Grenze könnte ein Problem sein", sagte Emily. „Wenn sie merken, dass ich keinen Pass habe."

„Nur, wenn an der Grenze zu Ecuador tatsächlich eure Ausweise kontrolliert werden sollten", entgegnete Pietro. „Viele weitere Menschen werden ebenfalls keine Papiere mehr haben. Und falls das doch ein ernstes Problem werden sollte, gibt es Mittel und Wege an den offiziellen Kanälen vorbei, das zu lösen."

Als er die skeptischen Blicke der Zwillinge sah, sagte er: „Schaut mal, es ist doch so. Ihr seid doch wirklich Amerikaner und ihr wollt nur zurück nach Hause. Warum genau und warum gerade auf diesem Wege, ist letztlich irrelevant. Die Botschaft in Quito wird sich zu gerne um euch kümmern und sie wird froh sein um jeden amerikanischen Touristen, den sie aus diesem Krisengebiet zurück in die Staaten bringen kann. Die einzige Schwierigkeit besteht darin, zur Botschaft zu kommen. Und genau dafür ist Travis da."

Nachdem Emily und Ethan zu Bett gegangen waren, lagen sie beide noch lange wach und starrten an die Decke. Dann fragte Ethan: „Bist du immer noch sicher, dass das eine gute Idee ist?"

Emily antwortete: „Genau das wollte ich dich auch gerade fragen. Ich bin absolut bereit, alles Nötige zu tun, um dorthin zu kommen, wo wir jetzt hinmüssen. Aber ich habe schon meine Zweifel, wenn wir dabei illegale Wege beschreiten müssen."

„Wobei das durchaus nötig werden könnte", meinte Ethan. „Kaum jemand der Leute, die jetzt über die Grenze nach Ecuador strömen, wird einen Pass oder einen anderen Ausweis dabeihaben. Die meisten dieser Papiere liegen wohl hier unter den Trümmern begraben."

„Stimmt", sagte Emily. „Genau wie es mir ja schließlich auch passiert ist."

„Und es ist ja nicht so, als ob wir irgendetwas Kriminelles versuchen würden", sagte Ethan. „Wir wollen ja nur selbst genau das schaffen, was sie sonst sowieso mit uns machen wollen. Nämlich aus dem Land herauskommen und zurück nach Hause. Es scheint schon das Beste zu sein, es auf diesem Weg zu probieren."

Emily fragte: „Aber ist das hier wirklich der beste Weg? Oder sollten wir uns das doch noch einmal überlegen?"

„Stimmt", sagte Ethan. „Dad hat zwar bereits alles für die Hilfe von diesem Typen Travis bezahlt. Aber ich glaube nicht, dass Pietro ihm verraten hat, was das genau bedeutet. Aber jetzt, wo wir es wissen – was sollten wir tun?"

Du entscheidest, wie es weiter geht.
„Zurück zur Botschaft" auf der nächsten Seite.
Oder „Das Abenteuer geht weiter" auf Seite 253.

Zurück zur Botschaft

Als Ethan am nächsten Morgen aufwachte, hatte er ein klares Gefühl dafür, wie es weitergehen sollte. Er stand auf und streckte sich. Die Fußbodenfliesen waren angenehm warm. Emily schlief noch, ihre langen Haare verteilten sich wie üblich quer über das ganze Kopfkissen. Ethan ließ sie schlafen und ging ins Bad. Heute konnte er noch einmal duschen.

Als er zurückkam, frisch und sauber, mit einem Handtuch um die Taille, saß Emily im Bett.

„Ich glaube nicht, dass ich Duschen jemals wieder als selbstverständlich ansehen werde", sagte Ethan.

„Vielleicht sollte ich mal ausprobieren, ob sich dieser Effekt bei mir auch einstellt", entgegnete Emily gähnend und kam langsam aus dem Bett.

„Mach besser nicht zu lange. Ich habe bestimmt schon den größten Teil des Warmwasserspeichers verbraucht, da bin ich mir sicher."

„Quatsch", sagte Emily. „Hier in diesem Haus? Hier gibt es Erdwärme. Da müsste man schon den Kern des Planeten abkühlen, bevor uns hier das heiße Wasser ausgeht."

„Wie kann es sein, dass wir hier sogar fließendes Wasser haben, während bei sämtlichen anderen Häusern in der Umgebung höchstens noch das Erdgeschoss steht?"

„Keine Ahnung", sagte Emily. „Frag mal Pietro danach."

„Also was das Wasser anbelangt …", fing Pietro an zu erklären. „Ich habe mich für dieses Grundstück hier entschieden, nachdem ich mit meiner Wünschelrute festgestellt hatte, dass es hier eine Quelle gibt, die ich anzapfen konnte. Und genau das habe ich dann gemacht. Und nun habe ich Wasser in unbegrenzter Menge."

Ethan suchte das Wort im Internet. „*Wünschelrute?* Meinst du so eine Astgabel?" In seinem Gesicht war seine Skepsis deutlich zu erkennen.

Pietro schien es nicht zu bemerken und aß weiter sein Frühstücksei. „Eigentlich funktioniert es mit einem Kleiderbügel sogar besser. Aber nach dem gleichen Prinzip."

Ethan hatte keine Ahnung, was er darauf entgegnen sollte und sagte: „Wir haben uns entschieden, doch wieder zur Botschaft zurückzugehen." Er war schon allein herunter in die Küche gekommen, während Emily noch unter der Dusche war. Er dachte, dass es auf diese Weise leichter sei.

Pietro nahm einen Bissen von seinem Toast, als hätte er das nicht gehört. „Travis wird in ein paar Minuten hier sein, dann kann's für euch weitergehen."

„Hast du mir nicht zugehört? Wir gehen zurück. Zur Botschaft. Wir werden nicht mit Travis fahren."

„Es gibt einen Deal. Es wurde bereits bezahlt. Wir haben einen Vertrag."

„Nein, haben wir nicht. Es gibt keinen Deal. Wir verlassen gleich dieses Haus, gehen den Berg hinauf, und wir kommen nicht zurück."

„Es ist ein Jammer", sagte Pietro, aber er machte dazu eine Geste, als würde er seine Hände sauber wischen. „Es ist ein Jammer. Niemand hält sich heutzutage noch an Verträge. Du hast gegen einen Vertrag verstoßen. Also hast du keinen Anspruch auf Rückerstattung des Geldes."

Ethan knallte sein Glas mit Orangensaft zurück auf den Tisch. Der Saft war frisch gepresst, genau so, wie er es am liebsten mochte. „Das war keine Bitte. Ich hab' schon geahnt, dass du versuchen würdest, es trotzdem zu behalten."

„Ich bin kein Dieb", sagte Pietro, „sondern nur ein Geschäftsmann. Aber ich bin auch kein Entführer. Ihr macht, was ihr wollt. Ihr könnt auch ein paar Snacks mitnehmen. So etwas werden sie nämlich in der Botschaft garantiert nicht haben." Pietro stand auf, wischte seinen Mund mit einer Serviette ab und legte diese zurück auf seinen Teller. „Aber eines möchte ich euch noch einmal als ernst gemeinten Tipp mit auf den Weg geben. Vergiss nicht, was ich dir über Geld erklärt habe. Da, wo ihr nun hingeht, könnten unterschiedliche Arten von Geld gefragt sein. Wie zum Beispiel diese Tüte Chips dort. Unterschätz nicht, was Leute bereit sein können, für eine salzige Knabberei alles zu tun."

Ethan stand auf. Emily kam mit nassen Haaren herein. „Hast du es ihm schon gesagt?", fragte sie.

Ethan blickte sie an. „Was meinst du?"

„Na, dass wir zurück zur Botschaft gehen."

„Ja, habe ich. Aber … woher wusstest du, dass ich es ihm schon sagen würde?"

„Zwillings-Telepathie", sagte sie und nahm eine Scheibe Brot und ein Messer. „Aber vielleicht hast du auch im Schlaf davon geredet. Welche Version wäre dir angenehmer?"

Weiter geht's mit „Abschied aus dem Café" auf Seite 238.

Von der Botschaft aus nach Hause

Beim Gebäude der vorübergehenden Botschaft gab es keinerlei Ablenkung oder Unterhaltung.

So vertrieben sich die Zwillinge die Zeit mit verschiedenen Ratespielen. Sie rätselten, was ihre Eltern wohl gerade zuhause taten. Sie sprachen darüber, was sie ihren Freunden erzählen würden, wenn sie nach Hause kamen, und was sie in der Schule über diesen Urlaub berichten würden. Und all das war geprägt von der unangenehmen Gewissheit, dass ihr wunderbarer Urlaub bereits zu Ende war, bevor er richtig begonnen hatte und ohne, dass sie viel wirklich „Wunderbares" erlebt hätten. Es war ein wenig wie ein Besuch von Disneyland, wenn alle Fahrgeschäfte geschlossen waren. Und wenn es noch dazu ununterbrochen regnete.

Schließlich, als die Sonne schon fast unterging, kam ein Bus. Es war ein alter Schulbus mit schmutzigen Fenstern und zerschlissenen Sitzen. Er hielt vor der Botschaft, und vierzig oder fünfzig Touristen stiegen ein. Der Bus ächzte unter der Last und fuhr schwankend über die holprigen Straßen. Überall sahen sie die schrecklichen Folgen der Katastrophe. Die Leute, an denen sie vorbeifuhren, betrachteten den Bus mit traurigen Blicken. Einige von ihnen streckten zögerlich ihre Arme aus, weil sie mitfahren wollten. Als ob eine Fahrt zu irgendeinem unbekannten Ort besser wäre, als dort zu bleiben, wo sie waren. An einer Straßenecke fuhren sie an einer Gruppe von Kindern vorbei. Emily warf ihnen ihre Wasserflasche zu. Aber bevor sie sehen konnte, wer sie bekommen hatte, fuhr der Bus an weiteren Trümmern vorbei um die nächste Biegung und sie verlor die Kinder aus dem Blick.

Es war klug von der Wache gewesen, ihnen nichts über die Unterkunft zu verraten, zu der sie gebracht würden. Denn diese stellte sich als alles andere als ein Hotel heraus. Sie stiegen bei einem weiten Feld aus, auf dem eine Reihe von Zelten aufgebaut worden war.

„Das soll wohl ein Scherz sein", sagte Ethan zu Emily.

„Ich glaube nicht, dass im Moment irgendjemand hier Scherze macht", antwortete sie. „Immerhin ist so aber garantiert, dass wir nicht bei einem Nachbeben mitten in der Nacht unter Trümmern lebendig begraben werden."

Nachdem der Bus gehalten hatte, stieg ein dünner und müde aussehender junger Mann zu ihnen ein. Er hatte ein Klemmbrett dabei und blätterte die Zettel durch, während er zu ihnen sprach. „Wenn ihr Name genannt wird, steigen Sie bitte aus. Draußen zeigt man Ihnen dann, wohin Sie gehen sollen", sagte er.

Bei der ersten Gruppe waren die Tuttles noch nicht dabei. Sie gehörten zur zweiten Gruppe, der ein Bereich am nördlichen Rand des Feldes zugeordnet wurde. Ihr Acht-Mann-Zelt mussten sie mit drei anderen Personen teilen.

Emily steckte ihren Kopf hinein. „Wenigstens gibt es zwei getrennte Bereiche", sagte sie. „So gibt es eine separate Umkleide. Also ich meine, wir könnten uns dort umziehen, wenn wir irgendwelche Wechselsachen dabeihätten."

Anfangs roch das Zelt ein wenig muffig, als wenn es für längere Zeit an einem feuchten Ort gelagert worden wäre. Aber nach zwei Tagen verging der muffige Geruch. Es roch dann noch unangenehmer. Nach einer Woche wünschte Emily sich diesen muffigen Geruch wieder zurück. Die Menschen, die mit ihnen in dem Zelt untergebracht waren, waren recht nett. Es war ein Paar aus Florida und eine Frau aus North Carolina mit einem starken Akzent und sehr wenig Verständnis für die südamerikanische Mentalität.

Sie wurden mit Essen versorgt, aber es war schlecht. Meistens gab es Bohnen und Reis, ohne Fleisch oder anderes Gemüse. Angesichts dieser eintönigen und spartanischen Kost fragte Ethan sich, was wohl die anderen Menschen in der Stadt zu essen hatten. Etwa ab dem zehnten Tag gab es dazu noch ein wenig Obst und ein paar Fladenbrote. Das Wasser schmeckte fahl und abgestanden. Außerdem roch es nach Chemikalien. Aber wenigstens verdursteten

sie so nicht. Ab und zu verließen ein paar Leute das Flüchtlingscamp und wurden danach nicht wieder gesehen. Einmal am Tag kam ein Bus, der zwanzig oder dreißig Personen samt ihrem Gepäck nach Ecuador brachte.

Bis zur ecuadorianischen Hauptstadt Quito war es eine sechzehnstündige Fahrt. Zwei Busse pendelten quasi nonstop hin und her, um die Menschen nach und nach dorthin zu bringen. Von Quito wurden sie mit Sondermaschinen nach Dallas in den USA gebracht. Aber bis sie an der Reihe waren, hatte sie nichts zu tun, als schlicht zu warten. Es war wohl die langweiligste Zeit ihres Lebens.

Als sich das Flüchtlingslager schon in eine Geisterstadt verwandelt hatte, wurden von Paul, dem Verantwortlichen für das Lager, endlich ihre Namen für den nächsten Bus nach Ecuador aufgerufen. Ethan packte seine Sachen in seine Tasche. Das dauerte weniger als fünf Minuten.

Emily hätte sich so gerne mal wieder saubere Sachen angezogen und sie wünschte sich einige der Dinge zurück, die nun definitiv für immer verloren waren. Paul nahm sie zur Seite, bevor sie in den Bus stieg, und gab ihr einige Papiere. „Das gilt als vorübergehender Pass", sagte er. „Damit sollten Sie ohne Probleme nach Ecuador einreisen können und von dort weiter in die Staaten. Dort müssen Sie einen neuen Reisepass beantragen. Aber bis dahin sollte es mit diesen Papieren funktionieren."

„Vielen Dank", sagte Emily. „Sie waren uns unter diesen schwierigen Umständen eine große Hilfe."

Paul grinste. „Das sehen nicht viele so", sagte er. „Und ich wünschte, wir hätten noch viel mehr tun können. Aber zumindest sollte es für Sie klappen auf diese Weise."

Die Busfahrt war für die Zwillinge unendlich traurig. Die meisten Menschen im Bus waren sehr dankbar, das Flüchtlingslager verlassen zu können, und die Zwillinge waren es auch. Aber ihnen war klar, dass sie jetzt das Land verließen, das sie schon immer hatten sehen wollen – und das, obwohl sie kaum etwas davon wirklich gesehen hatten. Sie nahmen nur diese wenigen Eindrücke mit nach Hause – und ein paar Kilo weniger Gepäck als bei ihrer Ankunft hier im Land.

Nach ihrer Landung am Flughafen in Quito dauerte es nur ein paar Minuten, bis sie in ein Flugzeug stiegen. Die Maschine war voll besetzt. Die meisten Menschen waren in Ecuador gewesen, aber es gab auch einige, die wie sie selbst aus Allqukilla kamen und wegen des Erdbebens nun diesen Heimweg nehmen mussten. Manche hatten schreckliche Geschichten zu erzählen von tagelangen Wanderungen zu Fuß über die Straße, immer in der heißen Sonne, mit zu wenig Essen und ohne frisches Wasser.

„Das war grauenhaft", sagte einer von ihnen. „Ich hätte nie gedacht, dass ich als Amerikaner mal in einem Flüchtlingslager sein würde." Das Lager war auch für die Zwillinge die eindrücklichste Erfahrung ihrer Reise. Es waren so viele Dinge passiert, mit denen sie niemals gerechnet hätten. Beim nächsten Mal müssten sie viel aufmerksamer sein und sich viel besser auf verschiedene Eventualitäten vorbereiten. Aber jetzt ging es erst einmal zurück nach Hause.

Ihre Eltern warteten bei ihrer Ankunft schon am Flughafen.

ENDE.

Das Abenteuer geht weiter

Travis kam pünktlich kurz vor dem Mittagessen. Also Pietro hatte ihnen zumindest gesagt, dass es Travis sei. Ethan hatte sich unter Travis einen großen Mann vorgestellt, der in der Lage war, der Polizei von Allqukillan auf einer heißen Verfolgungsjagd kreuz und quer durch das Land zu entkommen. Aber die Person, die ihnen dann als Travis vorgestellt wurde, unterschied sich von dieser Vorstellung so stark, wie es nur irgend möglich war.

Pietro ging mit ihnen zum hinteren Bereich des Internet-Cafés. Dort gab es eine Treppe in den Keller. „Das ist eine Tiefgarage", sagte Pietro. „So etwas kann manchmal sehr praktisch sein." Hier hatte Pietro mehrere, sehr verschiedene Fahrzeuge geparkt. Einige davon waren eindeutig für den Betrieb mit alternativen Kraftstoffen geeignet. Ethan schaute sich die Rückseite eines Fahrzeugs genau an und versuchte herauszufinden, welche Art von Nachrüstung hier durchgeführt worden war.

Pietro lächelte – in der Art einer Mutter, wenn jemand ihr neugeborenes Baby bewundert. „Das gefällt dir, was?", fragte er. „Ich finde diese Version auch wirklich gelungen. Ich kann diesem Baby reinen Getreidealkohol einflößen und es fährt sich damit traumhaft gut. Der Verbrauch ist ungefähr vier Liter auf 100 Kilometer."

In der Mitte der Garage zwischen zahlreichen anderen Fahrzeugen stand ein alter, etwas heruntergekommener Nissan Sunny. Der dunkelgraue Wagen war von Rost übersät. An ihm lehnte eine zierliche, schlanke Frau mit dunklen, schulterlangen Haaren. Sie hatte eine so weiße Haut, dass man glauben könnte, dass sie noch niemals draußen in der Sonne gewesen war. Ihre Khaki-Shorts hatte zahlreiche Hosentaschen, einige davon schienen vollgestopft zu sein. Auch ihr Hemd war so ein typisches Safarihemd mit vielen Taschen. Aber es sah sauber und frisch gebügelt wie neu aus. Sie hatte die Arme über der Brust verschränkt und ließ ihren Mund ein winziges Lächeln zeigen, das aber gleich wieder verschwand, als ob es Angst hätte, bemerkt zu werden.

„Das ist Travis", sagte Pietro mit freundlicher Stimme und der Andeutung einer Verbeugung vor der Frau.

Travis nickte Emily zu, die bei deren Vorstellung ein wenig ins Stocken geraten war. „Kein Problem, das kenne ich schon", sagte Travis. „Meine Eltern hatten sich einen Jungen gewünscht und haben mir deshalb wenigstens diesen Jungennamen gegeben, wo ich enttäuschender Weise nun mal ein Mädchen war."

„Travis ist ein bisschen neidisch auf meinen Fuhrpark, vor allem auf den da drüben", sagte Pietro.

Sie schüttelte den Kopf und machte dabei einen gelangweilten Eindruck. „Das sagst du immer wieder", erwiderte sie. „Dabei habe ich noch nie gesehen, ob der Wagen überhaupt noch fährt."

„Das liegt nur daran, dass ich für Ausfahrten mit meinen Freundinnen immer eines der anderen Fahrzeuge nehme", erklärte Pietro.

Travis verdrehte die Augen. Ethan mochte sie.

„Wir haben nicht viel Gepäck", sagte Emily. Sie wirkte dabei fast ein wenig schüchtern, wie Ethan sie gar nicht kannte.

„Das trifft sich gut", meinte Travis. „Denn obwohl mein Auto mit einer Reihe von Extras – mehr übrigens, als man von außen erkennen kann – viel besser ist als das Serienmodell, fehlt ihr doch ein großer Kofferraum."

Pietro erläuterte: „Eigentlich hat der Sunny schon einen recht großen Kofferraum, allerdings sind da jetzt einige andere Dinge untergebracht."

„Das kann ich weder bestätigen noch dementieren", sagte Travis scherzhaft. „Eure Rucksäcke?"

„Ja", antwortete Ethan. „Und das war's dann auch schon. Nur noch dieser Karton mit Proviant, den wir aus der Vorratskammer im Café befreit haben."

Pietro kam einen Schritt nach vorne, hob den Deckel des Kartons etwas an und schaute hinein. „Hm", sagte er. „Da habt ihr euch ja eine schöne Auswahl zusammengestellt. Teils salzig, teils süß und einiges an Getränken. Offensichtlich habt ihr beide Erfahrungen im Zusammenstellen von Notfallausrüstungen."

„Nicht so viel, wie wir sollten", sagte Ethan. „Und bei weitem nicht so viel, wie wir es jetzt gut gebrauchen könnten. Aber bei unserer Vorbereitung gingen wir natürlich davon aus, dass wir in Hotels übernachten würden und auch davon, dass wir immer unser komplettes Gepäck zur Hand haben würden. Diese andere Variante lernen wir jetzt direkt in der Praxis", sagte er zu Travis.

„Direkt in der Praxis zu lernen, das mag ich besonders", kommentierte Travis. „Allerdings kommt das nur dann vor, wenn einer meiner Pläne daneben geht."

„Pläne?", fragte Ethan und gab ihr seinen Rucksack.

„Ja, Pläne, was denkst denn du?", entgegnete Travis. „Ich mache nichts ohne Plan. Planung ist essenziell."

Pietro lachte. „Und trotzdem sind Pläne an sich doch nutzlos."

„Aber das ändert nichts daran, dass ich Recht habe", beharrte Travis. Sie öffnete den Kofferraum des Sunny und legte die Rucksäcke hinein. Es war tatsächlich überraschend wenig Platz dort. „Wir sollten jetzt so schnell wie möglich los", sagte Travis. „Heute sind viele Einsatzfahrzeuge unterwegs. Wenn sie die meisten Menschen versorgt haben, könnten sie auf die Idee kommen, uns zu schikanieren."

„Aber wir tun doch nichts Verbotenes, oder?", fragte Emily.

„Keineswegs", antwortete Pietro.

Emily schaute ihn entsetzt an und wünschte nur, er hätte nichts gesagt. Travis bemerkte es und lächelte verkniffen. „Ich vermute, die beiden möchten genau das von mir hören", meinte Travis. Sie stellte den Karton ab und trat Emily Aug in Aug gegenüber. Sie waren fast gleich groß, aber es war keine Frage, wer von ihnen beiden hier das Sagen hatte.

„Nein", sagte sie zu Emily. „Wir tun nichts Verbotenes. Es gibt lediglich eine ‚freiwillige' Reisebeschränkung. Das bedeutet, dass man selbstverständlich mit seinem eigenen Fahrzeug durch die Stadt fahren kann, solange man die entsprechende Genehmigung der Leute hat, die dein Auto sonst nämlich beschlagnahmen würden."

„Und haben wir eine solche Genehmigung?", fragte Ethan skeptisch. Er konnte sich nicht vorstellen, warum Travis eine solche Genehmigung haben könnte.

„Na klar", sagte Travis mit einem breiten Lachen. „Aber falls es dir in den Sinn kommen sollte, mich danach fragen zu wollen, wie ich zu dieser Genehmigung gekommen bin, fürchte ich, dass ich eine kurzzeitige Taubheit entwickeln könnte."

Sie knallte den Kofferraum zu und ging rüber zur Fahrertür.

„Wie wollt ihr euch setzen?", fragte Travis. „Ethan, kommst du zu mir nach vorne? Oder lieber Emily?"

„Nein", sagte Ethan. „Ich bin der Lotse."

Emily öffnete ihren Mund, als ob sie etwas sagen wollte, aber Ethan gab ihr heimlich einen sanften Tritt gegen ihr Schienbein. „Also ich meine, ich schaue mit auf die Karte. Ich möchte gerne mitverfolgen, wo wir lang fahren."

„Einverstanden", sagte Travis. „Ich mag es auch nicht so sehr, den Chauffeur zu spielen. Im Übrigen wird es genug Möglichkeiten geben, die Plätze zu wechseln, denn es wird in jedem Fall eine sehr lange Fahrt werden."

„Es sieht auf der Karte ganz schön weit aus bis Ecuador", sagte Ethan.

„Ja, genau. Es ist ein langer Weg", sagte Travis. „Und das ist es auch schon, wenn die Straßen frei sind, was sie dieses Mal wohl kaum sein werden."

„Vielen Dank", sagte Travis mit einem strahlenden Lachen zu Pietro. „Ich werde dir berichten, wenn wir am Ziel sind. Aber in den nächsten Tagen brauchst du nicht mit einer Nachricht von mir zu rechnen".

„Alles klar", sagte Pietro. „Ich hatte auch nicht vor, die nächsten Tage ständig mit dem Satellitentelefon auf dem Dach zu sein und auf deinen Anruf zu warten".

„Genau deshalb sind wir nie wirklich zusammengekommen", sagte Travis. „Du kümmerst dich einfach nicht um die kleinen Dinge, die einem Mädchen dieses spezielle Gefühl geben."

Pietro lachte, aber Ethan hatte den Eindruck, dass schon auch ein bisschen Ärger dabei war. Pietro winkte auf seinem Weg zurück durch die Tiefgarage. Dabei machte er unterwegs kurz Halt, um eines der Fahrzeuge sanft zu streicheln. Dann verschwand er ohne einen weiteren Blick zurück durch die Tür zum Internetcafé in sein eigenes kleines Königreich.

„Dann mal einsteigen", sagte Travis. „Wir sollten sehen, dass wir loskommen, auch, um dem Unwetter vorauszubleiben."

Ethan setzte sich auf den Beifahrersitz. Er war erstaunlich bequem. Die Sitze waren aus Leder, etwas breiter als üblich und mit einer extra Polsterung.

Travis sah, wie Ethan sich bewegte, um den Komfort des Sitzes zu testen. „Die sind extra für lange Strecken gemacht", sagte sie. „Ich bin ziemlich oft unterwegs und habe auch häufig andere Fahrgäste mit dabei. Ich finde halt, dass es angenehmer ist, wenn die Leute nicht schon nach einer halben Stunde auf dem Zahnfleisch gehen."

„Die Sitze sollten in allen Autos so bequem sein wie dieser hier", meinte Ethan.

„Kein Auto ist serienmäßig mit *solchen* Sitzen ausgestattet", sagte Travis, drehte den Schlüssel und startete den Motor. Auch der Motor schien alles andere als serienmäßig. Er hatte einen kräftigen Sound und Ethan wurde sofort klar, dass auch unter der Motorhaube einiges an Tuning durchgeführt worden war.

Er blickte anerkennend zu Travis. Sie antwortete mit einem kurzen, aber strahlenden Lächeln und schüttelte dabei leicht ihren Kopf. „Weder Kosten noch Mühen gescheut", sagte sie. „Man weiß nie, ob man nicht irgendwann mal ein paar extra-PS braucht." Dann fuhr das Auto langsam die steile Rampe hinauf und hinter ihnen schloss sich eine dicke Stahltür.

Travis machte beim Fahren zunächst einen souveränen Eindruck, auch wenn man anhand der Karte erkennen konnte, dass sie einen sehr großen Bogen fuhren.

„Wir probieren erstmal die Autobahn", sagte sie. „Auch wenn ich nicht damit rechne, dass das reibungslos laufen wird. Normalerweise werden bei einer solchen Katastrophe die Autobahnen als erste unpassierbar."

Emily lehnte sich nach vorne, mit ihrem Kopf genau zwischen Travis und Ethan. „Meinst du, weil sie schneller beschädigt sind oder weil dann zu viele Fahrzeuge auf der Autobahn unterwegs sind, wenn jeder auf diesem Weg möglichst schnell aus der Stadt kommen möchte?"

„Sowohl als auch", entgegnete Travis. „Auf unserer Strecke gibt es fast keine Autobahnbrücken. Daher rechne ich nicht mit Straßenschäden durch das Erdbeben. Das Problem ist, dass weder Ecuador noch Allqukilla besonders wohlhabende Länder sind. Daher gibt es normalerweise nicht viel Verkehr über die Berge zwischen den beiden Hauptstädten. Das bedeutet, dass die Straße schmal ist. Oft gibt es nur eine Spur in jede Richtung."

Ethan und Emily blickten sich erstaunt an. „Tatsächlich? Bei uns in den Staaten gibt es immer mindestens zwei Fahrspuren auf den Autobahnen, selbst wenn es nur zwischen kleineren Städten ist."

„Wie ihr vielleicht schon bemerkt habt, sind das hier nicht die Staaten", sagte Travis und beschrieb dabei mit ihrem Arm einen großen Bogen über die ganze Landschaft, wo überall Schutt und Geröll zu sehen waren. „Autobahnen sind sehr teuer, mal ganz abgesehen davon, dass sie hier durch sehr steiles und schwieriges Gelände führen. Das erhöht die Kosten nochmal um ein Vielfaches. Die Regierung hat schon mehr als genug Mühe, den Wert der Währung einigermaßen stabil zu halten. Das gelingt ihr auch ziemlich schlecht. Woher sollte sie dann noch das Geld nehmen, um breitere Straßen zu bauen?"

„Wie wäre es denn", meinte Ethan nachdenklich, „wenn sie Teile der Autobahn, vor allem die schwierigeren und teureren Abschnitte, mautpflichtig machen und diese Abschnitte dann von privaten Unternehmen bauen und finanzieren lassen würde? Dann könnten viel mehr Straßen gebaut werden, ohne dass dafür öffentliche Gelder verwendet werden müssten."

Travis wandte ihren Blick für einen Moment von der Straße ab und schaute anerkennend zu ihm rüber. Ethan merkte, dass er ein wenig rot wurde. „Es ist zu schade, dass du ihnen nicht bei der Planung helfen konntest", sagte Travis. „Genau diese Art Gedanken und Ideen hätten sie dort sehr gut gebrauchen können. Aber leider hat niemand hier so gedacht oder, was noch wahrscheinlicher ist, sie dachten, dass es auf eine solche Weise nicht funktionieren würde."

„Wir haben zuhause gesehen, wie es funktioniert", sagte Emily.

„Es kann sowohl gut funktionieren wie auch schlecht. Es kommt ganz drauf an." Dann erzählte sie Travis die Geschichte von der neuen Straße nach Surfdom, wo sie die Folgen staatlicher Planung gesehen hatten. Einige Unternehmen hatten davon enorm profitiert, während andere darunter gelitten hatten.

„Das klingt sehr interessant", sagte Travis. „In ein paar Minuten werden wir wissen, ob die staatlichen Autobahnen das Erdbeben überhaupt überlebt haben."

Wenig später erreichten sie die Autobahnauffahrt. Die Sonne stand hoch am Himmel. Der Qualm in der Luft hatte sich, ein paar Tage nach dem Erdbeben, weitgehend gelegt. Die meisten Feuer waren entweder von selbst ausgebrannt oder sie waren inzwischen gelöscht worden. Auf den Straßen waren sehr viele Menschen zu sehen. Nicht in Autos, sondern zu Fuß. Sie gingen hin und her, räumten den Schutt beiseite, schoben Schubkarren voller Betonbrocken, Reste von Ziegelsteinen und Holz hin und her. An fast jeder Straßenecke gab es Trümmerhaufen.

„Wie werden sie all diesen Abfall wohl loswerden?", fragte Emily.

„Vermutlich weiß das noch niemand", antwortete Travis. „Irgendwann werden sie sich schon darum kümmern müssen. Ich schätze, dass irgendjemand auch eine Art Plan dafür gemacht hat. Aber ich habe ja schon gesagt, wie das hier mit der Planung funktioniert."

Ethan verzog sein Gesicht. Er hasste dieses Zitat, aber er sagte es trotzdem: „Kein Plan überlebt den Kontakt mit dem Feind."

Wieder warf Travis ihm einen anerkennenden Blick zu, und ein freundliches Zwinkern gab es dieses Mal außerdem. „Das sagen vor allem die Leute gerne, die selbst nicht viel planen", meinte sie. Dann zuckte sie mit den Achseln. „Aber da steckt schon eine gehörige

Portion Wahrheit drin. Ihr hattet wahrscheinlich auch einen Plan für diesen Urlaub, oder? Und, seid ihr noch gut im Plan?"

„Beinahe", scherzte Ethan. „Wir hatten das Erdbeben nämlich erst für den vierten Tag geplant, aber abgesehen davon ..."

Travis lachte.

„Nein, ganz offensichtlich liegen wir gar nicht gut im Plan", warf Emily ein und schaute ihren Bruder finster an. „Es war bisher doch durchaus ereignisreicher, als wir es uns gewünscht hätten."

Die Autobahnauffahrt war nicht gesperrt. Travis fuhr etwas langsamer. Aber sobald sie auf der Autobahn waren, wurde das Problem offensichtlich. Es war genauso, wie Travis es befürchtet hatte. Eine einzige Schlange von Autos, soweit das Auge reichte. Einige hatten schon ihre Motoren abgestellt. War das, weil sie kein Benzin mehr hatten? Oder eher, weil auf absehbare Zeit nicht damit zu rechnen war, dass es auch nur einen Zentimeter vorwärts gehen würde?

„Wartet mal einen Moment", sagte Travis. Dann stellte auch sie den Motor ab und öffnete ihre Tür. „Da es gerade sowieso nicht vorwärts geht, schauen wir mal, ob ich vielleicht ein paar Informationen von den Einheimischen hier bekommen kann."

Sie schlug die Tür zu und ging auf der Autobahn zu einem rostigen Pickup-Truck vor ihnen. Sie klopfte an die Seitenscheibe des orangefarbenen Wagens und bedeutete dem Fahrer, sein Fenster zu öffnen. Sie sprachen nur kurz miteinander. Dabei zeigte Travis nach vorne und machte dann eine Bewegung nach rechts. Dann nickte sie und bedankte sich ganz offensichtlich, bevor sie zum Auto zurückkam.

Sie stieg wieder ein, zog die Tür zu und ließ einen bedeutungsvollen Seufzer hören. „Also, folgendes habe ich gerade erfahren", sagte sie. „Unser Freund hier", dabei winkte sie in Richtung des Pickups, „steht hier schon seit etwa einer Stunde und hat sich in der ganzen Zeit nicht einen Meter bewegt. Er weiß auch nicht, warum das so ist – ob die Autobahn irgendwo da vorne beschädigt ist oder ob es sich staut, weil es einfach zu viele Autos sind, die alle in Richtung

Norden nach Ecuador wollen. Wie dem auch sei, ich könnte hier im Leerlauf länger warten als irgendein anderes Fahrzeug. Da bin ich mir sicher. Aber ihr seid die Auftraggeber und so liegt es an euch, zu entscheiden. Sollen wir hier auf der Autobahn bleiben, oder sollen wir es lieber mit einer anderen Strecke probieren?"

Du entscheidest, wie es weiter geht.
„Weiter auf der Autobahn" auf Seite 266.
Oder „Wir versuchen es auf einem anderen Weg" auf der nächsten Seite.

Wir versuchen es auf einem anderen Weg

Ethan rieb sich die Augen, so wie man es manchmal bei Kopfschmerzen macht. „Wir müssen einen anderen Weg finden."

Emily schaute sich nach hinten um. Die Autobahnauffahrt war immer noch quasi leer. „Es gibt immer eine andere Möglichkeit", sagte sie. „Vorausgesetzt, dass dieses Auto auch rückwärtsfahren kann."

Travis drehte sich um und lehnte ihren Arm über den Sitz, damit sie aus dem Rückfenster sehen konnte. „Klar kann sie rückwärtsfahren", sagte Travis. „Das und noch vieles mehr."

Ethan hatte Mühe, beim Kartelesen mitzukommen. Aber Travis machte es ihm auch nicht leicht. Sie fuhr über Nebenstraßen und über schmale, fast unbefestigte Wege. Dazu brauchte sie keine Karte. Sie kannte sich hier offensichtlich gut aus.

Als Ethan dachte, er wüsste, wo sie waren, traute er sich nicht, es zu sagen. Denn er war unsicher, ob er richtig lag, und er wollte nicht den Anschein erwecken, dass er seinen Job als Kartenleser nicht gut machte. Unbedingt wollte er hier auf dem Beifahrersitz neben dieser Frau bleiben.

Einmal fuhr Travis ganz langsam an einem Häuserblock vorbei. Als der Sunny mit der Spitze am letzten Haus vorbei war, lehnte Travis sich ganz nach vorne und streckte ihren Hals, um nach links und rechts zu schauen und zu sehen, ob da jemand war.

Auf der anderen Straßenseite fuhr ein Polizeiauto langsam vorbei. Travis hielt den Atem an, und wie automatisch tat Ethan das auch. Beim Polizeiwagen leuchteten die Bremslichter. Vermutlich hatte der Polizist erkannt, wer und was sie waren - Zivilisten ganz offensichtlich. Das Blaulicht leuchtete auf, der Polizist hielt an und stieg aus dem Fahrzeug.

Travis stöhnte laut und nickte Ethan zu: „Öffne bitte mal das Handschuhfach vor dir", sagte sie. „Und dann gib mir mal alles, was da drin ist."

Ethan tat dies, nahm einen großen Stapel Papiere heraus und reichte sie Travis. Sie waren mit einem Gummiband zusammengebunden und auf dem obersten Blatt gab es ein offiziell aussehendes Siegel.

Travis öffnete ihr Fenster, so dass der Geruch der Stadt hereinkam. Die qualmige Luft der letzten Tage war nun weitgehend verschwunden und man konnte wieder frei atmen. Ethan öffnete sein Fenster auch, um etwas Durchzug zu bekommen.

Auch wenn die Stadt nicht mehr nach einem Kriegsgebiet roch, war der Geruch immer noch sehr ungewöhnlich. Der Polizist kam langsam näher. Dabei lag seine Hand auf der Pistole. Er blieb vor dem Fahrzeug stehen und sagte: „Bitte aussteigen."

Aber Travis reichte ihm nur ihre Papiere durch das Fenster. Der Polizist blickte finster, aber er kam noch ein wenig näher und nahm – ohne seine Hand von der Waffe zu nehmen – die Papiere von Travis.

Er schaute sich die oberste Seite aufmerksam etwas länger an. Dann löste er das Gummiband und blätterte durch die Papiere.

Er nahm das besonders offiziell aussehende Blatt mit dem Siegel, faltete es auseinander und las es vollständig durch. Travis beobachtete ihn dabei und hatte ein leichtes Lächeln auf den Lippen. Der Blick des Polizisten entspannte sich. Er packte die Papiere hastig wieder zusammen und reichte sie an Travis zurück. „Bitte entschuldigen Sie, Señorita", sagte er. „Das wusste ich nicht."

„Ist schon in Ordnung", sagte Travis mit einem fremden Akzent. Es war also nicht nur das Auto, das voller Überraschungen war.

„Bitte machen Sie mit ihrem Auftrag weiter", sagte der Polizist.

„Das werde ich", sagte Travis. „Und vielen Dank für Ihre Unterstützung."

„Es ist mir ein Vergnügen", sagte der Polizist, deutete eine Verbeugung an und ging zum Polizeiwagen zurück. Er fuhr deutlich schneller davon, als er angekommen war.

Travis gab Ethan die Papiere zurück und bedeutete ihm, diese wieder ins Handschuhfach zu legen. Emily starrte Travis verblüfft an.
„Ich trau mich ja kaum zu fragen", sagte sie.

„Ihr dürft alles fragen", sagte Travis strahlend. „Aber das bedeutet nicht, dass ich alle Fragen beantworten werde."

„Wie dem auch sei", sagte sie und wandte sich zu Ethan, „ich hoffe, dass auf eurer Karte auch das Gebiet außerhalb von Takewawa mit drauf ist. Wir kommen nämlich bald an die Stadtgrenze und ab da werde ich ein wenig Hilfe brauchen."

Weiter geht's mit „Die brennende Kirche" auf Seite 330.

Weiter auf der Autobahn

„Wir haben doch die ganze Zeit immer den unkonventionellen Weg genommen," sagte Emily. „Jetzt könnten wir wieder eine wenig befahrene, unkonventionelle Strecke nehmen. Aber ehrlich gesagt, bin ich der Meinung, dass unsere unkonventionellen Versuche bisher nicht immer optimal verlaufen sind."

Ethan sagte nachdenklich: „Es scheint, als ob es jedes Mal, wenn wir eine clevere, aber etwas ungewöhnliche Variante gewählt haben, nicht so gut gewesen ist. Vielleicht sollten wir dieses Mal einfach auf der ursprünglich geplanten Strecke bleiben."

Travis sagte: „Du meinst, am Plan festhalten, auch wenn sich um uns herum gerade alles anders entwickelt als geplant?"

„Ja", sagte Ethan. „Ich denke schon."

„Das ist ungewöhnlich", sagte Travis. „Das ist innovativ. Das mag ich."

„Wir müssen also herausfinden, ob wir Idioten sind, die nicht erkennen, dass sie immer wieder dasselbe tun, in der Hoffnung auf andere Ergebnisse, oder ob wir Genies sind, die beharrlich geblieben sind, bis sie erfolgreich waren."

Ethan verdrehte die Augen.

Emily hatte Bedenken. „Meine einzige Sorge ist, dass uns hier auf der Autobahn das Benzin ausgehen könnte."

Travis drehte sich um und schaute ihr ins Gesicht.

„Darüber brauchst du dir nun wirklich keine Sorgen zu machen", sagte sie. „Du hast doch gesehen, wie wenig Platz im Kofferraum war, oder?"

„Ja", sagte Emily.

„In diesem fehlenden Teil, der ursprünglich zum Kofferraum gehörte, ist ein Zusatztank eingebaut worden. Wir haben damit so ungefähr zweihundert Liter Benzin an Bord. Das reicht, um hier einen Monat lang stehenzubleiben oder mit zehn Kilometern pro Stunde weiterzufahren, bevor uns das Benzin ausgehen kann."

„Wow", staunte Ethan.

„Der große Tank ist wichtig für mich", sagte Travis. „Ich habe oft sehr weite Strecken. Viele der Orte, zu denen ich fahre, sind weit weg von einer Tankstelle."

Es wurde der Beginn der längsten Autofahrt, an die Ethan und Emily sich überhaupt erinnern konnten. Die Autobahn war nicht vollständig gesperrt. Aber fast. Alle fünf Minuten oder so ging es zehn oder zwanzig Meter voran. Einmal konnten sie sogar in den zweiten Gang schalten.

Ethan suchte auf seiner Karte nach einer Ausweichmöglichkeit, um etwas schneller voranzukommen. Als sie den Bereich seiner Karte verließen, nahm er eine von Travis, um ihre Fahrt weiter zu verfolgen.

Als es irgendwann gar nicht mehr vorwärtszugehen schien, stellte Travis den Motor einfach aus.

„Ich mache einen kleinen Spaziergang", sagte sie. „Kommt ihr mit?"

Seit mehr als einer halben Stunde hatten sie sich keinen Zentimeter mehr bewegt. Viele Menschen waren aus ihren Fahrzeugen ausgestiegen, saßen auf den Motorhauben, plauderten mit ihren Nachbarn und teilten sogar gegenseitig etwas zu Essen.

Ethan sagte: „Immerhin ist das hier nicht der schlimmste Teil unserer Reise."

„Es ist zwar nicht der schlimmste Teil", sagte Emily, „aber es macht trotzdem weit weniger Spaß, als ich gehofft hatte. Wie lange dauert es noch bis zur Grenze bei dieser Geschwindigkeit?"

„In diesem Tempo dauert es bis Weihnachten", meinte Ethan.

„Was ist denn wohl unsere Durchschnittsgeschwindigkeit ungefähr?", wollte Emily wissen.

„Vielleicht zehn Stundenkilometer", sagte Ethan. Emily schaute skeptisch. Aber Ethan sagte mit erhobenem Zeigefinger: „Vorhin sind wir für ein Stück sogar mit fast dreißig gefahren."

„Oh ja", sagte Emily. „Das war eine der schönsten Minuten meines Lebens."

Alle lachten.

Weiter geht's „Immer noch auf der Autobahn" auf der nächsten Seite.

Immer noch auf der Autobahn

An der Grenze dauerte es ewig. Die Autos stauten sich kilometerlang. Es waren Menschen unterschiedlichster Art auf der Flucht außer Landes. Viele sahen arm aus, genauso, wie Ethan es bei Flüchtlingen erwartet hätte. Aber andere wirkten eher wie die Zwillinge selbst – mit guten, vollgepackten Autos. Manche von ihnen schienen geradezu wohlhabend und hatten üppig ausgestattete Fahrzeuge, wie man sie eigentlich nur in westlichen Großstädten erwarten würde.

Egal wie lange sie auch warten mussten, Travis konnte all das nichts anhaben. Sie blieb die Ruhe selbst. „Bin ich gewohnt", kommentierte Travis knapp. „Gute Planung im Voraus ist das eine. Aber außerdem braucht man unbedingt die Fähigkeit, auch unter schwierigen Umständen geduldig bleiben zu können und generell darauf eingestellt zu sein, dass längst nicht alles wie geplant funktionieren wird. Diese Fähigkeiten gehören in jeden guten Notfallrucksack unbedingt mit hinein, sozusagen."

So nahm Travis alles mit großer Gelassenheit hin, während es langsam weiter in Richtung Grenze ging. „Ich will es mal so sagen: der Grenzübergang hier ist ein Kinderspiel – unter normalen Umständen jedenfalls. Dann hat man vielleicht so bis zu fünfzig Fahrzeuge vor sich, und es ist wie an einer Mautstelle bei euch in den Staaten. Dieser lange Stau hier kann nur bedeuten, dass sie viel mehr kontrollieren."

„Das war wohl zu erwarten", sagte Emily. „Sie können ja nicht einfach ihre Grenzen öffnen und dann jeden, der möchte, einfach so hineinlassen."

„Das scheint richtig, wie du es sagst", antwortete Travis. „Aber ich glaube nicht, dass es irgendetwas nützt. Wonach sollten sie suchen? Drogen? Gewiss wird es in einigen der vielen Autos hier welche geben. Aber werden sie sie finden? Die Leute haben so viel Gepäck dabei. Wollen sie das etwa alles komplett durchsuchen, bevor sie sie über die Grenze lassen?"

„Wie ist es wohl mit der Ausweiskontrolle?", fragte Ethan. „Das könnte ja für uns etwas problematisch werden."

Travis drehte den Kopf nach hinten und schaute Emily an. „Ja, das ist mir schon klar. Aber es würde mich sehr wundern, wenn das ein Problem werden sollte. Höchstwahrscheinlich werden sie einen separaten Bereich für Leute haben, die keine Papiere dabeihaben. Normalerweise braucht man kein Visum, wenn man von Allqukilla nach Ecuador einreist."

„Eigentlich ist der Grenzübergang also ganz einfach. Zumindest, wenn man einen Reisepass hat. Was bei mir aber nicht der Fall ist", sagte Emily.

„Was es aber nicht ist, weil es bei dir nicht der Fall ist", wiederholte Travis fast wie ein Echo. „Aber wie ich schon sagte, wirst du wohl kaum die einzige Person in dieser langen Schlange sein, die keinen Pass dabeihat. Ich bin mir sicher, dass sie sich dafür längst eine allgemeine Regelung ausgedacht haben. Man muss es mal aus deren Perspektive betrachten. Was wollen sie, die Ecuadorianer? Normalerweise macht man Grenzkontrollen vor allem, um zu wissen, wer ins Land kommt. Aus Sicht des Staates Allqukilla verlassen die Leute aber das Land. Und da gilt für die in dieser außerordentlichen Situation: je mehr gehen, desto besser. Denn die Kapazitäten des Landes für Erste Hilfe und die Versorgung von Menschen sind vermutlich mehr als ausgelastet. Sie müssen sich also um umso weniger Leute kümmern, je mehr Menschen das Land verlassen. Also werden sie alles tun, was ihnen möglich ist, um den Menschen zu helfen, über die Grenze zu kommen, egal ob mit oder ohne Pass."

„Damit sie die Probleme loswerden", ergänzte Ethan.

„Genau. Aber wie sieht es aus der Perspektive von Ecuador aus? Was ist deren Interesse?", fragte Travis.

Ethan kratze sich am Kinn. „Ecuador will bestimmt sichergehen, dass das Land nicht von Kriminellen überschwemmt wird auf diese Weise."

„Ganz gewiss", bestätigte Travis.

„Aber sie müssen trotzdem noch Leute aus Allqukilla einreisen lassen", überlegte Emily. „Es gibt sicher viele Pendler, die zur Arbeit über die Grenze kommen, und bestimmt auch eine ganze Menge Handel mit Waren und Dienstleistungen", sagte sie.

„Und ob es das gibt", bestätigte Travis.

„Diesen Grenzverkehr werden sie also brauchen, um ihre eigene Wirtschaft am Laufen zu halten, nicht wahr?", fragte Emily.

Travis nickte. „Absolut. Wie wollen sie also sicherstellen, dass sie die schlechten Leute draußen halten und die guten durchlassen?"

„Dafür gibt es ja schließlich die Pässe", sagte Ethan.

Travis öffnete ihr Fenster, um etwas frische Luft von draußen hereinzulassen. Es war eine schöne Gegend hier in der Grenzregion mit hohen, palmenartigen Bäumen entlang der Straße. Aber jetzt mit den Abgasen von so vielen Fahrzeugen roch es eher wie in einer Werkstatt.

„Okay", sagte Travis. „Können sie das mit einer Passkontrolle sicherstellen?"

Ethan dachte einen Moment nach. „Nicht unbedingt", sagte er. „Ein Reisepass garantiert ja nicht, dass es ein ehrlicher Mensch ist. Er bestätigt nur die Staatsangehörigkeit eines bestimmten Landes."

„Das stimmt", sagte Travis.

„Wobei ich nicht mal einen Pass habe, um zu beweisen, dass ich wirklich eine Amerikanerin bin", sagte Emily.

„Genau. Das ist ein wichtiger Punkt", lobte Travis. Sie ließ ihren Arm aus dem Fenster baumeln. „Was würdet ihr also an ihrer Stelle tun?"

„Ich hab' keine Ahnung", meinte Ethan. „Es gibt hier anscheinend zwei gute Optionen. Es könnten aber vielleicht auch zwei schlechte Optionen sein. Sie können den Verkehr einfach durchlassen. Das hilft ihnen, ihre eigene Wirtschaft am Laufen zu halten und es sichert die Existenzgrundlage der Menschen, die ihre Arbeitsplätze hinter der Grenze haben. Aber sie riskieren damit gleichzeitig, dass eine große Zahl von Menschen in ihr Land kommt, die dort vielleicht schlimme Sachen tun werden."

Emily führte seinen Gedanken weiter: „Anderseits würden sie den Austausch von Geld und Waren, der für die Wirtschaft so wichtig ist, unterdrücken, wenn sie die Grenze aus Sicherheitsgründen schließen würden."

„Keine leichte Entscheidung, was?", meinte Travis. „Nun mal abgesehen davon, was *ihr* tun würdet – was glaubt ihr, dass *sie* tun werden?"

Emily musste lachen. „Wenn man unsere Erfahrungen mit der Regierung als Maßstab nimmt, dann wird es eine Kombination aus beidem sein", sagte sie. „Sie würden nichts tun, um all die bösen Leute abzufangen, und gleichzeitig würden sie die ehrlichen Menschen extrem aufhalten."

Travis lachte und warf ihr einen anerkennenden Blick zu. „Ihr beide habt wohl auch schon so einige interessante Erfahrungen gemacht, scheint mir."

„Dabei kennst du noch nicht mal die Hälfte", sagte Ethan.

Dann breitete Travis ihre Überlegung aus: „Ich fürchte, dass Emily Recht hat. Ich wette, dass sie die Pässe kontrollieren, aber nicht viel mehr. Und Menschen, die Schwierigkeiten mit ihren Papieren haben oder die keinen bestimmten Ort im Land als Ziel haben, werden sie vermutlich direkt hinter der Grenze in Lagern sammeln. Das scheint unter solchen Umständen wohl das Übliche zu sein."

Jetzt standen sie schon so lange und es schien, als wenn es noch endlos dauern würde, bis es weiterging. Travis hatte sich über das Lenkrad gelehnt. Jetzt schlug sie einmal mit der Hand drauf und sagte: „Mir reicht's. Ich gehe noch einmal spazieren."

„Aber wir sind doch schon kurz vor der Grenze", sagte Ethan. „Wäre es da nicht besser, beim Auto zu bleiben?"

„Wie lange stehen wir jetzt schon hier, ohne uns einen Zentimeter bewegt zu haben?", fragte sie.

Emily antwortete wie aus der Pistole geschossen: „Seit neun Minuten und 23 Sekunden."

Travis lachte. „Das ist für mich schon mehr als lang genug. Ich muss mir ein bisschen die Beine vertreten. Das hier ist doch ein ganz passabler Rastplatz dafür." Sie öffnete die Fahrertür, stieg aus, streckte sich wie eine Katze in der Sonne, und dann ging sie auf der Autobahn vorwärts. Emily bemerkte, dass Ethans Augen quasi an ihr klebten.

„Glotz nicht so", sagte sie zu ihm.

Ethan zuckte zusammen und wandte seinen Blick ab. „Was?", fragte er. Offensichtlich fühlte er sich ertappt.

Travis war nicht die Einzige, die diese Gelegenheit nutzte. Auch viele andere Fahrer waren ausgestiegen. Es wirkte teilweise, wie auf einem Marktplatz, wo Leute spazieren gingen und sich miteinander unterhielten.

Emily drehte sich um und schaute durch das Rückfenster. „Weißt du was?", fragte sie. „Anscheinend gibt es dort etwas zu essen."

„Wir haben doch selbst genug dabei", entgegnete Ethan und bot ihr ein Stück Trockenfleisch an.

Emily winkte ab. „Das meine ich nicht. Ich meine *richtiges* Essen. Ich glaube, dort haben sie Burritos."

Ethan schaute seinen Proviant für einen Moment an und sagte dann: „Das klingt gut." Er schleuderte das Fleischstück auf den Rücksitz. „Los, lass uns mal hingehen und sehen, ob wir auch etwas davon bekommen können."

Die Zwillinge stiegen aus und standen nun mitten auf der Autobahn. Emily versuchte, vor ihnen etwas zu erkennen. Aber soweit sie sehen konnte, gab es keinerlei Bewegung bei den Autos vor ihnen. Somit hatten sie sicherlich einige Minuten Zeit, um sich hier etwas umzuschauen.

„Komm", sagte Ethan. Er hatte eine Gruppe von Menschen ein paar Fahrzeuge hinter ihnen im Blick. „Dort gibt es Tamales. Diese Maistaschen, weißt du?"

Fünfzig Meter hinter ihrem Sunny stand eine kleine Gruppe von Menschen auf der Fahrbahn. Die Leute plauderten freundschaftlich miteinander und reichten sich regelmäßig verschiedene Gegenstände hin und her.

Die Zwillinge näherten sich langsam. Nachdem sie nun die ganze Zeit bei Travis im Auto gesessen hatten, waren sie doch etwas unsicher, auf was für Menschen sie hier im Flüchtlingszug wohl treffen würden.

Aus einer Gruppe von etwa zwanzig Personen wandte sich eine der Frauen an die Zwillinge und sagte: „Hallo. Eigentlich würde ich ja fragen, wohin ihr unterwegs seid. Aber das ist ja wohl offensichtlich." Ihr Spanisch hatte einen für die Zwillinge unbekannten Akzent.

„Klar", sagte Ethan. „Wir waren in Takewawa gefangen wie so viele andere Leute."

„Da habt ihr es aber weiter geschafft als die meisten Touristen", sagte die Frau. Sie reichte ihm die Hand und sagte: „Ich bin Rosalia. Wir leben im Hochland außerhalb von Takewawa."

„Im Hochland?", fragte Emily.

„Ja", wiederholte sie. Als sie Emilys Blick sah, schüttelte sie den Kopf und ergänzte: „Nein, bei uns waren die Schäden nur gering. Mein Haus ist eigentlich in Ordnung. Aber wir haben kein Wasser und keinen Strom und vor allem keine Ahnung, wann wir diese wieder bekommen werden. Alle Läden waren sofort leergekauft. So blieb uns keine andere Wahl, als nach Norden zu fahren. Meine Familie kommt aus Ecuador", sagte sie. „Dort kann ich für ein paar Wochen bleiben, bis die Dinge in Allqukilla geklärt sind."

Ethan hatte die Tamales fest im Blick.

Als Rosalia es bemerkte, sagte sie: „Oh, möchtet ihr etwas von diesen?"

„Ja, sehr gerne", antwortete Ethan. „Ich kann sie auch bezahlen."

Rosalia brach in ein lautes Lachen aus und machte eine Bemerkung zu den anderen Frauen in der Gruppe hinter ihr. Dann lachten auch sie alle. „Was sollte ich mit deinem Geld anfangen?", fragte sie dann.

„Geld ist doch ziemlich nützlich", sagte Emily. „Aber wenn Sie das Land verlassen, können Sie *Saladeras* wohl kaum gebrauchen."

„So ist es", antwortete Rosalia. „Aber selbst wenn ich das Land nicht verlassen würde, wäre es nicht anders. Was im Moment viel mehr zählt als Geld, ist etwas Abwechslung auf dem Teller. Niemand weiß, wie lange wir hier noch feststecken werden. Also ist es jetzt das Wichtigste, dass wir mit allem Lebenswichtigen ausreichend versorgt sind."

„Sie meinen Tauschhandel?", fragte Ethan. „Ich hab' schon davon gehört."

Rosalia nickte. „Ich habe hier wirklich gute Tamales. Ich habe schon fast mehr als genug gegessen – und ich habe noch mehr davon im Auto. Als Reserve sozusagen. Ihr habt nicht zufällig etwas Schweinebraten oder ein bisschen Reis mit Bohnen, oder?"

Ethan und Emily schauten sich enttäuscht an. „Leider nein," sagte er. „Es tut mir leid."

„Schade", sagte Rosalia. „Ich hätte gerne etwas von meinen Tamales mit euch geteilt, aber ich kann sie euch nicht umsonst geben. Dafür sind sie zurzeit viel zu wertvoll."

Emily scannte mit ihren Augen die anderen Leute der Gruppe. Sie beobachtete genau, womit sie handelten, und dabei bemerkte sie etwas. „Ich bin gleich wieder da", sagte sie.

Ethan schaute sie fragend an, aber da rannte sie schon zurück zu ihrem Sunny, öffnete die Tür und holte die Kühltasche heraus, die sie aus dem Internetcafé mitgenommen hatten. Damit lief sie dann wieder zu ihnen zurück.

Als sie ankam, ging über Ethans Gesicht ein breites Grinsen. „Das ist eine sehr gute Idee", lobte er.

„Ich dachte mir, dass es dir gefallen würde", freute sich Emily.

Rosalia schaute sie interessiert an. Emily öffnete die Schnallen der Kühltasche, griff nach innen und zog zwei Flaschen Coca-Cola heraus. Das Kondenswasser war an ihren Seiten zu sehen. Die Getränke waren offensichtlich gut gekühlt. Rosalias Augen weiteten sich. „Oh, das ist gut", sagte sie. Sie drehte sich um und wollte es den anderen sagen. Aber das war gar nicht mehr nötig, denn sobald Emily die typischen Flaschen mit der dunklen Flüssigkeit hochgehalten hatte, hatten sich alle Köpfe zu ihr gedreht. Plötzlich war das Gespräch verstummt, als wenn Emily es abgeschaltet hätte.

„Sie sind immer noch eiskalt. Ich habe zehn Stück davon", sagte sie.

Ethan hob skeptisch eine Augenbraue. Da sagte sie zu ihm auf Englisch: „Ich habe zwei für uns behalten."

„Lass uns drei behalten. Wir müssen auch an Travis denken", sagte er.

Emily hätte beinahe gesagt: „Das war klar, dass du ganz sicher an sie denken würdest." Aber stattdessen nickte sie einfach. „Also wir haben noch neun davon", korrigierte sie ihr Angebot.

„Dafür könnt ihr hier ordentlich satt werden", sagte Rosalia. „Ich gebe dir zwei Tamales für jede Flasche Cola."

„Einverstanden", entgegnete Emily und reichte ihr zwei Flaschen Cola im Tausch für vier Tamales.

Ethan nahm ein paar Flaschen und ging hinüber auf die andere Straßenseite, wo eine Frau eine Tasche voller saftiger roter Äpfel hatte. „Coca-Cola?", fragte er.

„Si claro", antwortete die Frau und gab ihm ein paar Äpfel.

Sie nahm die Cola, öffnete sie sogleich und trank sie in einem Zug aus. Noch mehr Leute wurden von der Cola geradezu magisch angezogen. Von mehreren Seiten kamen die Leute zu ihnen.

Und schon hatte die Zwillinge fast Schwierigkeiten zu entscheiden, für was sie ihre Cola-Flaschen tauschen sollten. „Hier", sagte Ethan zu Rosalia. „Bekomme ich noch zwei Tamales, wenn ich dir eine weitere Flasche gebe?"

„Klar, gerne", sagte Rosalia. „Ich könnte den ganzen Tag so weitermachen."

Emily wunderte sich. „Wir haben doch schon so viel Tamales", sagte sie. „Wozu noch mehr?"

„Nicht für uns", erklärte Ethan. „Aber ich habe dort drüben einen hungrig aussehenden Mann entdeckt, der Kuchen dabeihat. Ich wollte das schon immer mal ausprobieren. Ich wette, dass ich bei ihm zwei Stücke Kuchen für uns im Tausch gegen die Tamales bekommen kann."

Rosalia lachte. „Genau so funktioniert Tauschhandel. Das habt ihr wirklich sehr schnell verstanden."

Weiter geht's „Über die Grenze" auf der nächsten Seite.

Über die Grenze

„Einfach köstlich", sagte Travis. Sie hielt ihren Arm aus dem Fenster. Dabei lief die Soße wie ein Streifen hell-orangenen Blutes über ihren Unterarm und tropfte auf die Straße.

Ethan und Emily verschlangen ihre Tamales ebenfalls mit größtem Genuss. „Das ist so ziemlich das beste Essen, das ich jemals gegessen habe", sagte Ethan. „Es ist kaum zu glauben, dass es das ausgerechnet hier weit ab jeder Stadt mitten auf der Autobahn gab."

Travis deutete mit erhobenem Zeigefinger in seine Richtung – in der anderen Hand ihre Tamales und dabei mit dem Knie lenkend sagte sie: „Das ist gar nicht so lustig und auch nicht so ungewöhnlich. Oft kommen die besten Dinge im Leben zu einem gerade dann, während du nach etwas ganz anderem suchst."

„Ich hab' mal gehört, dass man das Serendipität nennt", sagte Emily mit vollem Mund.

„Serendipität? Bei euch in Amerika, was? Ich habe schon verschiedene Begriffe dazu gehört, aber dieser ist mir neu. Für mich ist es Zufall in seiner wörtlichen Bedeutung. Etwas ganz Bestimmtes fällt dir in einer ganz bestimmten Situation zu. Also alles andere als ‚zufällig' in dem Sinne, wie es normalerweise gebraucht wird", erklärte Travis.

Der Stau hatte sich von einem Moment auf den anderen aufgelöst, ohne dass zu erkennen war, wieso. Gerade noch hatten hunderte von Autos regungslos auf der Autobahn zwischen Takewawa und Quito gestanden und im nächsten Augenblick floss der Verkehr wieder. Als wenn nichts gewesen wäre, ging es schon wenige Minuten später fast in normaler Autobahngeschwindigkeit voran.

„Aber nur für ein paar Kilometer", meinte Travis, als sie schon wieder bremsen musste. „Wenigstens waren das ein paar richtig gute Kilometer. So wird man wieder einigermaßen munter nach so langer Zeit im Stau."

„Es ist wirklich sehr nett von dir, dass du uns über die Grenze bringst", bedankte sich Ethan. „Zumal das wohl kaum das gewesen sein wird, was du ursprünglich für den heutigen Tag geplant hattest."

„Richtig. Geplant war das nun wirklich nicht", bestätigte Travis. „Aber wie ich schon sagte – manchmal kommt es vor, dass man das, was man sucht, gerade dann findet, während man sich auf dem Weg zu etwas anderem befindet."

Weiter geht's mit „Der Geldhai" auf der nächsten Seite.

Der Geldhai

Emily sollte mit ihrer Vermutung bezüglich des Grenzübergangs Recht behalten. Als sie sich der Grenze näherten und sich langsam in eine Schlange von sicher mehreren Tausend Leuten einreihten, war es genauso chaotisch und verrückt, wie sie es erwartet hatten.

Einige Grenzsoldaten liefen an den Fahrzeugen entlang und bedeuteten ihnen, anzuhalten. Was unnötig war, da es sowieso nicht mehr weiter ging. Travis bemühte sich um einen Ausdruck von Bedeutsamkeit und Seriosität trotz ihres eher schäbig aussehenden Fahrzeugs. Ihr Papierbündel schien auch die Grenzsoldaten zu beeindrucken, denn sie wurde eine um die andere Spur weiter nach links gewunken, dorthin, wo es schneller vorwärts ging. Die Soldaten gaben ihnen Formulare, die sie ausfüllen sollten. Dieser Papierkram wirkte wie Nonsens, wie überhaupt der ganze Prozess der Grenzabfertigung hier wirr und unnötig kompliziert war.

„Das ist neu", sagte Travis, als sie die Formulare durchsah. „Diese Papiere habe ich hier noch nie gesehen."

„Warum machen die das hier nicht wie bei einem normalen Grenzübergang?", fragte Ethan, während er verärgert die Formulare ausfüllte. „Wir kommen zum Grenzposten, er würde uns aussteigen lassen, wir zeigen ihm unsere Pässe – nichts für ungut, Emily …"

„Ist schon in Ordnung."

„… und dann winken sie uns durch und alles wäre in Ordnung."

Einer der Grenzsoldaten hatte offensichtlich den Auftrag, alle Leute nach ihrem Bargeld zu fragen. „Haben Sie *Saladera* bei sich?", fragte er. Dabei schaute er vor allem die Tuttles genau an.

„Ja", gab Ethan zu. Selbst wenn es ihn in Schwierigkeiten bringen könnte, so wollte er doch nicht lügen. „Ich habe noch ein paar tausend *Saladeras*."

Der Soldat runzelte die Stirn und machte sich eine schriftliche Notiz. „Sie müssen Ihre *Saladeras* hier an der Grenze ausgeben oder wechseln", sagte er. „Es ist nicht gestattet, die Währung mit außer Landes zu nehmen."

Ethan war fassungslos und entgegnete: „Aber das macht doch keinen Sinn. Es gibt hier im Land doch ein Problem mit zu hoher Inflation. Wenn also zu viel Geld im Umlauf ist, wäre es für das Land doch viel besser, mich das Geld mitnehmen zu lassen, was mir ja schlicht gar nichts nützt, anstatt mich dazu zu drängen, es vorher umzutauschen."

Der Grenzsoldat schrieb wieder etwas auf und deutete dann auf eine andere Spur. „Fahren Sie dort rüber. Dann steigen Sie aus und gehen Sie in die Bude, das ist eine Wechselstube. Dort können Sie das Geld umtauschen, und danach dürfen Sie weiterfahren." Nach dieser Ansage schleppte er sich so schwerfällig davon, als ob er das nahegelegene Gebirge hinter sich herziehen würde.

„Na prima", spottete Emily. „Wenn du schon nicht lügen wolltest, musstest du ihn dann unbedingt beleidigen?"

Travis lachte. „Ich glaube kaum, dass er das als Beleidigung aufgefasst hat. Sie mögen es generell nicht, dass man überhaupt mit ihnen spricht. Und du hast Recht", sagte sie und legte ihre Hand auf Ethans Arm, der sogleich ganz rote Ohren bekam. „Natürlich wäre es für das Land viel besser, wenn ihr eure *Saladeras* einfach mitnehmen würdet. Oder wenn sie ein riesiges Lagerfeuer damit machen würden, bei dem alle Leute ihre Scheine hineinwerfen müssten. Aber das würde natürlich niemand freiwillig tun. Ich vermute, dass es mit der *Saladera* sowieso bald vorbei sein wird. Aber so ist die Politik hier in Allqukilla schon seit vielen Jahren. Sie wollen einfach nicht, dass die Leute die Landeswährung mit ins Ausland nehmen."

„Aber warum nicht?", fragte Ethan. „Das ergibt doch gar keinen Sinn."

„*Ihr* habt doch gesagt, dass ihr Erfahrung im Umgang mit Regierungen habt", erwiderte Travis grinsend.

„Oh, stimmt, das hab' ich und das haben wir", bestätigte Ethan. Dabei fühlte er sich etwas wie ertappt.

„Also dann", sagte Travis. „Wir haben keine andere Möglichkeit, als jetzt genau das zu tun, was sie uns sagen." Sie lenkte nach rechts und fuhr hinüber auf die andere Spur zu der Schlange vor einer behelfsmäßigen Hütte. Darin saß ein offensichtlich ziemlich genervter Beamter, der einen riesigen Haufen *Saladera* hinter sich hatte – in einem Eimer.

„Mir wurde gesagt, dass ich hier mein Geld umtauschen müsse, Sir", sagte Ethan höflich, nachdem er nun an seine Manieren erinnert worden war.

„Wie viel haben Sie?", fragte der Mann.

„Ich habe 11.300", antwortete Ethan.

„11.300. Gut. In welche Währung möchten sie die tauschen?"

Ethan überlegte einen Moment: „Ecuadorianische Dollars, bitte. Die werden wir nun wohl brauchen", sagte er.

„Tut mir leid", sagte der Mann. „Ich habe keine ecuadorianischen Dollars."

„Tja", meinte Ethan, „wie ist es denn mit US-Dollar?"

„Fehlanzeige", antwortete der Beamte. „Amerikanische Dollars habe ich auch nicht."

Ethan nannte ihm dann alle möglichen anderen Währungen: Euro, chinesischen Renmimbi, japanischen Yen. Aber immer lautete die Antwort des Mannes „Nein".

„Welche Währung *haben* Sie denn da?", fragte Ethan schließlich. Dabei konnte er den Ärger in seiner Stimme nicht verbergen.

„Ich habe argentinische Pesos", sagte der Beamte, anscheinend unbeeindruckt von Ethans Ärger, „und chilenische Pesos."

„Sonst nichts?", fragte Ethan. Er hatte es nun völlig vergessen, dass er höflich sein wollte. „Das ist doch beides völlig wertlos. Da könnte ich es ja genauso gut gegen das Papier eintauschen, auf dem Sie gerade schreiben."

„Sie können eine Beschwerde beim Ministerium einreichen", erwiderte der Mann trocken und routiniert, als ob er diesen Satz heute schon zehntausendmal gesagt hätte.

Vermutlich hatte er das auch, dachte Ethan. „Und was passiert, wenn ich das tue?", fragte er.

Der Mann schaute ihn an und sagte eine Weile nichts. Ethan nickte. „Das hätte ich mir denken können", sagte er. „Ich will keine dieser Währungen. Bitte geben Sie mir meine *Saladeras* zurück. Dann habe ich zumindest ein Souvenir, das ich meinen Freunden zuhause zeigen kann."

„Nein", sagte der Mann barsch, nahm die *Saladeras* vom Tisch und ließ sie zu den anderen Scheinen in dem Eimer fallen. „Wir müssen die Währung hier im Land behalten. Es tut mir leid."

„Aber das ist so viel wie 200 Dollar!"

„Ich weiß", sagte der Mann. „Es sind harte Zeiten. Der nächste bitte!"

Ethan verließ die Baracke wütend. Die beiden Damen lehnten am Auto, genossen den strahlenden Sonnenschein und kicherten.

Travis strich sich mit der Hand durch ihre dunklen Haare. „Es scheint, als wenn es nicht so gut gelaufen ist", sagte sie.

„Das kann man wohl sagen", schnaubte Ethan. „Das war nicht nur sinnlos, sondern geradezu demütigend."

„Ja, ich verstehe", sagte Travis. „Aber unsere Regierung ist damit jetzt um 200 Dollar reicher. Lass mich raten: Sie hatten keine der Währungen mehr, die du gerne gehabt hättest."

„Genau", sagte Ethan. „Woher weißt du das?"

„Das ist simple Mathematik", meinte Travis und blickte über ihre Schulter nach hinten, wo eine schier endlose Reihe von Autos hinter ihnen wartete. „Wir sind nicht die ersten, die hier in den letzten Tagen vorbeigekommen sind. Wir sind auch nicht die ersten Flüchtlinge. Ach, wir sind noch nicht einmal die ersten Leute, die in der letzten Stunde hierhergekommen sind. Aber selbst wenn wir es gewesen wären – glaubst du wirklich, dass, selbst wenn sie zu irgendeinem dieser Zeitpunkte irgendeine dieser Währungen gehabt hätten, dass dann jetzt noch etwas übrig wäre?"

Ethan ließ seine Schultern sacken. „Nein, vermutlich nicht. Du hast wohl Recht", sagte er. „Diese ganze Reise war für uns nun vor allem eine Ausbildung in Finanzangelegenheiten."

Weiter geht's mit „Im Flüchtlingslager" auf der nächsten Seite.

Im Flüchtlingslager

Das Flüchtlingslager war besser, als Emily es erwartet hatte. Ja, es war schmutzig und staubig. Ja, es war wohl am hässlichsten Ort überhaupt in diesem Teil der Welt. Und ja, es war extrem eng mit Tausenden Menschen auf engstem Raum. Aber es war genug Essen für alle da, obwohl es ziemlich fade schmeckte. Die Essensausgabe funktionierte und es gab auch ausreichend Toiletten.

Die ecuadorianischen Soldaten behandelten sie respektvoll und überhaupt nicht so, als ob sie in das Land einwandern wollten. Sie wurden wie Flüchtlinge behandelt – Menschen, die schlicht nirgendwo anders hinkonnten. Genau das war für Emily die Definition eines Flüchtlings. Also waren sie nun tatsächlich Flüchtlinge und da war eine solche Behandlung alles andere als zu viel verlangt.

„Also, wenn es bei uns in den Staaten auch Flüchtlingslager gäbe, wären sie bestimmt mindestens so gut ausgestattet wie dieses hier", sagte Emily zu ihrem Bruder, als sie in der ersten Nacht in ihrem Zelt lagen.

„Es *gab* bei uns auch Flüchtlingslager", entgegnete Ethan. „Aber man nannte sie Internierungslager oder Konzentrationslager und es ist schon eine ziemliche Weile her. Aber sie waren nicht viel anders als dieses hier. Wobei ich schon denke, dass die Unterkünfte etwas besser waren."

Ein paar Stunden zuvor hatten sie sich von Travis verabschieden müssen. Das war ihnen nicht leichtgefallen. Travis hatte ihnen beim Grenzübergang trickreich geholfen. Aber danach war Emilys fehlender Pass ein Problem, bei dem selbst Travis mit ihren außergewöhnlichen und geradezu magischen Papieren nicht helfen konnte.

„Es tut mir sehr leid", hatte Travis mit einem traurigen Gesicht gesagt. „Sie nehmen das gerade äußerst genau mit der Passkontrolle. Da kann ich nichts für euch tun. Auch wenn es ziemlich offensichtlich ist, dass dieses fünfzehnjährige blonde Mädchen hier, das perfekt

Englisch und nur wenig Spanisch spricht, garantiert kein Staatsbürger von Allqukilla ist. Vielmehr ist es wohl für jedermann klar erkennbar, dass du eine Amerikanerin sein musst. Nur weil du keine Papiere hast, um das zu beweisen, lassen sie euch nicht direkt weiter nach Quito fahren, um dort einen Flug in die USA zu nehmen, sondern sie stecken euch erstmal in das Flüchtlingslager."

Das war für Emily ein Schock gewesen. Und auch Ethan schien ziemlich enttäuscht.

„Du könntest weiterfahren", sagte Travis zu Ethan. „Aber es würde mich schon sehr wundern, wenn du das tätest."

„Natürlich mache ich das nicht", sagte Ethan. „Wo Emily ist, das muss ich auch sein. Egal wo."

„Ich dachte mir, dass du das sagen würdest", antwortete Travis. „Deshalb habe ich ihnen schon gesagt, dass ihr beide ins Lager gehen werdet."

Ethan stand für einen Moment mit offenem Mund da und es schien, als wenn er widersprechen wollte. Vielleicht, weil er es nicht als eine Selbstverständlichkeit angesehen haben wollte. Aber dann merkte er wohl, dass genau das eine gute Sache war, weil es ihn als einen Gentleman zeigte, der edle Dinge tut, um anderen zu helfen. Also machte er den Mund wieder zu.

Emily bemerkte genau, wie schwer es ihrem Bruder fiel, sich von Travis zu verabschieden. Aber auch sie musste sich eingestehen, dass sie die Zeit mit Travis und ihre Hilfe sehr genossen hatte. „Wenn wir jemals wieder nach Allqukilla kommen sollten, werden wir dich besuchen", versprach Emily.

„Darüber würde ich mich sehr freuen", sagte Travis. „Wobei ich gar nicht wüsste, was wir dann zusammen machen sollten, wenn ihr meinen besonderen Fahrservice nicht braucht. Denn normales Sightseeing ist nichts für mich."

„Noch nicht", meinte Ethan. Anscheinend suchte er nach den richtigen Worten. „Aber man weiß nie", sagte er dann. „Vielleicht könnten wir ja irgendetwas anderes zusammen unternehmen, so dass wir uns zumindest wiedersehen könnten."

Travis hatte seine Sehnsucht nach einem Wiedersehen auch bemerkt. Sie lachte ihn freundlich an und umarmte ihn. „Das klingt gut", sagte sie. „Es wird uns schon was einfallen. Aber bestimmt wird es noch eine ganze Weile dauern, bis überhaupt wieder Touristen nach Allqukilla kommen werden. Bei uns ist jetzt ja ein ziemliches Durcheinander und es gibt erstmal eine Menge aufzuräumen."

Sie begleitete sie noch bis zu den ecuadorianischen Wachen am Eingang des Flüchtlingslagers. Dann fuhr sie los und winkte beim Wegfahren mit ihrem Arm aus dem Fenster. Emily und Ethan nahmen ihre Rucksäcke und schlenderten ins Lager. Ihnen wurde ein Zelt am äußersten Nordrand zugewiesen.

„Es hätte noch schlimmer kommen können", meinte Ethan. „In den Zelten mehr in der Mitte wird der Geruch bei so vielen Menschen sicher noch viel schlimmer sein."

„Dabei ist es hier schon schlimm genug", sagte Emily. „Allerdings tragen wir selbst sicher auch ordentlich dazu bei."

„Hey", widersprach Ethan. „Ich rieche doch gar nicht. Schließlich habe ich erst vor weniger als 24 Stunden zuletzt geduscht."

„Aber spätestens morgen früh wirst du", sagte Emily. Und damit hatte sie natürlich Recht.

Schon am zweiten Tag im Lager kamen Mitarbeiter der Botschaft in Quito, um festzustellen, welche Amerikaner hier gelandet waren und um diesen zu helfen. Wie sich herausstellte, waren es gar nicht viele. Emily und Ethan bekamen sehr schnell einen Gesprächstermin bei einer Sachbearbeiterin namens Pam. Sie machte einen sehr kompetenten und schnellen Eindruck und sie versprach, dass sie ihnen helfen könnte, das Lager schon innerhalb weniger Tage zu verlassen.

Das Beste war, dass sie ihnen ermöglichte, über ein Satellitentelefon mit ihren Eltern zu sprechen. So konnten sie diese wissen lassen, wo sie waren und wie es für sie weitergehen würde.

„Sie haben gesagt, dass wir in weniger als einer Woche hier rauskommen können", berichtete Ethan.

„Wie ist das Essen bei euch?", wollte Mom wissen.

„Ziemlich eintönig. Fast immer gibt es Reis und Bohnen. Manchmal ist etwas Hähnchen dabei. Wenn ihr für uns eine Pizza hierher bestellen könntet, das wäre wirklich toll."

„Ich schätze, die Pizza muss warten, bis ihr wieder zuhause seid", sagte Dad. „Aber wir können gleich eine Pizza mit zur Abholung zum Flughafen bringen."

Drei Tage später waren die Tickets arrangiert, und sie hatten eine Genehmigung bekommen, das Land mit dem Flugzeug zu verlassen. Die ganze Maschine war voller Amerikaner, die fast alle aus Allqukilla gekommen waren. Endlich ging es für Emily und Ethan wieder nach Hause.

Es war alles andere als die Art von Abenteuer gewesen, die sie erwartet und sich gewünscht hatten. Aber sie hatten enorm viel über Geld und über Inflation gelernt und darüber, wie schnell Menschen das Vertrauen in die Währung verlieren konnten, die ihnen ihr Leben lang als Geld selbstverständlich gewesen war. Dabei waren sie auf nette Menschen, schlechte Menschen und eine ganze Menge Leute irgendwo dazwischen getroffen.

Seltsamerweise wirkten die Ruinen jetzt eher wie ein Traum, oder wie etwas, über das sie in Büchern gelesen hatten, als wie etwas, für das sie sich extra auf den weiten Weg gemacht hatten, um es tatsächlich selbst zu sehen. Dennoch waren sie beide gar nicht wirklich enttäuscht darüber, wie die Dinge sich entwickelt hatten.

„Es ist irgendwie komisch", sagte Ethan. „Jetzt am Ende unserer Reise habe ich gar nicht mehr das Gefühl, dass wir abgezockt wurden."

„Ich glaube, ich verstehe, was du meinst", antwortete Emily. „Es war bei weitem nicht die Reise, die wir erwartet hatten. Aber dafür war es nun ein wirklich besonderes und einzigartiges Erlebnis, an das wir uns bestimmt noch sehr, sehr lange erinnern werden."

„Und wer weiß", meinte Ethan. „Vielleicht ergibt sich eines Tages ja noch die Möglichkeit, wiederzukommen."

Emily wusste, was und vor allem, an wen er dabei dachte, und lächelte. Ihr Flugzeug rollte zur Startbahn. „Ich freue mich schon darauf, unsere nächste gemeinsame Reise zu planen, sobald du dich danach fühlst", sagte sie.

Ethan grinste. „Ich denke, das hat noch ein wenig Zeit."

ENDE.

Auf dem Weg aus Thons Dorf

Ethan hatte gerade seinen Rucksack aufgesetzt und geprüft, ob die Gurte richtig eingestellt waren, als Thon an die Tür klopfte.

Ethan ging hinüber und öffnete die Tür weit. „Komm rein", sagte er, ohne richtig hinzuschauen, wer vor der Tür gestanden hatte.

Thon trat vorsichtig über die Schwelle. Sein ruhiges Gesicht schien wie eine Maske. Ethan war ziemlich sicher, dass eine Menge an Sorge dahinter versteckt war. „Seid ihr bereit?"

Dass Ethan bereits fertig angezogen, den Rucksack auf dem Rücken und somit bereit zum Aufbruch dastand, war ja nicht zu übersehen. Ethan vermutete daher, dass er tatsächlich nur nach Emily fragte, was er auch nicht anders erwartet hatte. „Ich bin so weit", sagte er trotzdem. „Ich glaube, Emily packt noch die letzten Sachen in ihren Rucksack."

Als Emily das hörte, kam sie aus dem Nebenzimmer herüber – mit einem strahlenden Lachen auf dem Gesicht. „Da bin ich", sagte sie. „Ich bin fast fertig. Aber ich schaffe es gerade nicht, die Riemen richtig einzustellen". Thon nahm das als willkommene Bitte, zu ihr zu gehen. Er hob den Rucksack hoch, so dass Emily ihn sich leicht über die Schultern ziehen und die Arme durch die Riemen stecken konnte.

„Noch nicht ganz", sagte sie. „Hier." Dabei zeigte sie auf eine Stelle, wo der Rucksack wohl drückte. Ethan verdrehte die Augen.

Seit mehr als zehn Jahren benutzte Emily immer wieder Rucksäcke. Sie wusste ganz genau, wie man sie richtig packte und wie man sie so aufsetzte, dass alles gut saß. Als erfahrene Wanderin brauchte sie nie irgendwelche Hilfe, um sich auf eine Wanderung vorzubereiten.

Es konnte also nur die Anziehungskraft zwischen einem jungen amerikanischen Mädchen und ihrem exotischen einheimischen Reiseführer sein. Obwohl es ja seine Schwester war, machte es ihn doch fast ein wenig eifersüchtig, und er war etwas gereizt, was unter anderen Umständen wohl nicht der Fall gewesen wäre.

„Kommt schon", sagte er. „Wir haben nicht den ganzen Tag für sowas Zeit. Ihr zwei könnt doch unterwegs genauso gut flirten wie hier."

Emily machte ein paar schnelle Schritte in seine Richtung. „Wovon sprichst du?", fragte sie. „Ich habe doch nur um etwas Hilfe mit meinem Rucksack gebeten."

„Das stimmt", sagte Ethan. „Und ich bin der König von Frankreich. Wir müssen jetzt los, oder?" Diese Frage richtete sich an Thon, der widerwillig nickte.

„Es ist sehr nett von deinem Dorf, dass wir euer Auto nehmen dürfen", sagte Emily. „Obwohl ich nicht glaube, dass wir das wirklich brauchen. Ich bin mir sicher, dass wir die Strecke auch in einem Tag oder weniger wandern könnten."

„Ja, vermutlich", sagte Thon. „Du bist eine sehr gute Wanderin."

Emily wurde etwas rot im Gesicht.

Thon fuhr fort: „Aber es ist schon wichtig, dass wir euch so schnell wie möglich dorthin bringen, um unnötige Schwierigkeiten zu vermeiden."

Ethan war verärgert. Thon hatte nun oft genug von „anderen Schwierigkeiten" und dergleichen gesprochen, aber er hatte nie näher erläutert, was er damit meinte, wenn Ethan ihn gefragt hatte. Aber natürlich war es trotzdem sehr freundlich und hilfsbereit von seinem Dorf, wenn sie ihm eines ihrer nur drei Autos gaben, um die Zwillinge in die nächste Stadt zu bringen. Auf diese Weise sollte es bis dorthin nur etwa anderthalb Stunden dauern. In Luftlinie gemessen war es gar nicht weit – aber ein Auto konnte ja nicht fliegen. Mit dem Auto ging es in Serpentinen über Bergpässe und durch steile Schluchten. Aber das war immer noch schneller, als zu Fuß über den steilen Gipfel und dann auf der anderen Seite hinunter in die Stadt im nächsten Tal zu wandern.

Als das Auto vor dem Haus ankam, machte es keinen großartigen Eindruck. Es war ein sehr alter Ford Escort, ein Modell, das Ethan zuhause in den USA schon seit einigen Jahren nicht mehr auf der Straße gesehen hatte.

Es war sauber, aber an vielen Stellen rostig. Die Reifen waren neu, aber die Federung knarrte bedrohlich, als sie einstiegen. „Es ist nichts Besonderes", sagte Thons Vater, der hinter dem Steuer saß. „Aber es wird uns an unser Ziel bringen. Ich habe es selbst schon oft repariert. Damit sind wir auch vorbereitet für den Fall, dass etwas schief gehen sollte."

Als sie über die Hauptstraße aus dem Dorf hinausfuhren, kamen die Leute aus ihren Häusern und winkten ihnen vom Straßenrand aus zu.

Thons Vater fuhr ganz langsam, so dass die Zwillinge aus den Fenstern zurückwinken und sich so von den Menschen verabschieden konnten, die sie in den letzten Tagen kennengelernt hatten.

Mehr als einmal hörte Ethan sich selbst sagen, dass sie wiederkommen würden. Er hatte keine Ahnung, wann das sein sollte, aber er musste zugeben, dass der Aufenthalt in diesem friedlichen Dorf ihm wunderbar gutgetan hatte. Wenn da nicht seine Schwester mit ihrem möchtegern-Freund gewesen wäre, wäre es eine der angenehmsten Zeiten seines Lebens gewesen. Er hatte die paar Tage im Dorf wirklich genossen. Trotzdem war er etwas besorgt darüber, dass sie keine Gelegenheit gehabt hatten, um ihren Eltern mitzuteilen, wie es ihnen ging und was ihr weiterer Plan war.

Heute sollte das endlich möglich werden. Irgendwo würden sie bestimmt Zugang zu einem Satellitentelefon bekommen und dann könnten sie ihren Eltern Bericht erstatten und mit ihnen beratschlagen, was sie als nächstes tun sollten.

Während der ersten halben bis ganzen Stunde war die Straße sehr gut. Sie war regelmäßig ausgebessert worden, und obwohl hier und da Felsen vom Hang herunter auf die Fahrbahn gefallen waren,

waren diese meist zur Seite geräumt worden, so dass sie den Verkehr nicht behinderten.

„Da hat jemand aber gute Arbeit geleistet, um diese Straße freizuräumen", kommentierte Ethan. „Das hätte ich gar nicht erwartet, dass die Regierung sich hier so weit abseits so schnell darum kümmert." Thons Vater lachte herzhaft auf. Er zeigte seinen Bizeps und sagte: „Das hier ist unsere Regierung. Wir rechnen überhaupt nicht damit, dass die Regierung irgendetwas für uns tut. Diese Straße hier ist die Lebensader für unser Dorf. Sie muss jederzeit befahrbar sein, um in die Nachbarorte zu kommen."

Nachdem sie eine Dreiviertelstunde gefahren waren, ging es in gefährlichen Serpentinen abwärts in ein Tal, durch das ein schmaler Fluss verlief.

Thons Vater fuhr sehr langsam. Im kleinen Gang nutzte er den Motor als Bremse, um nicht die ganze Zeit auf die Bremse treten zu müssen. „Sonst könnten die Bremsen überhitzen", erklärte er. Unten in der Talsohle führte eine schmale, einspurige Brücke über den Fluss. Dann ging die Straße auf der anderen Seite in ähnlichen Schlangenlinien weiter.

Am Rand der Brücke stand ein Mann in militärischer Uniform, sein Gewehr hing über seiner Brust. Er winkte, damit sie langsamer fuhren und vor ihm anhalten sollten. Thons Vater tauschte einen Blick mit seinem Sohn aus.

Ethan fragte sich, was das wohl zu bedeuten haben würde. Es schien ihm fast, als ob die beiden so etwas in der Art erwartetet hätten. Dann ließ Thons Vater sein Fenster herunter.

„Was hat das zu bedeuten?", fragte er und lehnte seinen Kopf dabei halb aus dem Wagen. „Ich bin auf dem Weg nach San Gabriel."

„Niemand fährt heute nach San Gabriel", sagte der Mann. „Diese Straße wird von der Weißen Wache kontrolliert."

„Die Weiße Wache?", fragte Thons Vater. „Nie davon gehört."

Der Mann sah beleidigt aus.

„Nun", sagte er, „Sie werden in nächster Zeit noch mehr von uns hören. Und jetzt hören Sie von mir, dass Sie hier nicht langfahren können."

„Aber wir müssen hier lang", sagte Thons Vater. „Wir haben ...", und dann brach er mitten im Satz ab.

„Sie haben …?", fragte der Mann zurück und zeigte nun doch ein wenig Interesse. Er machte zwei Schritte in Richtung Auto. Sein Zeigefinger lag auf dem Auslöser seiner Waffe.

„Wir haben wichtige Dinge in San Gabriel zu erledigen", beendete Thons Vater den Satz. „Haben Sie nicht eine Möglichkeit, uns doch zu erlauben, diese Straße zu benutzen?"

„Nein, Sie können hier nicht durch", sagte der Mann dann doch wieder barsch.

„Wir sind auch gerne bereit, etwas dafür zu bezahlen", sagte Thons Vater, „wenn Sie uns nach Sapallu durchlassen. Dort können wir dann an der Bank Geld dafür abheben."

„Das wird Ihnen nichts nutzen", sagte der Mann. „Die Bank in Sapallu ist geschlossen. Alle Banken sind auf Anordnung der Regierung geschlossen worden. Als Vergeltung dafür hat die Weiße Wache die Straßen in Besitz genommen. Wir werden sie erst wieder freigeben, wenn die Regierung die Banken wieder öffnet."

Emily lehnte sich zu Ethan rüber und flüsterte: „Ich wette, es gab einen großen Run auf die Banken nach dem Erdbeben. Ich wette, dass das jetzt genau die Hyperinflation ist, vor der wir für den Fall einer Katastrophe gewarnt wurden." Ethan nickte und hatte dabei den Mann und seine Waffe fest im Blick.

„Aber wenn die Bank geschlossen ist", sagte Thons Vater, „wie sollen wir dann an unser Geld kommen?"

„Das ist nicht mein Problem", sagte der Mann. „Meine Aufgabe ist es, sicherzustellen, dass diese Straße von niemandem außer den Mitgliedern der Weißen Wache benutzt wird."

Thons Vater sagte: „Wir haben doch nichts mit Ihrem Kampf gegen die Regierung zu tun. Können Sie uns bitte vorbeilassen?" Der Mann reagierte nicht darauf, außer dass er sich wieder zu seiner Position an der Brücke zurückbewegte.

Thons Vater versuchte es noch einmal. „Was kann ich dann tun? Wie komme ich nach Sapallu? Es ist wirklich sehr wichtig für uns."

War der Mann inzwischen versteinert? Es sah fast so aus. Ethan dachte, dass er ja wohl atmen würde. Aber man konnte es nicht erkennen.

Thons Vater schloss sein Fenster wieder und forderte auch Thon dazu auf. „Es sieht nicht danach aus, als ob wir es schaffen, hier vorbeizukommen", sagte er. Er legte seine Hand auf den Arm seines Sohnes. „Dann werdet ihr wohl doch zu Fuß wandern müssen."

Emily löste sich als erste von dem Schock, den diese Einsicht bei ihnen allen ausgelöst hatte. „Wir werden *gehen* müssen?", fragte sie. „Wir müssen uns ernsthaft von diesem Kerl da herumkommandieren lassen?"

Ethan versetzte ihr einen leichten Schlag gegen die Schulter. Dabei starrte er immer noch aus dem Fenster auf den weißen Wächter. „Er hat eine Waffe. Wir müssen uns nicht von ihm kommandieren *lassen*. Er kann es einfach, egal ob es uns gefällt oder nicht."

Emily schnaubte. Aber Ethan hatte Recht, sie konnten wirklich nichts dagegen tun. Der Mann wollte nicht nachgeben. Und wenn sie ihn zu sehr reizen würden, würde er ihnen möglicherweise sogar das Auto nehmen und sie würden erst recht in Schwierigkeiten stecken.

Thons Vater parkte auf einem Stück Gras am Straßenrand, so dass er schon fast in die Richtung stand, aus der sie gekommen waren. Er drehte sich zu den Zwillingen nach hinten. „Es tut mir sehr leid, Ethan und Emily. Aber es sieht so aus, als ob ich euch nur bis hierher bringen kann. Leider haben wir erst die halbe Strecke nach Sapallu hinter uns, und es hat euch nicht wirklich viel Zeit gespart."

Thon ließ sein Fenster wieder herunter und lehnte sich so weit heraus, dass er schließlich in dem Fenster saß. Er drehte seinen Kopf mehrfach hin und her. Dann rutschte er wieder ins Auto zurück. „Ich weiß, wo wir sind", sagte er. „Wir müssen nur noch über diesen Berg. Das dauert nur ein paar Stunden. Der Aufstieg ist anstrengend, aber auch nicht schwieriger als von den Ychurichuc-Ruinen zu unserem Dorf."

Ethan überlegte einen Moment und sagte: „*Deshalb* hast du uns so viele Vorräte einpacken lassen. Es war gar nicht wegen der Schwierigkeiten, die in Sapallu passieren könnten, oder?"

Thon schüttelte den Kopf. „Ich wollte euch nicht beunruhigen. Aber manchmal, wenn es Ärger gibt, kommen Banditen hier in die Berge. Ich konnte es also nicht ausschließen, dass uns so etwas passieren könnte. Ich wollte nur, dass wir vorbereitet sind für den Fall der Fälle."

„Das ist das Beste, was du bisher überhaupt gesagt hast", sagte Ethan. „Ich bin ein großer Fan von guter Vorbereitung."

„Ich habe auch einen Rucksack", sagte Thon. „Er ist im Kofferraum. Ich werde ihn herausholen, und dann können wir losgehen. Wandern. Oder besser: klettern. Wenn wir uns beeilen, können wir es noch vor Einbruch der Dunkelheit schaffen." Sie stiegen alle aus dem Auto aus.

Thons Vater blickte skeptisch gen Himmel. Es war inzwischen sehr nebelig geworden. „Es könnte Regen geben, aber da kann man nichts machen. Ich werde beten, dass es nicht regnet."

„Danke, Vater", sagte Thon. „Das ist das Einzige, was wir jetzt noch tun können."

„Gott wird dich beschützen", sagte Thons Vater. „Und ich bete, dass ihr eine gute Zeit haben werdet. Ich fahre dann zurück ins Dorf und warte dort auf dich. Wenn du bis morgen Abend bei Sonnenuntergang nicht zurück bist, werden wir uns auf den Weg machen, um euch zu suchen."

Thon nickte und umarmte seinen Vater. Dann setzten Ethan, Emily und Thon ihre Rucksäcke auf und machten sich auf den Weg. Zuerst ging es ein Stück die Straße wieder zurück bis zu einer Serpentinenkurve. Thons Vater begleitete sie bis dorthin.

„Hier verlassen wir die Straße", sagte Thon. Er zeigte auf den Gipfel über ihnen. „Es geht diesen Berg hinauf. Auf der anderen Seite ist dann schon Sapallu."

Ethan schluckte. „Das sieht aber ziemlich schwierig aus", sagte er.

Emily schüttelte den Kopf. „Ich hätte diese Strecke nicht ausgesucht, darauf kannst du wetten. Aber Thon hat schon Recht. Viel schwieriger als die Wanderung, die wir von Ychurichuc aus gemacht haben, scheint es nicht zu sein. Wir können es schaffen. Wenn es nicht regnet. Oder zumindest, wenn es nicht stärker regnet", sagte sie und wischte mit dem Daumen einen Tropfen von ihrer Schulter.

„Es gibt einen Weg", sagte Thon. „Es war über Hunderte von Jahren die einzige Strecke. Zu der Zeit, als es die Straße noch nicht gab."

„An mir soll's nicht liegen", sagte Ethan. „Lasst uns gehen."

„Vielleicht ist der Berg gar nicht euer größtes Problem", sagte Thons Vater. „Wenn dieser Mann Recht hat", sagte er und sprach dabei so, als wenn der Mann nicht weiter ganz in ihrer Nähe stünde, „kann die Lage in der Stadt sehr schwierig sein. Wenn die Banken geschlossen sind, werdet ihr kaum an Geld kommen. Das könnte es für euch deutlich schwieriger machen, das Land zu verlassen."

„Warum sollten sie denn jetzt die Banken schließen?", fragte Emily.

Thons Vater erklärte: „Manchmal bei Krisen so ähnlich wie dieser jetzt rennen alle Leute zur Bank, um ihr Geld abzuheben, aus Angst, dass sie später nichts mehr bekommen. Und weil sie alle Bargeld brauchen, wenn das Finanzsystem vorübergehend nicht funktioniert."

„So wie ich es in der Hotellobby gesehen habe", sagte Ethan. „Weißt du noch, direkt nach dem kleineren Erdbeben kurz nachdem wir angekommen sind?", sagte er zu Emily. „Die Leute in der Lobby haben dem Geldautomaten ziemlich zugesetzt. Wenn Menschen unter Stress stehen oder sich in einer schwierigen Lage befinden, scheinen sie sich immer auf Bargeld verlassen zu wollen, weil sie sich damit sicherer fühlen."

„Das stimmt", sagte Thons Vater. „Von daher überrascht mich deine Beobachtung im Hotel nicht. Die Leute werden sicherlich zur Bank gegangen sein und versucht haben, so viel Geld abzuheben, wie möglich. Wenn das viele Leute machen, hat die Bank nicht genug Bargeld für alle Abhebungen. Dadurch werden die Menschen dann noch panischer. Wenn das nur an ein oder zwei Stellen im Land passiert, ist es nicht so schlimm. Aber wenn es im ganzen Land so ist, dann kann es echte Probleme geben, weil dadurch das gesamte Bankensystem erschüttert wird. Dann würde die Regierung anordnen, die Banken zu schließen, anstatt zu riskieren, dass sie nicht in der Lage sind, allen Kunden ihr Geld auszahlen zu können."

„Aber wenn so etwas passiert", fragte Ethan, „wie bekommen die Leute dann ihr Geld?"

„Gar nicht."

„Und wenn das ganze Geld plötzlich von den Banken abgehoben wird und damit in Umlauf kommt, verschlimmert sich dadurch nicht die Inflation?"

„Na klar", antwortete Thons Vater. „Die ‚normale' Inflation bei uns beträgt bereits mehr als 25 Prozent. Das ist einer der Gründe, warum unser Dorf an echten Werten festhält wie Wasser, Ernten und sogar Gold oder Silber. Diese Dinge behalten ihren Wert selbst dann, wenn es eine Krise im Finanzsystem gibt. So wie im Moment."

Emily schnippte mit den Fingern und sagte zu Ethan: „Warte mal. Deshalb hatten wir doch versucht, so viel von unserem Geld wie möglich in Dollar zu behalten, oder?"

„Ja, das stimmt", sagte Ethan. „Wie kommst du jetzt darauf?"

„Verstehst du das denn nicht?", fragte Emily. „Weil wir unser Geld in Form von Dollars haben, haben wir immer noch echte Vermögenswerte, an denen die Menschen interessiert sind. Wir haben eine Währung, die die Menschen auch dann haben wollen, wenn die *Saladera* völlig zusammengebrochen ist."

„Das freut mich für euch", sagte Thons Vater. „Ich wusste gar nicht, dass ihr noch Dollars habt. Die meisten Touristen bringen kaum Bargeld mit und versorgen sich dann am Geldautomaten mit *Saladeras*. Oder sie tauschen gleich nach ihrer Ankunft mehr Dollars in *Saladeras* um, als sie tatsächlich brauchen werden. Das habt ihr also nicht gemacht."

„Nein", sagte Ethan, „das haben wir nicht gemacht. Ich habe eine ganze Menge Dollars mitgebracht, obwohl ich nicht genau wusste, wie das System funktionieren würde, was am besten wäre und ob ich meine Dollars wohl zu einem guten Kurs würde wechseln können. Ich wollte einfach sicher sein, dass, was auch immer passieren könnte, ich verschiedene Währungen zur Auswahl hätte, für den Fall, dass eine von ihnen besser wäre als die anderen."

Thons Vater nickte anerkennend. „Mein Sohn hatte mir schon gesagt, dass ihr beide sehr intelligent und ideenreich seid. Jetzt sehe ich, dass er Recht hat. Geht mit Gott, Kinder. Und kommt sicher zurück."

Weiter geht's mit „Bergsteigen" auf der nächsten Seite.

Bergsteigen

Anfangs war es nur eine sanfte Steigung und der Weg war fest und trocken, gut markiert und recht breit. Aber schon nach ein paar hundert Metern begann der steile Aufstieg. Äste ragten in den Weg hinein. Aber der Weg war weiter recht gut – an den besonders steilen Stellen waren Stufen in den Felsen gehauen, sodass sie immer guten Halt hatten. Obwohl die Strecke schon anspruchsvoll war, kamen sie zügig vorwärts.

Thon ging voran. Dabei schaute er ständig rund um sich, als ob er erwartete, dass irgendjemand – oder irgendetwas – unerwartet auftauchen würde. Ethan war davon genervt und er fragte Thon mehrmals, warum er das macht. Aber Thon zuckte jedes Mal nur mit den Schultern und sagte: „Ich bin mir sicher, dass alles in Ordnung ist." Die Wolken zogen sich weiter zusammen, und das Gezwitscher der Vögel wurde weniger.

Emily sah ein- oder zweimal etwas durch die Büsche schlängeln, als ob es auf dem gleichen Weg wie sie unterwegs wäre. „Gibt es eigentlich Wölfe hier?", fragte sie.

„Ja, schon", antwortete Thon. „Es gibt ein Rudel nicht weit von hier. Aber bei Tageslicht werden sie uns nichts tun."

„Und was ist, wenn es regnet?", fragte Ethan. „Ich meine, wenn die Wolken dichter werden und es dadurch auch dunkler wird?"

„Das wäre ziemlich ungünstig", antwortete Thon leise, wie beiläufig und nüchtern, als wenn er über einen Schachzug sprechen würde. „Lasst uns besser beten, dass das nicht geschieht."

Sie stiegen immer höher und höher hinauf. Es ging serpentinenartig im Zickzack hin und her auf einem schmalen Pfad. Und es schien, als ob es jeden Moment anfangen könnte zu regnen.

Kurz bevor sie den Kamm des Hügels erreichten, gab es einen besonders steilen Abschnitt, wo sie sich gegenseitig festhalten und ziehen mussten.

Sie keuchten. Und weil es deutlich kälter geworden war, konnten sie den Hauch ihres Atems sehen, als wären sie fauchende Drachen. Von Ferne hörten sie ein tiefes Grummeln und dann begann es zu regnen. Aber noch schlimmer war, dass die Wolken immer tiefer kamen, bis die ganze Gegend am Gipfel in Nebel getaucht war.

„Das ist bestimmt schön anzusehen – von Ferne und aus einer warmen und trockenen Wohnung heraus", sagte Emily. Sie warf sich einen Regenponcho über den Kopf, den sie zusammen mit den Vorräten in Thons Dorf bekommen hatte. So blieb sie zumindest einigermaßen trocken. In ihren Regensachen sahen die drei ein bisschen wie Spielzeugfiguren aus. Aber wenigstens hielt es sie trocken. So gingen sie immer weiter und hielten weiter vorsichtshalber Ausschau nach den Wölfen.

Ethan bewegte sich so laut wie nur möglich. Er klopfte auf seinen Rucksack und er pfiff sogar ein wenig. Er hatte sich an seine Zeit bei den Pfadfindern erinnert, wo er gelernt hatte, dass die meisten Tiere Angst vor unbekannten Geräuschen haben. Ob es also an seinen Geräuschen lag? Immerhin bekamen sie keinen Wolfsbesuch, und schließlich sahen sie auch keine Bewegungen mehr im Unterholz.

Dann wurde der Weg breiter und flacher.

„Wir sind fast oben. Kommt weiter", sagte Thon. Dabei war in seinem angespannten Gesicht auch ein leichtes Lächeln zu erkennen.

Ethan bemerkte, dass er Emilys Hand gar nicht mehr losgelassen hatte – und sie hatte anscheinend auch nicht danach verlangt. *Nun gut, dieser Moment hier sei ihnen gegönnt. Aber bald werden wir unten sein, und dann ist Schluss damit.* Er musste sich schon eingestehen, dass er ein wenig eifersüchtig war und wünschte, dass sich seine Schwester und ihr Wanderführer nicht ganz so nahegekommen wären.

Auf dem Plateau gab es kaum Vegetation. Der Weg verlief hier lange fast geradeaus. Ein Abschnitt führte zwischen zwei riesigen Felsen hindurch, die wie die Beine eines Riesen aus der Erde ragten. Aus irgendeinem Grund schien es Ethan, dass sie hier so ruhig wie möglich sein sollten. Vielleicht lag es daran, dass ihn die Felsen an die massiven Statuen in der Stadt Osgiliath im *Herrn der Ringe* erinnerten. Aber unabhängig davon war ihm klar, dass dies ein Ort war, der Respekt und sogar Ehrfurcht verdiente. „Ist dies hier ein heiliger Ort?", fragte er Thon.

Thon nickte und hielt inne, um die Felssäulen zu betrachten. „Hier gab es einmal eine große Statue", sagte er. „Sie wurde errichtet, noch bevor mein Volk in dieses Gebiet kam. Niemand weiß Genaueres darüber. Aber ich habe immer das Gefühl gehabt, dass hier noch die Kraft einer historischen Macht zu spüren ist."

Wer weiß, wie lange sie noch dort – selbst im Regen – stehen geblieben wären. Aber plötzlich durchbrach ein Schrei von hinten ihre Stille.

„Hey! Halt!" Danach schrie die Stimme etwas sehr schnell in einer fremden Sprache.

Thon drehte sich sogleich um und sein Blick war erschrocken. „Lauft!", sagte er.

Das ist es also, was er befürchtet hatte. Er hat die ganze Zeit danach Ausschau gehalten. Ich dachte, es waren die Wölfe, aber es war dies hier, schoss es Ethan durch den Kopf. Die Zwillinge blieben überrascht und verwirrt stehen.

„Lauft!", rief Thon nun eindringlich und gab ihnen einen Schubs. „Banditen!"

Die Zwillinge hatten diese zweite Aufforderung gebraucht, um den Ernst der Lage zu verstehen, aber sie brauchten definitiv keine dritte. Blitzschnell setzten sie sich in Bewegung. Emily hatte gedacht, dass sie schon müde sei. Aber es zeigte sich, dass sie noch über reichlich Reserven verfügte, um wie wahnsinnig loszulaufen.

Es war natürlich kein richtiges Rennen in diesem unebenen Gelände. Es ging nun steil bergab. Unter ihren Stiefeln knirschte das Geröll. Sie rannte ein paar Schritte, bremste abrupt, rutschte über Sand und losen Fels, und dann ging es in entgegengesetzter Richtung weiter.

Das wiederholte sich nun alle paar Sekunden. Hinter sich spürte sie Ethans Atem. Er hörte sich von Minute zu Minute angestrengter an. Emily schaute sich um, ob sie Thon sehen konnte, aber er war nirgends zu entdecken. Dann hörten sie einen Schuss. Aber Emily konnte nicht erkennen, wohin die Kugel ging.

Ethan streckte seine Hand aus und packte den Griff ihres Rucksacks, um sie zum Stehen zu bringen.

Sie wirbelte herum. „Wir müssen rennen!", rief sie.

„Aber was ist, wenn sie wollen, dass wir genau das tun?", fragte Ethan. „Was, wenn der Schuss von hinten uns in eine Falle locken soll?"

„Und was, wenn es genau das *nicht* ist?", fragte Emily zurück. „Was, wenn sie uns jagen? Und sie uns dann erwischen, wenn wir hier stehen bleiben?"

Du entscheidest, wie es weiter geht.
„Vor den Banditen verstecken" auf der nächsten Seite.
Oder flüchten mit „Lauft!" auf Seite 310.

Vor den Banditen verstecken

„Was sollen wir tun?", fragte Emily.

„Keine Ahnung", antwortete Ethan.

„Wir können nicht herausfinden, welche Variante die richtige ist. Wir müssen auf unser Gefühl vertrauen." Von Thon war nach wie vor nichts zu sehen.

Das war für Emily ausschlaggebend. „Lass uns hier verstecken", sagte sie.

Sie waren schon so weit wieder abgestiegen, dass es ein dichtes Unterholz gab. Ihre Kleidung passte gut zum Schmutz und Grün des Laubs. Wenn sie sich auf ihre Rucksäcke legen würden, war die Chance ziemlich gut, dass man sie auch aus der Nähe nicht bemerken würde.

„Jeder auf einer anderen Seite?", schlug Ethan vor.

„Ja, ich denke, das ist am sichersten", bestätigte Emily. Jeder von ihnen legte sich auf einer Seite des Weges etwas abseits ins Gebüsch. Sie legten ihre Rucksäcke unter sich, so dass die knalligen Farben nicht auffielen. Ethan zog ein paar Äste zu sich, die ihn so verdeckten. Emily bedeckte sich mit etwas Erde, um sich farblich anzupassen und noch besser zu tarnen. Wie gut, dass sie heute beide Kleidung in Oliv und Khaki trugen.

Einige Sekunden vergingen. Weiter oben wurde weiter laut geschrien. Eine Kugel traf einen Felsen, prallte ab und fiel ins Laub.

Emily konnte Ethans Gesicht auf der anderen Seite des Weges erkennen. Seine Augen waren vor Schreck weit aufgerissen.

Dann gab es einen Schauer von Steinen und Geröll. Es war Thon, der um die Ecke gerannt kam.

Er hatte eine Pistole in seiner Hand.

Er drehte sich um und richtete die Pistole auf den Weg hinter ihm.

Emily zischte ihn an.

Thon sah sich um, konnte sie aber nicht erkennen. „Hier drüben", sagte Emily. Er machte einen Schritt zur Seite an den Rand des Weges. Emily streckte ihre Hand aus und berührte ihn am Hosenbein. „Wir haben uns hier versteckt", sagte sie. „Wir dachten, weiter unten könnte ein Hinterhalt sein."

Thon duckte sich neben ihr und hielt die Pistole weiter auf den Weg. „Guter Gedanke", sagte er. „Ich wäre direkt hineingelaufen."

„Falls es tatsächlich einen gibt", sagte Emily. „Versteck dich hier bei uns."

„Nein, keine Zeit", erwiderte er. „Ich laufe noch ein Stück weiter und suche dort nach einem geeigneten Versteck. Bleibt hier und wartet auf mich." Damit stürmte er los in die Dämmerung hinein.

Ein weiterer Schuss. Es klang wie von einer größeren Waffe. Wahrscheinlich ein Gewehr. Emily sah den Blitz direkt über sich. Augenblicke später kamen drei der Banditen in Sichtweite, die Repetiergewehre trugen. Einer von ihnen hatte auch eine Pistole. Nachdem sie ein paar Meter an Emilys und Ethans Versteck vorbei waren, hielten sie an.

„Ich sehe nur einen von ihnen", sagte der Anführer.

„Waren es etwa mehrere?" Die anderen beiden zuckten mit den Achseln. „Der einzige, den ich gesehen habe, ist der junge Typ aus dem Dorf. Er wird nichts Wertvolles dabeihaben. Dieses Dorf lohnt sich nicht. Sie haben dort keinerlei moderne Technik."

Der andere versetzte ihm einen Schlag gegen den Hinterkopf. „Wir dürfen ihn nicht entkommen und die Leute warnen lassen, dass wir hier oben sind. Das würde alles ruinieren."

„Und wo sind die beiden anderen geblieben? Die Blonden", sagte einer von ihnen. „Sind die einfach so superschnell wie fast alle Amerikaner?"

Vermutlich hätten sie noch länger darüber diskutiert, wenn nicht genau in diesem Moment über ihren Köpfen das typische Geräusch eines Hubschraubers zu hören gewesen wäre.

Emily drehte ihren Kopf ganz vorsichtig ein wenig, um sehen zu können, was passierte. Über den Baumkronen schwebte ein ziemlich heruntergekommener Hubschrauber, der wohl noch aus der Zeit des Zweiten Weltkriegs stammen musste.

„Es ist Jefe", sagte der Anführer. „Er will zurück ins Lager."

„Was machen wir nun mit diesen Kids? Er wird uns umbringen, wenn er erfährt, dass wir sie haben entkommen lassen."

„Wir haben nichts gesehen, oder?", sagte der Anführer. „Hier oben ist doch den ganzen Morgen über nichts passiert, oder?"

Er blickte den anderen beiden fest in die Augen. „Nichts", bestätigte einer von ihnen.

Dann drehten sie sich um und gingen den Weg wieder hinauf in Richtung Gipfel.

Einen Augenblick später ertönte eine Stimme von weiter unten. „Hey, wartet auf uns!"

Zwei weitere Männer kamen den Weg hinauf. Sie schlossen sich den drei anderen auf ihrem Weg den Hügel hinauf an. „Habe ich vorhin nicht Schüsse gehört?", fragte einer von ihnen.

„Ja", sagte der Anführer. „Jose hatte einige Wölfe entdeckt und hat auf sie geschossen." Dann waren sie hinter der nächsten Biegung über den Zwillingen verschwunden. Einige Zeit später, nachdem von ihnen nichts mehr zu hören gewesen war und man nur noch das Tropfen des Regens auf die Blätter hörte, kroch Ethan aus seinem Versteck.

Er blickte vorsichtig nach oben. „Sie sind weg", sagte er.

Emily stand auf und staubte sich ab. „Wie gut, dass wir an die Möglichkeit des Hinterhalts gedacht haben", sagte sie. „Da haben wir nochmal Glück gehabt. Sonst wären wir den anderen beiden direkt in die Arme gelaufen."

„Komisch, eigentlich hätte Thon ihnen ja in die Falle gehen müssen", sagte Ethan. „Hat er sich etwa unsichtbar gemacht?"

„Hey", rief Thon von unten. „Lasst uns weitergehen."

Die Zwillinge gingen hinab in Richtung der Stimme. Etwa fünfzig Meter unter ihnen stand er mitten auf dem Weg und grinste verschmitzt. „Das war ja mal eine interessante Abwechslung am Vormittag", sagte er und packte seine Pistole in den Rucksack.

„Du warst ja auf direktem Weg in die Falle. Wie bist du ihnen entkommen?", fragte Emily und strahlte dabei über das ganze Gesicht.

Er lachte zurück und wischte einige Blätter von seiner Kleidung. „Ich habe mich direkt hinter dieser Ecke in die Büsche gemacht. So haben sie mich wohl aus den Augen verloren."

„Du hast eine Pistole dabei", sagte Ethan. „Das hattest du uns gar nicht gesagt."

„Ich kann halt nicht alles verraten", sagte Thon. „Und ich hatte sehr gehofft, dass ich sie nicht brauchen würde. Aber man weiß nie, was einem hier in den Bergen begegnet." Er streckte seinen Arm aus und nahm Emily wieder an die Hand. „Bist du okay?"

„Ja, jetzt schon", sagte sie.

„Dank dieser schnellen Verfolgungsjagd sind wir jetzt nur noch etwa eine Stunde vom Dorf entfernt." Thon deutete über seine Schulter. „Dort könnt ihr die Kirchturmspitze schon sehen."

Weiter geht's mit „Pater Augustin" auf Seite 326.

Lauft!

„Wir können hier nicht stehen bleiben", sagte Ethan. „Verstecken oder rennen?"

Eine Gewehrkugel knallte gegen einen Felsen nur zwei Meter von ihnen entfernt. „Also rennen", schrie Emily und sprintete los. Ethan rannte ihr nach, dabei konnte er sich nur mühsam auf den Beinen halten.

Durch den Regen waren die Felsen rutschig, und auch mit ihren fast neuen Wanderschuhe hatten sie keinen richtigen Halt. Emily rutschte seitlich in die Büsche, Ethan packte ihre Hand und zog sie zurück auf den Weg. Schon waren sie an der nächsten Biegung.

Als sie um die Ecke bogen, rannten sie direkt in zwei Männer hinein. Die Zwillinge prallten an ihnen ab, als wären die Männer aus Stein, und fielen auf den Weg.

„Sieh an", sagte einer von ihnen. „Was haben wir denn hier?"
Emily schrie.

Einer der Männer hielt ihr mit der Hand den Mund zu. Sie biss und schmeckte dabei das Blut.

Jetzt schrie *er*. Der andere stieß Ethan mit seinem Gewehrkolben in den Bauch und Ethan sackte in sich zusammen. Der Mann fuchtelte mit seiner Waffe vor Emilys Gesicht rum und sagte: „Wenn du nicht still bist, mache ich mit dir das gleiche."

Emily hörte auf zu schreien.

Ihr Bruder wand sich vor Schmerz auf dem Boden. Aber er machte eine Bewegung mit seiner Hand, als ob er sagen wollte, ich bin okay. Der Mann schimpfte auf Spanisch. Emily und Ethan taten, als wenn sie ihn nicht verstehen.

„Was wollt ihr hier? Warum klettern zwei Amerikaner hier durch unsere Berge?"

„Ich verstehe kein Spanisch", sagte Emily auf Englisch. „Wir sprechen kein Spanisch. Ich weiß nicht, was sie von uns wollen."

Die Männer schrien noch lauter, als ob sie hofften, dass sie auf diese Weise besser verstanden würden. Emily schüttelte weiter den Kopf und hob ihre Handflächen, um auszudrücken, ich verstehe dich nicht.

„Was sollen wir mit ihnen machen?", fragte einer von ihnen.

„Keine Ahnung", sagte der andere.

„Das hier ist nicht das, wofür ich mich gemeldet habe."

„Aber wir können sie auch nicht einfach laufen lassen", sagte der erste. „Wir sollten sie mit nach oben nehmen. Dann soll Jose entscheiden."

Er zog Ethan hoch und drängte ihn vorwärts.

Ethan stolperte und fiel beinahe wieder hin, aber er konnte sich gerade noch halten. Er blickte zu Emily und hoffte, dass die Banditen kein Englisch sprachen. „Ich bin okay. Das war eine gute Idee."

„Ruhe!", schrie einer der Männer und drohte, Ethan erneut zu schlagen. Ethan sagte nichts mehr. Er ging stur weiter, immer einen Fuß vor den anderen. Emily schaute ihn ein- oder zweimal fragend an, als ob sie sagen wollte *wo ist Thon?* Aber Ethan sagte nichts und hoffte nur, dass ihr Freund entkommen war.

Nach etwa fünfzig Metern trafen sie auf die Gruppe, die sie verfolgt hatte.

Die Männer waren außer Atem vom Laufen. Sie schienen seltsam zufrieden zu sein. Der, den sie Jose nannten, sagte: „Da wird der Chef sich freuen. Genau das hatten wir gehofft. Wenn diese Idioten von der Weißen Garde die Straße kontrollieren, nehmen die Leute den Weg hier über die Berge und wir haben leichtes Spiel mit ihnen. Das ist leicht verdientes Geld."

Sie nahmen Ethan und Emily ihre Rucksäcke ab und begannen, diese zu durchsuchen.

Sofort fanden sie das Geld und damit wurde ihre Unterhaltung noch lebhafter.

„Hey, Jose. Das lohnt sich richtig. Er hat sogar Dollars."

„Die brauchen wir, weil wir ja nicht mehr zur Bank kommen können."

„Hast du noch mehr?", brüllte einer von ihnen Ethan direkt ins Gesicht. Aber er tat so, als würde er nicht verstehen, was sie sagten.

Nach einer Weile beendeten sie die Durchsuchung und fesselten sie mit einem Seil an einen Baum in ihrem Lager. Das Lager selbst war klein. Es gab nur ein paar Zelte, und es schien, als ob sie dort nicht lange bleiben wollten. Angesichts des schwelenden Feuers, des schmutzigen Kochgeschirrs und der wenigen Zelte waren sie wohl gerade erst angekommen. Dies schien also die ganze Gruppe zu sein, es sei denn, sie schliefen zu dritt oder viert in einem Zelt.

Es sollte einer der längsten Tage im Leben der Zwillinge werden. Die Männer machten sich auch über die Verpflegung in den Rucksäcken der Zwillinge her, sie nahmen sich Ethans Kleidung und vor allem feierten sie das erbeutete Geld.

Einer von ihnen meinte, es sei mehr, als sie seit langer Zeit gesehen hätten. Ethan zwinkerte Emily zu.

Hin und wieder flüsterte er zu ihr etwas auf Englisch, und sie flüsterte zurück. „Wo ist Thon wohl hingegangen?", fragte Ethan.

„Keine Ahnung", antwortete Emily. „Aber wenn er uns im Stich lässt, werde ich meine Meinung über die Attraktivität der einheimischen jungen Männer wohl revidieren müssen."

Ab und zu rief ihnen einer der Banditen zu, sie sollten ruhig sein. Aber mehr passierte nicht. Sie nahmen es also nicht so streng mit ihnen.

„Was sollen wir mit ihnen machen?", fragte einer der Männer schließlich. Es war schon spät am Abend. Alle fünf Männer saßen um das Feuer herum. Jose stocherte etwas im Feuer herum und sagte schließlich: „Mir scheint, dass aus denen nicht viel herauszuholen ist."

„Bestimmt haben sie reiche Eltern", sagte der erste. „Wie könnten sie sonst hier sein?"

„Wir könnten ein ordentliches Lösegeld für die beiden verlangen!"

Jose schüttelte den Kopf. „Selbst wenn sie reiche Eltern haben – wie sollte das Geld zu uns kommen? Und bis dahin müssten wir sie hierbehalten, uns um die Versorgung mit Essen kümmern und sicherstellen, dass sie noch am Leben sind, wenn ihre Eltern ankommen."

„Aber wir können sie auch nicht einfach laufenlassen", sagte der erste. „Wenn wir das tun, würden sie alle in der Stadt warnen."

„Wie lange müssen wir eigentlich noch hier oben bleiben?", fragte ein anderer. „Ich habe meiner Frau gesagt, dass ich jemandem helfen müsste, und nicht, dass ich ahnungslose Touristen in den Bergen ausrauben wollte."

Darauf gab es Gemurmel bei den anderen. Es war anscheinend zustimmend. Er war wohl nicht der Einzige, dem es so ging.

„Noch ein paar Tage", sagte Jose. „Solange die Straßen noch blockiert sind, werden noch mehr Leute hier vorbeikommen. Da können wir noch mehr gute Beute machen. Schaut, wie sehr sich der erste Tag schon gelohnt hat!"

Das überzeugte die anderen, und nach einer Weile gingen vier von ihnen in ihre Zelte.

Die Wolken hatten sich verzogen und am Nachthimmel leuchteten die Sterne. Es war sehr kalt. Emily begann zu zittern. Ethan fragte die Männer auf Englisch, ob sie ihnen eine Decke geben könnten. Aber sie sagten nur, dass er still sein sollte. Seine Hände wurden allmählich taub.

Ein Wächter war am Feuer geblieben und hatte sie genau im Blick.

Aber nach einer Stunde sank langsam sein Kopf und schon einen Augenblick später schnarchte er.

Kaum dass seine Augen zugefallen und sein Kinn die Brust gefallen war, zerrte etwas an Ethans Armen. Er hätte schon fast geschrien, aber eine Hand drückte auf seinen Mund. Dann flüsterte eine Stimme ihm ins Ohr.

„Still. Ich bin es. Thon."

Ethan merkte, dass seine Hände wieder frei waren. Einen Moment lang konnte er seine Arme noch nicht wieder bewegen, wo nun mehrere Stunden lang das Blut nicht mehr richtig geflossen war. Thon schnitt auch Emilys Fesseln durch. Er fasste sie unter den Achseln und zog sie rückwärts ins Gebüsch.

Ethan hatte mit einem Auge den schlafenden Wächter genau im Blick und kroch dann auch zu den beiden anderen ins Gebüsch.

Weiter geht's mit „Auf der Flucht" auf der nächsten Seite.

Auf der Flucht

Ethan hoffte, dass ihnen mit der schlafenden Wache und den anderen in ihren Zelten genug Zeit bleiben würde, um zu entkommen. Sie krochen so leise wie möglich durch das Gebüsch. Aber es ließ sich nicht vermeiden, dass sich Steine lösten und dass sie auf einige Zweige traten. Es schien ihm, dass sie erst ein paar Meter weit gekommen waren, als es lautes Geschrei im Lager hinter ihnen gab.

So schnell und leise wie möglich bewegten sich die drei weiter den Berg hinunter. Es ging sehr langsam. Durch die Banditen waren sie von der Straße abgeschnitten. Denn die patrouillierten dort, wohl wissend, dass die Flüchtlinge dort wesentlich schneller vorankommen würden.

Der Rest der Nacht verging fast wie in einem Traum. Sie bewegten sich für einen Moment und hielten dann wieder an. Diese Pausen kamen den Zwillingen vor wie Stunden. Die Kälte drang durch ihre Kleidung. Sie konnten nichts dagegen tun. Sie hatten ja nun keine Wechselsachen mehr, wo ihre ganze Ausrüstung im Lager geblieben war. Thon tat sein Bestes, um sie bei Laune zu halten. „Wir haben Freunde im Dorf", sagte er. „Wenn wir dort sind, können wir diese Kerle verjagen und euch frische Sachen besorgen."

Aber je länger es dauerte, umso mehr schien es Ethan, dass sie es nie schaffen würden. Seine Hände waren wieder taub geworden, diesmal vor Kälte. Als der Himmel im Osten langsam hell wurde, konnte er es kaum glauben.

Soweit er es erkennen konnte, ging es Emily keineswegs besser. Sie hielt sich so dicht wie möglich bei Thon. Dieses Mal beneidete Ethan sie nur. Er versuchte, möglichst dicht bei ihnen zu bleiben. Aber es blieb nicht aus, dass sie sich immer wieder trennten, während sie sich die ganze Nacht über im dünnen Unterholz versteckten. Sie hatten die ganze Zeit über mit einem Schuss gerechnet, der anzeigen würde, dass sie entdeckt worden waren und dass es vorbei war mit ihrem

Glück. Aber als die ersten Sonnenstrahlen über den Gipfel kamen, gaben die Verfolger auf und gingen zurück in ihr Berglager.

Für die letzten paar hundert Meter konnten Thon und die Tuttles dann die Straße nehmen, die sie zum Rand des Dorfes brachte. Mit ein wenig Laufen wurde ihnen auch wieder wärmer und Ethan wurde klar, dass er heute doch noch nicht sterben müsste. Aber er hatte über Nacht einen fast keuchenden Husten bekommen und er wusste, dass er sich nun dringend ausruhen müsste und vielleicht sogar einen Arzt brauchte. Thon bemerkte das auch, und Emily legte ihre Arme um ihren Bruder, um ihn zu wärmen und ihm auch etwas beim Gehen zu helfen.

„Es ist wichtig, dass wir ihn warmhalten", sagte Emily. Thon nickte.

„Im Zentrum der Stadt ist die Kirche. Dort müssen wir hin. Der Pater ist ein Freund von mir. Er wird sich um uns kümmern." Thon war wirklich eine Stütze für die Zwillinge. Der Pater schaute sich die zitternden, nassen Teenager an und rief gleich um Hilfe. Sie wurden umsorgt, bekamen warme Sachen und konnten sich ins Bett legen. Ihre Erschöpfung war so groß, dass Ethan sich später kaum erinnern konnte, eingeschlafen zu sein.

Als er aufwachte, war er orientierungslos. Er sah einen kahlen Raum, weiße Gipswände, ein weiches, aber ziemlich kleines Bett, bei dem seine Füße etwas über die Bettkante hingen. An der Wand über seinem Kopf hing ein hölzernes Kruzifix, sonst gab es keine Dekoration. Er drehte seinen Kopf und sah, dass seine Schwester an seinem Bett saß.

„Hallo, du Schlafmütze", begrüßte sie ihn.

„Hallo zurück", antwortete er und es gelang ihm sogar ein leichtes Lächeln. „Wie spät ist es?"

„Es ist etwa vier Uhr nachmittags", sagte sie.

„Schon vier Uhr?", fragte Ethan alarmiert. „Wir müssen weiter."

„Wow, Cowboy", sagte sie und drückte ihn zurück aufs Bett. „Du gehst erstmal nirgendwo hin. Es ist vier Uhr am Nachmittag und das ist in Ordnung. Aber seit wir hier angekommen sind, ist es schon einen ganzen Tag lang vier Uhr nachmittags. Du hast 36 Stunden geschlafen."

Beim Versuch sich aufzusetzen, musste Ethan wieder husten. Es war ein rasselnder, trockener Husten, der ihm im ganzen Körper wehtat. „Merkst du?", fragte Emily. „Du bist in keinem Zustand, um irgendwo hinzugehen. Ich werde Pater Augustin sagen, dass du wach bist."

Weiter geht's mit „Beim Pater" auf der nächsten Seite.

Beim Pater

Mit jedem Tag ging es Ethan etwas besser und er kam allmählich wieder zu Kräften.

In der Stadt gab es sogar ein Satellitentelefon und obwohl es sehr begehrt war, konnten die Zwillinge ein paar Minuten bekommen, um nach Hause zu telefonieren und Mom und Dad wissen zu lassen, dass es ihnen gut ging.

Ihre Eltern waren sehr in Sorge gewesen, nachdem sie fast eine Woche lang nichts von ihren Kindern gehört hatten, und sich nicht einmal sicher sein konnten, ob die Zwillinge überhaupt noch lebten.

Jetzt waren sie überglücklich, sie lebendig zu hören und dass es ihnen gut geht, wenn auch nach einer Reihe abenteuerlicher und furchterregender Erlebnisse. Gemeinsam überlegten sie nun nach dem besten Weg für sie über die Grenze nach Ecuador, damit sie dann vom Flughafen in der Hauptstadt Quito in die USA zurückfliegen konnten.

Emily war verzweifelt, nachdem sie nicht nur ihre Papiere, sondern nun auch noch all ihr Geld bis auf den letzten Cent verloren hatte. Aber Pater Augustin versicherte ihnen, dass er alles in seiner Macht Stehende tun würde, um sie dorthin zu bringen, wo sie hinmussten.

„Meine Kirche hat recht großen Einfluss in diesem Teil der Welt", sagte er. „Wir engagieren uns immer in humanitären Angelegenheiten und wir möchten allen Kindern Gottes helfen, sich selbst mit dem Lebensnotwendigen versorgen zu können. Derzeit scheint es mir eine Lebensnotwendigkeit zu sein, dass wir euch beide zurück in die Staaten bekommen."

Er hatte sogar eine Truppe organisiert, um in die Hügel zu gehen und die Banditen zu vertreiben. Was ihnen mit Leichtigkeit gelang. Angeblich hatten sich auch ein paar Frauen aufgemacht und ihre Ehemänner an den Ohren nach Hause gezogen.

Ethan nutzte einen großen Teil der Zeit, um Bücher der ausgezeichneten Bibliothek der Kirche zu lesen. Sein Spanisch verbesserte sich. Emily saß stundenlang mit ihm zusammen, und sie unterhielten sich und lasen gemeinsam. Sie war aber auch viel bei den Freiwilligen in der Kirche und verteilte Hilfsgüter an bedürftige Menschen. Die Kirche war der Mittelpunkt all dieser Aktivitäten in der Stadt.

Sapallu war anfangs hart vom Erdbeben getroffen worden. Es hatte einen Stromausfall gegeben. Aber die meisten Gebäude waren intakt geblieben und die Nahrungsmittelvorräte im Ort reichten, auch wenn sie spärlich waren, um die Stadt zumindest für ein paar Wochen zu versorgen.

„Jetzt werden auch die Straßen wieder freigeräumt", sagte Emily, nachdem sie mit einer Aufräumtruppe unterwegs gewesen war. „Die Menschen hier haben enorme Arbeit geleistet. Sie sind jeden Tag in den Bergen unterwegs gewesen und haben einen Straßenabschnitt nach dem anderen geräumt. Pater Augustin organisiert die meisten Aktivitäten. Er hat einen enormen Anteil daran, dass die Stadt wieder einigermaßen in Ordnung ist. Und ich möchte dir etwas zeigen."

Sie überreichte Ethan ein quadratisches Stück braunes Papier. Darauf waren ein schwarzes Kreuz, ein Datum und eine Zahl gedruckt. „Was ist das?", fragte Ethan. Er lief inzwischen schon einige Schritte im Zimmer herum, um langsam wieder Kraft zu sammeln. In ein paar Tagen würde er wieder richtig fit sein, um wieder reisen zu können, dachte er.

„Das ist Scrip", sagte Emily. Dabei tat sie so, als ob er wissen müsste, was das war.

Er gab es ihr zurück. „Das sagt mir nichts", sagte er.

„Scrip ist eine Art Geld", sagte sie. „Die Bank ist geschlossen, Sapallu ist von anderen Geldquellen abgeschnitten, und *Saladeras* gelten hier nichts, wie du dir sicher schon gedacht hast. Verpflegung und Unterkunft sind den Menschen hier am wichtigsten. Dabei ist die Kirche in allem das Zentrum der Stadt."

Emily stand auf und gestikulierte heftig mit den Armen, während sie weiterredete. „Wir haben diese Tage darüber gesprochen. Die Stadt brauchte irgendeine Art von Geld, das sie während der Zeit dieser Katastrophe verwenden kann. Der Pater hatte einige Bücher zu diesem Thema gelesen. So kamen er und einer seiner Berater auf die Idee, ihr eigenes Geld zu drucken."

„Die Kirche druckt *Geld?*", fragte Ethan erstaunt. Das klang ja geradezu albern, aber auch irgendwie cool.

„Ja, genau", sagte Emily. „Ich verstehe auch noch nicht genau, wie es funktioniert. Die Kirche ist die ausstellende Behörde. Nur mit ihrem Siegel auf dem Scrip ist es gültig. Die Leute hier in der Stadt benutzen es genauso, wie sie die *Saladera* vorher benutzt haben. Es scheint wirklich gut zu funktionieren."

Ethan setzte sich auf das Bett. Der kleine Spaziergang für ein paar Minuten durch den Raum hatte ihn schon ziemlich angestrengt. Aber immerhin hustete er nicht mehr. Er strich mit der Hand über die sauberen weißen Blätter und spürte dabei die Glätte des Stoffes. Vor dem Fenster sah er zwei leuchtend gelbe Vögel im Baum sitzen.

„Man lernt nie aus", sagte er. „Überall, wo wir auf dieser Abenteuerreise nach dem Beben hinkommen, will ich so schnell wie möglich weiter. Aber wenn ich dann mitbekomme, was für interessante Dinge dort passieren, möchte ich am liebsten bleiben."

„Das geht mir genauso", sagte Emily. „Jetzt sind wir seit einer Woche hier und ich liebe diese Leute schon wie meine Familie."

„Wirklich wie die Familie?"

Emily lachte und tätschelte seine Hand. „Keine Sorge, elf Minuten älterer großer Bruder. Mir ist der Unterschied zwischen Hochzeitsglocken und einer Sommerliebe schon völlig bewusst."

Ethan seufzte und legte sich aufs Bett. „Was das anbelangt, mache ich meine Erfahrungen lieber Zuhause. Noch ein paar Tage", sagte Ethan. „Der Arzt sagt, ich darf schon ein wenig durch die Stadt laufen. Sobald ich wieder fit genug bin, möchte ich mich auch auf den Heimweg machen, egal wie großartig es hier ist."

Weiter geht's mit „Abschied nehmen" auf der nächsten Seite.

Abschied nehmen

Ein paar Tage später versammelte sich eine kleine Gruppe Einheimischer vor der Kirche.

Ein großer, nagelneuer, weißer Transporter stand vor der steinernen Kapelle.

„Es ist wirklich sehr nett von Ihnen, dass Sie uns Ihren Wagen für diese Expedition ausleihen", sagte Ethan.

Der Pater reagierte mit erhobenem Zeigefinger und antwortete Ethan: „Das ist keine Expedition, sondern eine Mission der Barmherzigkeit. Es wird keine Abenteuer mit Banditen geben. Es wird keine Erdbeben geben. Es wird überhaupt keine Aufregung geben. Samuel ist ein guter Fahrer. Der Transporter ist nagelneu, und die Straße in Richtung Norden ist frei. Ich habe mit meinen Kollegen in Ecuador gesprochen. Sie haben mit der Botschaft gesprochen, um sicherzustellen, dass die Papiere für euch da sind, wenn ihr zur Grenze kommt. Mit dieser Fahrt wird es kein neues Abenteuer in eurer Sammlung geben."

Emily umarmte den Pater stürmisch, der überrascht ein wenig zurückwich. „Warum das mein Kind?", fragte er. „Ich glaube nicht, dass unser Abschied so viel Aufsehen verdient hat."

„Ich finde schon", sagte Emily, während sie ihr Gesicht in sein Gewand drückte. „Sie waren so freundlich zu uns, Sie und die ganze Stadt. Wir werden euch nie vergessen."

Der Priester lachte und klopfte ihr väterlich auf den Rücken. „Da bin ich mir sicher", sagte er. „Bitte gestattet mir, dass ich mich noch einmal im Namen aller Bewohner unserer Stadt für die schreckliche Zeit entschuldige, die ihr auf dem Weg hierher in den Bergen hattet."

„Das ist schon so gut wie vergessen", meinte Ethan. „Ich kann diese Leute in ihrer Situation schon ein wenig verstehen. Aber jetzt bin ich einfach nur froh, dass wir uns darüber keine Sorgen mehr machen müssen."

„Das kann ich euch versprechen", bestätigte Pater Augustin. „Unsere Botschafterin Consuela war sehr überzeugend." Bei diesem Satz gab es Gelächter bei den anderen Leuten.

„Wir kommen wieder", versprach Emily. Sie machte einen Schritt zurück und wischte sich die Nase ab. Ihre Augen waren rot und das nicht aus Schlafmangel oder vor Aufregung. „Eure Stadt ist ein Teil unseres Lebens geworden."

„Menschen wie uns gibt es überall auf der Welt", sagte Pater Augustin. „Ihr könnt sie in jeder Stadt finden, egal wo."

Er gab Ethan die Hand. Dann kamen einige andere Bewohner: die Frauen, die die Aufräumarbeiten organisiert hatten, Ärzte, Krankenschwestern und normale Leute, die die beiden jungen Amerikaner zum Essen eingeladen hatten.

Und schließlich natürlich Thon.

Er war den Zwillingen fast wie ein Bruder geworden, aber er war etwas verlegen, nach vorne zu kommen und sich von ihnen zu verabschieden.

Emily gab ihm erst formell die Hand, aber dann zog sie ihn zu einer Umarmung zu sich.

„Ich wünschte, du könntest mit uns kommen", sagte sie.

„Ich weiß", sagte er. „Das wünschte ich auch. Aber mein Dorf braucht mich. Es ist noch so viel zu tun."

„Vielleicht beim nächsten Mal", sagte Ethan und gab ihm auch die Hand. „Es war wirklich schön, für ein paar Tage einen Bruder zu haben, weißt du?" Thon strahlte.

Er nahm eine Glasflasche in die Hand, die mit einem Korken verschlossen war. „Das ist aus meinem Dorf", sagte er. „Wir wissen, dass junge Leute wie ihr in den Staaten noch keinen Alkohol trinken dürft. Also ist dies nur Traubensaft, aber er ist von den allerbesten Reben dieses Jahres gemacht. Bestimmt wird er euch köstlich schmecken."

Emily hielt die Flasche fast, als wenn es ein Baby wäre. Ihre Augen strahlten. „Ich erinnere mich sehr gut an den Saft vom Abendessen bei euch im Dorf", sagte sie. „Er *ist* köstlich. Das wird uns eine wunderbare Erfrischung unterwegs sein."

Samuel stieg auf den Fahrersitz des Transporters und startete den Motor. Dabei klang der Wagen wie ein zum Leben erwecktes Tier. Nun war es also wirklich Zeit, loszufahren.

Sie stiegen in das kraftvoll motorisierte Fahrzeug, legten ihre Vorräte und ihre Taschen auf den Rücksitz und machten sich auf den Weg.

Der Pater sollte mit seiner Vorhersage in Bezug auf die Reise Recht behalten.

Es verlief extrem ruhig und störungsfrei. Die Straßen waren frei, und die Landschaft war schön. Im Gegensatz zu den anderen Gegenden dieses Landes gab es hier hohe Bäume und immer wieder weite Seen. Das erinnerte die Zwillinge stark an zu Hause. Nun, da sie das Land tatsächlich verließen, konnten es ihnen gar nicht schnell genug gehen, zur Grenze zu kommen.

Ethan war sich ein wenig unsicher, ob der Grenzübergang wirklich reibungslos verlaufen würde, wenn man bedenkt, dass sie keinerlei Identitätsnachweis oder sonstige Ausweispapiere mehr hatten. Aber seine Sorgen waren unbegründet.

Auf Pater Augustins Wort war Verlass. Es geschah genauso, wie verabredet. An der Grenze erwartete sie ein Priester mit einem Umschlag, in dem die erforderlichen Papiere waren.

Nach all der Arbeit und dem Stress, den sie in den letzten Wochen mit Flüchtlingen gehabt hatten, waren die Grenzbeamten erfreut darüber, dass sich dieses Problem so leicht hatte lösen lassen. Sie stempelten die erforderlichen Formulare und überreichten sie den Zwillingen.

Die beiden umarmten Samuel zum Abschied und schauten ihm nach, wie er mit dem weißen Transporter mit den schönen Kreuzen an jeder Tür zurück in Richtung Sapallu fuhr.

Aber eine Überraschung gab es doch noch. Der Priester, der ihnen erst die Papiere gegeben hatte, fuhr sie in seiner schwarzen Limousine direkt zum Flughafen in Quito.

„Lass uns schauen, dass wir ein Telefon finden, um Mom und Dad anzurufen", sagte Ethan bei ihrer Ankunft am Flughafen. „Wir sollten ihnen Bescheid sagen, dass wir am Flughafen und auf dem Rückweg sind."

„Mir scheint, das kannst du dir sparen", sagte Emily und begann zu laufen.

Dort am Tor waren ihre Eltern schon.

Zur Begrüßung gab es lange und feste Umarmungen.

„Wir haben uns solche Sorgen gemacht", sagte Mom. „Das könnt ihr euch gar nicht vorstellen. Da konnten wir einfach keinen Tag länger warten, um euch endlich zu sehen."

„Ihr könnt euch gar nicht vorstellen, was uns alles passiert ist", sagte Ethan. „Wie gut, dass der Flug so lange dauert. Denn wir werden jede Minute davon brauchen, um euch zu berichten, was wir alles durchgemacht haben."

ENDE.

Pater Augustin

Das Sonnenlicht schien durch die Blätter der Bäume und ergab ein scheckiges Schattenmuster auf dem Weg.

Ethan beobachtete aufmerksam den Weg hinter ihnen, und Thon hatte die Strecke vor ihnen im Blick. So wollten sie verhindern, dass sie einer anderen Bande von Banditen in die Hände liefen. Aber auf dem Rest des Weges nach unten gab es keinerlei Zwischenfälle mehr. Eigentlich war es sogar eine richtig schöne Wanderung, wenn sie dabei nicht beinahe gekidnappt worden wären. Die Erinnerung daran saß ihnen noch in den Knochen und auch das mulmige Gefühl in der Magengegend blieb bis zum Ziel dieser Etappe.

Während des letzten Teils der Wanderung – den Rest des Abstiegs und auch anschließend durch die Stadt – lief Emily ganz nahe bei Ethan. Sie nahm ihn auch öfters bei der Hand. Normalerweise wäre Ethan das unangenehm gewesen, aber in dieser Situation hatte er volles Verständnis dafür. Ehrlich gesagt, tat es ihm selbst sogar auch ganz gut, musste er zugeben.

„Wir müssen ins Zentrum", sagte Thon.

Die Sonne verschwand allmählich hinter den Gipfeln der Berge und es wurde langsam dunkel. Sapallu schien in einem ziemlich guten Zustand zu sein. Es gab nur wenige verfallene Häuser, vor allem am Stadtrand. Aber es waren keine Obdachlosen auf den Straßen zu sehen. Die öffentliche Ordnung schien aufrechterhalten oder zumindest wiederhergestellt worden zu sein.

„Ich sehe gar keine Polizei", bemerkte Emily. „Ich hätte erwartet, dass es viel Polizei braucht, damit in einer solchen Situation alles so friedlich und in geordneten Bahnen verläuft."

Thon schüttelte den Kopf. „Nicht in dieser Stadt. Es ist ein überschaubarer Ort. Hier kennt fast jeder jeden. Wenn hier jemand losgehen wollte, um zu stehlen, würde er Leute bestehlen, die er gut kennt. Der Priester hier, Pater Augustin, leitet die Kirchengemeinde schon seit 30 Jahren. Er kennt jeden in der Stadt und sein Engagement trägt mehr zu Ordnung und Disziplin bei als die Behörden. Es wirkt sogar auch bei denen, die nicht Mitglieder seiner Kirche sind."

„Er wird jetzt sicher viel zu beschäftigt sein, um sich auch noch um uns zu kümmern", sagte Emily.

Thon lachte laut. „Ich habe es noch nie erlebt, dass Pater Augustin zu beschäftigt ist, um *irgendjemandem* zu helfen", sagte er.

Den Beweis dafür sahen sie sogleich, als sie bei der Kirche im Stadtzentrum ankamen. Dort waren zwei Frauen, die einige Tüten mit Lebensmitteln, Wasser, Kleidung und anderen Vorräten dabeihatten. Eine von ihnen drehte überrascht ihren Kopf, als Thon näherkam. „Schaut, da kommt Thon", sagte sie. „Was treibt dich her? Euer Dorf ist doch nicht etwa in Schwierigkeiten, oder?"

„Nein, nein", antwortete Thon. „Ich bin nicht von meinem Dorf geschickt." Er drehte sich zu den beiden Tuttles, die hinter ihm standen. „Das sind meine Freunde Ethan und Emily. Sie sind amerikanische Touristen. Sie waren in den Ruinen von Ychurichuc, als das Erdbeben kam. Ich habe sie mit in mein Dorf genommen, und jetzt sind wir über die Berge hierher gewandert. Dabei sind wir gerade erst knapp Banditen entkommen."

„Banditen?", fragte die Frau. „Du meinst die Weiße Garde, oder?" Sie sagte es auf eine Art, als wenn sie etwas Unangenehmes ausspucken würde.

„Nein", sagte Thon. „Die haben wir allerdings auch gesehen. Sie haben verhindert, dass wir mit dem Auto kommen konnten. Deshalb sind wir zu Fuß über die Berge gegangen. Dort trafen wir auf eine Gruppe von Banditen. Es würde mich ehrlich gesagt nicht wundern, wenn das Leute von hier wären." Dann berichtete er ausführlich von ihrem Erlebnis in den Bergen.

Während des Zuhörens verhärtete sich das Gesicht der Frau, bis es wie versteinert war. „Einen Moment", sagte sie und ging in die Kirche. Einen Augenblick später kehrte sie zurück zusammen mit einem kleinen Mann, der vielleicht Mitte Fünfzig war, an den Schläfen ein wenig ergraut, aber mit einem Blick, der verriet, dass er so ziemlich alles gesehen hatte, was es zu sehen gab.

„Pater Augustin", sagte Thon und verbeugte sich. „Meine Freunde und ich haben Ihnen einiges zu erzählen."

„Seid willkommen, meine Lieben", sagte der Pater. „Wenn das, was Annabella mir erzählt hat, wahr ist, dann haben wir in der Tat so einiges miteinander zu besprechen."

Pater Augustin saß an einem langen Holztisch, der aussah, als wäre er noch älter als die Inka-Ruinen. Aber es tat so gut, endlich wieder zu sitzen, völlig egal wo. Der Pater versorgte die müden Wanderer mit Essen. Es gab eine heiße Suppe und Brot dazu. Nachdem er ihre Geschichte angehört hatte, sagte er erschöpft: „Ich werde eine Gruppe in die Berge schicken, um mit diesen Banditen die Freiheit unserer Stadt zu besprechen. Es macht mich traurig, dass so etwas passieren konnte. Aber auch das ist leider ein Teil der menschlichen Natur, scheint es. Wir müssen einfach noch mehr und besser predigen und mehr gute Werke zeigen, damit so etwas künftig nicht mehr passieren kann."

„Ich hätte gedacht, Sie würden hinaufgehen und sie erschießen", sagte Ethan, der immer noch sehr verärgert war.

Pater Augustin schüttelte traurig den Kopf. „Auch sie sind Kinder Gottes", sagte er. „Sie haben Angst und Hunger, genau wie so viele andere auch. Sie zu zwingen, das zu tun, was ich will, würde die Dinge nicht verbessern. Aber es ist immer noch möglich sie zu überzeugen, auf den richtigen Weg zurückzukehren. Einer von ihnen hieß Jose, hattest du gesagt, richtig?" Die drei nickten. „Ich glaube, ich weiß, wem es am ehesten gelingen kann, ihn zu überzeugen. Annabella, würdest du bitte Consuela zu uns holen?"

Annabellas versteinertes Gesicht entspannte sich ein wenig. Aber es blieb deutlich erkennbar ein Rest von Groll.

Pater Augustin schob seinen Stuhl zurück und wischte sich mit einer Serviette den Mund ab. „Ich habe noch ein paar andere Dinge zu erledigen", sagte er. „Ihr könnt selbstverständlich als meine Gäste heute hier übernachten. Morgen werden wir dann sehen, wie es für euch weitergehen kann. Ich habe gute Kontakte in Ecuador, die euch vielleicht helfen können, über die Grenze und dort zum Flughafen zu kommen, damit ihr wieder nach Hause kommt. Oh, und noch etwas", sagte er und winkte jemandem hinter ihm zu. „Das ist Rosalia", sagte er. „Rosalia, kannst du meine jungen Freunde hier bitte zum Telefon bringen?"

Weiter geht's mit „Abschied nehmen" auf Seite 322.

Die brennende Kirche

„Es gibt ein Dorf hier oben, es nicht mehr weit bis dahin", sagte Travis. „Es ist zwar nicht dringend, aber wir könnten ein paar Vorräte kaufen. Und eine kleine Pause, um sich mal ein wenig die Beine zu vertreten, tut uns sicher auch ganz gut."

Sie waren jetzt schon vier Stunden unterwegs, und soweit Ethan es auf der Karte aus erkennen konnte, waren sie noch kaum näher an der Grenze als bei ihrer Abfahrt. Viele der kleineren Straßen über Land waren ausgewaschen oder durch Felsstürze unpassierbar geworden. Ein paar Mal war die Straße, die auf der Karte eingetragen war, oder an die Travis sich von früheren Fahrten erinnerte, einfach nicht mehr da. So als ob jemand vom Himmel gekommen und sie einfach ausradiert hätte.

Das Wetter war schön, die Sonne schien und es war fast windstill gewesen. Aber irgendwie wirkte ihre Fahrt dadurch ein wenig surreal. Es war, als ob Himmel und Erde getrennt wären. Unten auf der Erde passierten schreckliche Dinge, ohne dass der Himmel davon oben etwas mitbekam.

Für Emily war es exakt so. Der Himmel weiß eigentlich gar nichts darüber, was hier unten vor sich geht.

Nach der nächsten Bergkuppe ging es plötzlich steil bergab ins Tal. Das hatte sie nicht erwartet. Im Tal war es trocken. Hier war nichts mehr von dem üppigen Grün, wie sie es eigentlich erwartet hätte.

Emily wunderte sich sehr darüber. „Ich verstehe nicht, warum es hier so trocken ist", sagte sie.

„Das ist ein Regenschatten", sagte Ethan und zeigte auf die Berge. „Diese Gegend bekommt fast keinen Regen."

„Es ist wie ein Trick der Natur", erklärte Travis, ohne ihren Blick von der Straße abzuwenden. „Dieser Bergrücken bricht die Wolken und teilt das Land damit in zwei ganz verschiedene Bereiche. Fast aller Regen fällt auf der anderen, der dem Wind zugewandten Seite des Berges. So wie hier bleibt es jetzt bis zur ecuadorianischen Grenze.

Aber dort ist es dann plötzlich wieder herrlich grün. So ähnlich wie Dorothy im Märchen ‚Der Zauberer von Oz' nach dem Sturm aus ihrem Haus auf einmal im magischen Land Oz ist."

Die Zwillinge lachten.

Die Straße – eigentlich war es kaum mehr als ein Bergpfad – führte zu dem malerischen kleinen Dorf St. Lucia, das hier auf der trockenen Bergseite am Hang lag. Dort waren wellenförmig um das Dorf herum Terrassen aus Feldern und Gärten angelegt. Sie fuhren bergab und überquerten einen schmalen Fluss, der durch die Ebene in die Ferne verlief. Sie sahen Rauch aufsteigen, der einen grauen Schleier über die Gegend legte.

Travis runzelte die Stirn. „Das sieht nicht gut aus", sagte sie.

„Was meinst du?", fragte Emily. Soweit sie es erkennen konnte, sah es aus wie jedes andere verschlafene Dorf in den Anden.

„Der Rauch", sagte Travis.

„Warum sollte es dort keinen Rauch geben?", fragte Ethan.

„Es darf schon Rauch geben", erwiderte sie. „Aber er sollte nicht aus der Kirche kommen."

Sie fuhren durch die Stadt. Dabei drehte Travis ständig ihren Kopf, als ob sie etwas suchte. Die Straßen in der Innenstadt waren zwar nicht leer, aber sie wirkten irgendwie unheimlich, als ob die Menschen besorgt waren, gesehen zu werden. Sie schauten den Sunny beim Vorbeifahren genau an, offensichtlich aus Angst darüber, wer dort drin sein könnte. Aber auch als sie darin niemanden erkannten, blickten sie schnell wieder in eine andere Richtung. Einige entfernten sich von der Straße, bevor das Auto an ihnen vorbeifuhr, und beäugten es vorsichtig von den Hauseingängen aus.

Alle hatten es eilig. Niemand stand. Es gab keine Gruppen von Menschen, die sich unterhielten. Nur einsame Figuren bewegten sich hin und her.

Travis' Blick verfinsterte sich. „Das gefällt mir überhaupt nicht", sagte sie. „Normalerweise stehen die Menschen in Gruppen auf der Straße, sie machen Musik zusammen, sie reden miteinander, wie es halt in kleinen Städten so üblich ist. Heute ist hier alles ganz anders als das letzte Mal, als ich hier war."

Je näher sie der Kirche in der Mitte der Stadt kamen, desto offensichtlicher wurde, dass es dort eine Art Katastrophe gegeben hatte. Eine dichte Rauchwolke stieg in den Nachmittagshimmel. Der Qualm war tiefschwarz, was wohl dadurch kam, dass Dinge brannten, die eigentlich nicht in Flammen stehen sollten.

„Es gibt nur einen Laden hier", sagte Travis. „Aber ich denke, dass wir dort Wasser und vielleicht auch etwas Warmes zu essen bekommen sollten."

„Das wäre klasse", sagte Ethan. „Ein Stück Fleisch und eine Cola kann ich jetzt wirklich gut gebrauchen."

„Er ist gleich hier", sagte Travis – eigentlich unnötigerweise, weil die Stadt wohl nur diese eine Hauptstraße mit Geschäften hatte.

Hier war aber niemand zu sehen. Sie hielten vor dem Mercado. Dem Schaufenster nach war es wie ein typischer Tante Emma-Laden. An der Tür hing ein Schild mit der Aufschrift „*cerrado*" – geschlossen.

Travis schaute auf ihre Uhr. „Das kann nicht sein", sagte sie. „Zu dieser Tageszeit sollte der Laden nie und nimmer geschlossen sein."

„Aber heute ist er geschlossen", meinte Ethan. „Vielleicht sollten wir es woanders versuchen."

„Hier gibt es kein *woanders*", sagte Travis. „Es gibt in jeder Stadt nur einen Laden und bis zur nächsten Stadt sind es mindestens fünfzig Meilen, egal in welche Richtung. Entweder bekommen wir hier etwas, oder es gibt für den Rest der Fahrt kein Fleisch."

„Und wir müssten die ganze Strecke über durstig bleiben", ergänzte Ethan und seufzte. Sollte denn auf dieser Reise nichts richtig funktionieren?

„Wie lange wird dieser ‚Rest der Fahrt' denn voraussichtlich noch dauern?", fragte Emily.

„Einhundertzehn Jahre, wenn es bei unserer Durchschnittsgeschwindigkeit bis hierher bleibt", scherzte Travis. Dabei verzog sie das Gesicht und zuckte mit den Achseln.

„Wie du das so schnell ausrechnen konntest …", erwiderte Emily. Travis hob an, etwas zu sagen, aber Emily stoppte sie mit einer Handbewegung. „Nein, ist schon gut. Ich habe verstanden. Man kann es nicht genau sagen."

„Genau", sagte Travis. Der Sunny war geparkt und die drei stiegen aus.

„Es erinnert ein wenig an das Internetcafé, oder?", meinte Ethan.

Emily nickte. „Dort war es offiziell auch geschlossen. Aber alles, was es brauchte, um es zu öffnen, war ein wenig Geld."

Travis sagte: „Dann wollen wir hoffen, dass dieser Inhaber ähnlich drauf ist wie Pietro." Sie marschierte zur Tür und blickte hinein. „Ich kann niemanden sehen", sagte sie. „Aber ich bin mir sicher, dass sie drinnen sind." Sie zeigte auf das Fenster in der zweiten Etage direkt über der Tür. „Sie wohnen da oben, da bin ich mir sicher. Das heißt, sie müssten hier sein, es sei denn …" Sie beendete den Satz nicht, sondern schaute in den verrauchten Himmel.

Travis klopfte an das Glas der Ladentür – ohne Antwort. Ethan und Emily spazierten ein wenig auf dem Bürgersteig herum und betrachteten die verlassene Straße. Da es weiter nichts zu sehen gab, blickten sie schließlich durch die Schaufensterscheibe in den Laden. Längs an die Wände gelehnt standen Regalreihen. Dazwischen gab es schmale Gänge. Das Licht war ausgeschaltet, was zu erwarten war. Aber es fiel noch genug Licht durch die Fenster, um zu erkennen, dass es drinnen menschenleer war.

„Da ist niemand", sagte Ethan.

„Das sehe ich auch", sagte Travis. „Ich frage mich, wohin alle gegangen sind."

In dem Moment bewegte sich etwas hinten im Laden. Eine schemenhafte Figur machte hektische Gesten mit den Händen, als ob sie sie wegschupsen wollte. Travis öffnete schnell den Klettverschluss einer ihrer Hosentaschen, holte einen *5.000-Saladera-Schein* heraus und hielt ihn vor die Schaufensterscheibe. Das abwehrende Winken mit der Hand ging weiter, aber die Frau drehte ihren Kopf von einer zur anderen Seite, als ob sie überprüfen wollte, ob sie beobachtet wurde. Dabei konnte sie von dort hinten, wo sie stand, von der Straße nur sehr wenig sehen.

Es war ihr die Sache anscheinend noch nicht wert.

Ethan nahm auch einen *5.000er-Schein* aus seiner eigenen Tasche und hielt ihn über dem von Travis vor das Schaufenster. Emily sah, dass er dabei seinen Arm recht nahe an ihre Schultern brachte. Ihr war klar, dass das für ihn zumindest teilweise die Motivation gewesen war, ganz abgesehen davon, dass er sich ein bisschen als Held darstellen wollte. Aber es wirkte. Das Gestikulieren hörte auf, die Frau kam nach vorne und öffnete die Tür.

Emily sagte: „Das scheint wohl überall der entscheidende Schlüssel zu sein."

Die Frau plapperte atemlos sehr schnell auf Spanisch, aber zu schnell, als dass die Zwillinge irgendetwas hätten verstehen können.

Travis nickte und wandte sich ihnen mit ernstem Blick zu. „Sie möchte, dass wir so schnell wie möglich reinkommen, und dass ich mein Auto nach hinten fahre."

Emily und Ethan huschten durch den schmalen Türspalt, den die Frau geöffnet hatte. Drinnen war es düster. „Ich bin gleich wieder da", sagte Travis. Sie rannte zum Auto, ließ es an und fuhr um die Ecke des Gebäudes.

Die Frau schlurfte zur Rückseite des Ladens. Sie war eine ziemlich füllige Dame, vielleicht Ende 50 oder Anfang 60 Jahre alt. Sie trug ein formloses Blumenkleid, das aussah, als ob sie sich ein Strandzelt angezogen hätte. Als sie sich umdrehte, bekam sie einen Schreck, als sie sah, dass die Zwillinge noch an der Ladentür standen. Mit hektischen Armbewegungen winkte sie die beiden zu sich nach hinten.

„Wir sprechen Spanisch", sagte Ethan, und die Frau entspannte sich ein wenig.

„Na immerhin", sagte sie jetzt etwas langsamer, so dass es leichter war, sie mit ihrem Akzent zu verstehen. „Ihr dürft einfach nicht am Schaufenster stehen, für den Fall, dass El Chapo vorbeikommt."

Die Zwillinge bewegten sich sofort. „El Chapo?", fragte Emily im Gehen.

Die Frau schüttelte nur den Kopf und tippte mit dem Finger an die Stirn. Sie ging durch eine Holztür in der Rückwand und hielt sie den Zwillingen auf. Anschließend schloss sie die Tür hinter sich ab.

Ethan holte den Schein wieder heraus. Ein Deal war schließlich ein Deal.

Aber die Frau rümpfte nur ihre Nase, als wäre der Schein ranzig. „Behalte es", sagte sie.

„Aber ich dachte, deswegen hätten sie uns reingelassen."

Sie ließ einen kurzen spöttischen Laut hören. „Der einzige Grund für mich, die Tür zu öffnen, war die Tatsache, dass drei dumme Amerikaner auf der Straße standen, die kurz davor waren, sich selbst umzubringen."

Nachdem ihre Augen sich an das dämmrige Licht gewöhnt hatten, sahen sie, dass sie in einem langen, schmalen, vielleicht drei Meter breiten Lagerraum waren, der der Länge nach an der Rückseite des Ladens verlief. In der Ziegelsteinwand war eine graue Metalltür mit zwei Bolzenschlössern. Die Frau entriegelte sie mit einem dicken Messingschlüssel und öffnete die Tür einen Spalt weit. Einen

Augenblick später hörten sie das Motorgeräusch des Sunny. Die Frau winkte Travis hektisch zu ihnen.

In ihrem Khaki-Shirt und ihrer Cargohose huschte Travis durch die Tür und die Frau schloss hinter ihr gleich wieder zu. Sie sicherte das Schloss mit ein paar dicken Schrauben. Danach wurde sie ein wenig lockerer.

„Was ist denn hier los?", wollte Travis von ihr wissen.

„Seit dem Erdbeben ist die Stadt fast von der Außenwelt abgeschnitten", sagte die Frau in einem ganz leisen Flüsterton.

„Das haben wir gemerkt", sagte Travis. „Es war fast unmöglich, hierher zu kommen."

„Einige Leute haben sich das zunutze gemacht", sagte die Frau. „Es hat Plünderungen gegeben und auch einige, äh, also Missbrauch anderer Menschen." Emily hatte den Eindruck, dass die Frau sich schämte. *Aber wofür sollte sie sich schämen?*

„Missbrauch?", fragte Travis. „Das klingt danach, dass sie nicht sagen wollen, was genau wirklich vor sich geht."

Die Frau musste schlucken. Dann sagte sie: „Sie haben Nahrungsmittel gestohlen und sind in Geschäfte eingebrochen. Daher sind wir so vorsichtig wie nur irgend möglich. Das sind keine guten Männer."

„Ist dafür dieser El Chapo verantwortlich, von dem Sie gerade gesprochen haben?", fragte Ethan. Die Frau nickte traurig.

„Er ist ein junger Mann, der hier in der Stadt aufgewachsen ist. Wir dachten alle, wir würden ihn gut kennen. Aber nachdem der Bürgermeister und der Polizeichef losgefahren waren, um Nothilfe zu organisieren, haben er und seine Bande angefangen, die Stadt zu terrorisieren."

Aber anscheinend doch nicht allzu sehr, dachte Ethan. *Denn wäre das hier nicht das erste Haus, in das man dann einbrechen würde?*

„Was ist mit der Kirche los?", fragte Travis. „Brennt sie? Warum ist niemand da zum Löschen?"

Diese Frage verwandelte die Frau geradezu. War sie vorher in sich zusammengesackt und verlegen, stand sie nun gerade und selbstbewusst da. Emily merkte, dass sie doch etwas jünger war, als sie erst gedacht hatte. Sie war vermutlich noch keine fünfzig Jahre alt. Das Leid und das Leiden hatten sie deutlich älter aussehen lassen. Aber jetzt war sie wütend und wirkte damit gleich um einige Jahre jünger.

„Die Kirche wurde bei dem Beben stark beschädigt", erklärte die Frau. „El Chapo und seine Bande haben sie zu ihrem Lager gemacht. Sie legen immer wieder Holz ins Feuer, so dass es nicht ausgeht."

„Dazu braucht es aber ziemlich viel Holz", sagte Ethan.

„Ich glaube, sie verbrennen die Gesangbücher und auch die Kirchenbänke." Sie knirschte mit den Zähnen und ihre Augen blitzten. Die ganze Stadt zu unterdrücken war das eine. Aber die Kirche zu entweihen, war in ihren Augen wohl eindeutig noch viel schlimmer.

„Wir müssten unserer Vorräte etwas auffüllen", sagte Travis. „Wir wollen auch gar nicht lange in der Stadt bleiben."

„Das ist schlau", sagte die Frau. „Seid ihr auf dem Weg nach Ecuador?"

„Ja, das sind wir", antwortete Travis.

„Ich kann euch ein paar Dinge geben. Was braucht ihr denn?"

„Wasser. Essen, vor allem etwas Warmes, wenn Sie haben."

„Ich habe noch etwas warmes Essen", sagte die Frau. „Vor ein paar Tagen hatte ich erstmal aufgehört zu kochen, weil das Gas knapp zu werden schien. Jetzt habe ich wieder angefangen, aber ich hatte nur wenige Kunden bisher."

„Und Strom haben Sie auch nicht?", fragte Travis.

Die Frau schüttelte den Kopf und öffnete die Tür zurück in den Laden. Sie lugte erst vorsichtig nur mit ihrem Kopf durch und war offenbar zufrieden mit dem, was sie sah. „Wasser gibt es hier drüben", sagte sie.

„Haben Sie etwas Gekochtes, das wir für die Fahrt mitnehmen können?", fragte Ethan. „Immerzu getrocknetes Rindfleisch ist auf die Dauer ziemlich eintönig."

„Ja, ich habe einige Reste", sagte die Frau. „Sie sind einen Tag alt oder so, aber damit habt ihr etwas Abwechslung." Sie ging zur Wand an der Rückseite des Ladens, wo zwei Töpfe auf einem Campingkocher standen. Sie zeigte auf einige Plastikbehälter daneben. „Nehmt euch ein paar davon", sagte sie. „Ich werde euch etwas abfüllen."

Die Töpfe waren fast voll. Es war eine Suppe auf Sahnebasis mit Kartoffeln und Schweine- und Rindfleischstücken. Es roch himmlisch.

„Wir werden sie selbstverständlich bezahlen", sagte Ethan. „Das ist wirklich sehr nett von Ihnen."

Ein zaghaftes Lächeln huschte über das Gesicht der Frau. „In schlechten Zeiten müssen wir uns alle gegenseitig umeinander kümmern", sagte sie. „Unser kleiner Ort ist noch besser dran als die meisten anderen."

„Das stimmt", bestätigte Travis. „Takewawa wurde ziemlich hart getroffen."

Während der nächsten Minuten berichteten die drei ihr von der Lage in der Hauptstadt. Die Augen der Frau waren die ganze Zeit weit aufgerissen. Immer wieder schüttelte sie den Kopf und murmelte Dinge wie *„Madre de Dios"* und andere spanische Gebete.

„Ich bin froh, dass ich hier lebe", sagte die Frau schließlich. „So schlimm es mit El Chapo auch ist, er wird hier nicht lange das Sagen haben. Die Dorfbewohner werden bald genug haben von seinen Einschüchterungen und dann werden sie ihn rauswerfen."

Weiter geht's mit „Überraschungen" auf der nächsten Seite.

Überraschungen

Die drei Reisenden füllten ihre Vorräte an Getränken und Essen auf, packten vieles davon in ihre Kühltasche und wollten sich gerade auf den Weg zum Hinterausgang machen, als hinter ihnen ein lauter Knall ertönte. Sie gingen hinter einem Regal mit alten Broten in Deckung. Die Haustür klapperte.

Zwischen den Broten hindurch sahen sie eine Gruppe junger Männer, die vor dem Laden auf der Straße hin- und herliefen. Dabei blickten sie ständig um sich, als würden sie etwas suchen. Einer von ihnen, er war groß, dünn, mit dunklen Haaren und einer Narbe am Kinn, schlug gegen die Ladentür und schrie nach dem Besitzer, um ihn hereinzulassen. Er lehnte sich an die Schaufensterscheibe, um das Innere des Geschäfts zu inspizieren.

Die Frau erblasste. „Das ist El Chapo", sagte sie. „Er muss dein Auto gesehen haben."

Einer der jungen Männer, die die Straße beobachteten, zog eine Pistole, ging zu El Chapo und gab sie ihm. Die Frau nahm ihren Schlüsselbund von ihrem Gürtel und öffnete die Tür, die zum Lagerraum im hinteren Teil führte.

„Wir können jetzt nicht gehen", sagte Travis, die am Boden kauerte. „Du bist in Gefahr."

Die Hände der Frau waren ruhig, obwohl ihr Gesicht blass war und ihre Lippen zitterten. „Er wird mir nichts tun", sagte sie. „Ich bin schließlich seine Mutter."

Das erklärte auch, warum der Laden nicht ausgeraubt worden war. Also huschten die drei durch die Tür in den Lagerraum. Sie warf ihnen den Schlüsselbund hinterher.

„Ohne den kann ich die Ladentür zwar nicht öffnen. Aber ich hoffe, dass ich ihn dazu bringen kann, aufzugeben und wegzugehen, oder ihm sagen, dass ihr woanders hingegangen seid."

„Danke", sagten sie.

Ethan griff in seine Tasche und gab ihr ein Bündel *Saladeras*. „Das ist sicher nicht genug für das, was Sie für uns getan haben", sagte er. „Aber es ist alles, was ich habe."

Ohne es näher zu betrachten oder zu zählen, steckte die Frau es in die Tasche ihrer Schürze. „Danke. Ist schon gut", sagte sie. „Auch diese Zeit wird vorübergehen, und dann werde ich mich gern an euch erinnern. Geht jetzt."

Sie schlug die Tür zu, und Ethan schloss von der anderen Seite aus ab. Dann nahm Emily den Schlüsselbund und ging zum Hinterausgang.

„Wenn sie schon nach hinten gekommen sind, könnten wir echte Probleme bekommen, wenn wir hier rausgehen", sagte Ethan.

Travis' Gesicht war grimmig, aber entschlossen. „Damit beschäftigen wir uns dann, wenn es soweit sein sollte", sagte sie.

Emily blickte den anderen beiden in die Augen. „Bereit?", fragte sie.

„So wie immer", sagte Ethan. Sein Gesicht war nun auch blass geworden.

Emily steckte den Schlüssel ins Schlüsselloch und drehte ihn um. Danach hängte sie den Schlüsselbund feierlich an einen Haken links neben der Tür. Jetzt brauchten sie nur noch den Türgriff zu drücken.

Travis öffnete die Tür vorsichtig ein kleines bisschen. Sie guckte durch den Spalt nach draußen und atmete tief durch. „Los", sagte sie und riss die Tür weit auf.

Sie rannten durch die Tür hinaus zum Auto und warfen sich hinein. Emily zog noch die Tür zum Lagerraum zu und hörte sie klicken. Damit war der Hinterausgang zum Laden wieder zu, wenn auch nicht abgeschlossen. Mehr konnte sie nicht tun.

In dem Moment kamen zwei junge Männer um die Ecke. Als sie sie sahen, feuerten sie mit ihren Pistolen in die Luft. Ethan schrie: „Emily!"

„Halt!", riefen die Männer. Aber es wirkte irgendwie lustig. Selbstverständlich würden sie nicht stehenbleiben. Emily riss die hintere Wagentür auf und schmiss sich in die Sitze. Ethan griff nach hinten und zog die Tür zu.

Die Männer riefen ihre Freunde zur Verstärkung, um die Gasse zu blockieren.

Ethan blickte erschrocken zu Travis. „Wie sollen wir da vorbeikommen?", fragte er.

Travis hatte schon wieder etwas mehr Farbe und Lebendigkeit im Gesicht. „Ich hatte euch doch gesagt, dass dieses Auto einige Überraschungen hat. Jetzt ist es an der Zeit, euch mal ein wenig von dem zu zeigen, was es alles kann."

Sie kniff ihre dunklen Augen konzentriert zusammen und betätigte einen Schalter unter dem Armaturenbrett.

„Haltet euch fest", sagte sie und betätigte den Anlasser. Das Auto erwachte wieder zum Leben. Sie trat auf das Gaspedal. Der Motor brummte und röhrte jetzt wie ein verärgerter Bär, der ein paar Wochen zu früh aus seinem Winterschlaf geweckt wurde.

Der Sunny schoss nach vorne wie eine Rakete. Sie donnerten die enge Gasse hinunter direkt auf die beiden Männer zu. Einer von ihnen blieb todesmutig stehen, zog seine Pistole und feuerte.

Die Kugel prallte an der Windschutzscheibe ab, als hätte er einen Kieselstein geschleudert. Das Auto kam ihm immer näher. Travis grinste. Plötzlich stand dem möchtegern-Helden die Angst ins Gesicht geschrieben und er warf sich zur Seite. Der Sunny raste vorbei. Dabei erwischte der Wagen mit der vorderen Stoßstange noch sein Bein. Sein Schrei war bei dem Höllenlärm des Motors kaum zu hören.

Sie rasten über die Kreuzung und durch eine weitere, noch schmalere Gasse. Ethan schaute erschrocken nach draußen, wo alles wie verschwommen an ihnen vorbeizog. Darüber verpasste er es ganz, Travis voller Bewunderung anzustarren. Sie strahlte vor Energie, als wenn sie zuvor noch gar nicht ganz lebendig gewesen wäre.

„Heiliges Kanonenrohr", sagte Emily seufzend vom Rücksitz.

Der Sunny raste durch die enge Gasse. Hauswände kamen immer näher, aber Travis gab weiter Vollgas. Die Straße war nicht gepflastert oder geteert, nur ein steiniger Weg mit zahlreichen Schlaglöchern. Aber der Wagen stürmte darüber hinweg wie ein wildes Tier. Ein paar Mal schien es Ethan, als wenn sie gleich abheben würden.

Hinten kam eine ganze Gruppe junger Männer mit ihren Waffen um die Ecke und schossen auf die Flüchtenden. Aber die Kugeln gingen entweder vorbei oder prallten genauso harmlos wie zuvor an der Heckscheibe ab.

„Was für eine Wahnsinnsmaschine ist das?", fragte Ethan.

„Es ist ein ganz normales Auto", zischte Travis durch ihre zusammengebissenen Zähne, „aber mit etwas selbst eingebauter Sonderausstattung."

„Sonderausstattung für ein Auto fast wie beim Millennium Falken in Star Wars?", fragte Emily. „Wie um alles in der Welt ist das möglich?"

„Es ist ... bemerkenswert", sagte Travis. Ihr Lächeln wurde immer breiter, je mehr sich die Gangster im Rückspiegel entfernten. „Ich frage mich nur, wo dieser Weg hinführt? Auch wenn dieses Auto ein bisschen wie ein Panzer gebaut ist, es ist doch nur ein Auto. Wenn wir gegen eine Mauer fahren würden, wäre unsere Reise schnell beendet." Als wenn sie es damit herbeimanifestiert hätte, ragte nach der nächsten Biegung plötzlich eine Wand aus Ziegelsteinen vor ihnen auf. Rechts ging eine winzige Gasse weiter, aber die war für sie definitiv zu eng.

Travis riss den Lenker rum und das Auto driftete seitwärts. Dabei streifte es die Wand. Irgendwie bekam es doch wieder Halt und Travis bog um die Ecke, wo eine weitere Gasse in Richtung Hauptstraße führte.

Kurz bevor sie die Hauptstraße erreichten, bremste Travis scharf und fragte: „Haben wir eine Karte?"

„Nein, für diese Stadt nicht", antwortete Ethan.

„Nun denn", sagte sie. „Die Hauptstraße wird wohl zur Landstraße führen, sonst wäre es ja nicht die Hauptstraße, oder?"

Sie gab Vollgas. Sie schossen aus der Gasse und schlidderten auf die Hauptstraße. Ethan betete, dass die Hauptstraße leer sein würde. Es war niemand zu sehen, außer ganz weit hinten bei der Kirche. Die Hauptstraße führte direkt dorthin. „Ist das nicht deren Hauptquartier?", fragte Emily. „Das Lager der Leute, die versucht haben, uns zu töten?"

„Da müssten sie sich schon etwas mehr anstrengen", entgegnete Travis. „Ich bin ja noch nicht mal richtig warm geworden."

Am Ende der Straße neben der Kirche gab es zwei dicke Barrieren aus Beton. Sie waren jeweils knapp zwei Meter breit. Dazwischen gab es einen Abstand von weniger als anderthalb Meter. In diese Lücke hatte die Bande zwei große Fässer aus Metall gestellt, die ganz sicher mit etwas Schwerem wie Wasser oder Öl gefüllt waren. Vielleicht auch mit Steinen. An den Fässern lehnten zwei dicke Sperrholzplatten. Sie waren mit verschiedenen Symbolen bemalt, die den Menschen in der Stadt oder zumindest El Chapos Bande wohl etwas bedeuteten.

Der Teil der Bande, der sich bisher nicht an der Jagd auf den Sunny beteiligt hatte, war dort versammelt. Sie rauchten und hielten ihre Waffen, als wären diese Verlängerungen ihrer Arme.

„Alles Kleinkaliber", sagte Travis. „Nur wenn sie ein richtiges großes Gewehr hätten, dann wäre es ein Problem."

„Das Problem ist hinter uns", sagte Emily, die sich umgeblickt hatte. Den Verfolgern war klar, wo der Sunny lang fahren musste. Daher waren sie hinterhergerannt und schnitten ihnen nun den Rückweg ab. Die Typen warteten nicht erst auf irgendeine Entscheidung oder Reaktion der Autofahrer, sondern sie ballerten einfach drauf los, was das Zeug hielt. Aber die Kugeln erzielten auch diesmal nicht mehr Wirkung als zuvor.

Dann teilte sich die Gruppe und El Chapo erschien. Er hatte ein Gewehr dabei. Er zielte und schoss. Die Kugel traf die Heckscheibe. Diese bekam dadurch in der linken oberen Ecke ein dünnes Netz von Rissen.

„Verflixt", sagte Travis. „Ganz so dumm sind sie leider doch nicht."

Eine weitere Kugel traf das Fenster in der anderen Ecke. „Also meine Lieben", sagte Travis. „Wir müssen uns schnell entscheiden."

Bei der dritten Kugel knirschte die Scheibe schon bedenklich. *Unsere Zeit ist um,* fürchtete Emily.

„Was sollen wir tun, Leute? Versuchen wir, die Straßensperre zu durchbrechen, oder drehen wir um und suchen in der anderen Richtung einen Ausweg aus dieser Stadt?"

Du entscheidest, wie es weiter geht.
„Durch die Straßensperre" geht es auf der nächsten Seite.
Oder „Ein anderer Ausweg" auf Seite 350.

Durch die Straßensperre

Emily schaute Ethan mit weit aufgerissenen Augen an. Ethan blickte ebenso erschrocken zurück zu Emily. Seine Backen waren ganz rot.

„So hatten wir uns diese Fahrt eigentlich nicht vorgestellt", sagte Emily.

„Nein, überhaupt nicht", bestätigte Ethan.

Dann grinste Emily plötzlich über das ganze Gesicht. „Aber genau das ist ja das Tolle", sagte sie. „Warum nicht einfach die Straßensperre durchbrechen?"

„Weil wir dann wahrscheinlich sterben werden", antwortete Ethan. Weitere Pistolenkugeln prallten von der hinteren Windschutzscheibe ab. El Chapo hatte sein Gewehr nachgeladen. Aber auch das kümmerte Travis nicht mehr, als wenn eine Fliege auf der Motorhaube gelandet wäre.

„Sterben kannst du jederzeit", sagte sie.

„Warum stimmen wir überhaupt ab?", fragte Ethan. „Du bist doch die Fahrerin."

„Das stimmt", sagte sie. „Und ich für meinen Teil habe mich längst entschieden. Aber es soll hier ganz demokratisch zugehen. Schließlich seid ihr es, die den Spaß hier bezahlt haben. Ich bin immer darum bemüht, für gutes Geld auch Gutes zurückzugeben."

„Dann bin ich dafür, umzudrehen", sagte Ethan. „Es muss doch noch einen anderen Weg aus der Stadt geben, bei dem wir nicht gegen Betonbarrieren fahren müssen."

„Emily?", fragte Travis. Ihre Stimme war dabei so ruhig und entspannt wie bei einem Sommerausflug. Ein nächster Schuss, aber dieser krachte gegen das Dach des Autos und prallte auch ab. Die Männer hinter ihnen rannten nun in ihre Richtung.

„Wer A sagt, muss auch B sagen", sagte Emily. „Vielleicht *ist* heute doch ein guter Tag zum Sterben."

„Ich hatte dich schon vom ersten Moment an für eine Klingonin gehalten", lobte Travis.

Sie griff wieder unter das Armaturenbrett und betätigte noch ein paar Schalter. Als sie dann auf das Gaspedal trat, hatte Ethan fast den Eindruck, dass es ein weiteres Erdbeben gibt. Das Auto bebte wie ein Space Shuttle auf der Startrampe.

„Gut, dass ihr eure Sicherheitsgurte angelegt habt", sagte Travis. „Ich garantiere nicht, dass wir fest auf dem Boden bleiben."

„Das sagst du uns jetzt", witzelte Emily, aber ihr Gesicht hatte von seinem Strahlen nichts verloren.

Travis trat auf das Gaspedal und hielt das Lenkrad fest in den Händen. Die Reifen drehten durch und versprühten Staub und Steine und was sonst noch auf der Straße gelegen hatte. Und dann *los*.

Ethan und Emily setzten sich aufrecht und strafften ihre Sicherheitsgurte. Aber anstatt vorwärts in Richtung Straßensperre zu fahren, bewegte sich der Sunny rückwärts und schoss die Hauptstraße zurück in die Richtung, aus der sie gekommen waren, genau den Männern, die sie jagten, entgegen.

„Was zum Teufel …?", rief Ethan.

„Ich brauche mehr Anlauf", sagte Travis. Sie hatte sich umgedreht und blickte durch die Rückscheibe.

„Ich schätze, dass keiner dieser Jungs dort wirklich mutig ist. Und falls doch, könnte das eine sehr schlechte Idee sein", sagte sie. Für etwa fünf Sekunden raste sie rückwärts. Die Männer flogen zu beiden Seiten von der Straße, als wenn Travis beim Bowling alle Neune getroffen hätte. Dann machte sie eine Vollbremsung. Das Auto rutschte noch ein Stück und kam dann zum Stehen.

Als Travis dann in den Vorwärtsgang schaltete, legte sie einen Gang ganz weit rechts ein. Ethan war sich sicher, dass sie diesen die ganze Strecke bisher noch nie benutzt hatte.

„Ich sollte meinen Kopf irgendwie polstern", sagte Travis. „Die Airbags in diesem Ding wurden vor langer Zeit entfernt." Dann trat sie mit Wucht auf das Gaspedal, als wenn sie im Kontrollzentrum eine

Rakete mit vollem Schub ins All befördern wollte. Dieser Tritt aufs Gaspedal hatte bei dem Sunny auch fast den gleichen Effekt.

Ethan dachte, dass Travis auch mit Titan-Raketen am Heck nicht mehr schneller wäre. Zwei, vielleicht drei Sekunden lang drehten sich die Räder einfach an Ort und Stelle, zermalmten dabei Schutt und Steine und schleuderten sie hinter sich. Dann griffen die Reifen und das kleine Auto schoss wie eine Rakete vorwärts und zielte genau auf die Lücke zwischen den beiden Betonsperren.

„Diese Fässer müssen schließlich beweglich sein", meinte Travis. „Sonst könnte ja niemand diese Straße benutzen."

„Es nutzt auch *niemand* diese Straße ...", erwiderte Ethan und hielt sich krampfhaft am Armaturenbrett fest. Sein Gesicht war verzerrt vor Schreck. „... außer uns."

Hinter ihm fing seine Schwester an zu lachen. „Vielleicht ist es ja dumm", meinte sie. „Aber es ist mir egal." Die Tachonadel bewegte sich auf 50, auf 80, dann über 100, und sie stieg fast im gleichen Tempo immer weiter an.

Als sie noch zwei Häuserblocks von der Sperre entfernt waren, drehte Travis noch einen Schalter am Lenkrad. Danach schoss die Tachonadel ganz nach rechts bis zum Ende der Anzeige. Sie wurden wie im Flugzeug in die Sitze gedrückt. Ethan blieb kaum Zeit zu hoffen, dass Travis wirklich zielsicher war.

Sie war es. Der Sunny traf die Mitte zwischen den beiden Betonbarrieren geradezu perfekt. Auf beiden Seiten waren jeweils nur ein paar Zentimeter Spielraum. Die Sperrholzplatten hatten bei der rasenden Geschwindigkeit des Fahrzeugs nicht genügend Zeit, um unter dem Aufprall auseinanderzubrechen. So wurden sie zur Rampe, und der Sunny hob ab in Richtung Orbit.

Den Zuschauern standen die Münder offen, als das Fahrzeug wie ein Silbervogel aufstieg. Wie hoch sie über dem Boden gewesen waren, konnte Ethan nicht sagen, weil es so schnell vorbei war. Aber er hatte zwischendurch die Köpfe der Männer an der Straßensperre von oben gesehen, das wusste er genau.

Hinter der Barriere ging die Straße weiter. Ab hier war sie aus irgendeinem Grund gepflastert. Emily schrie, als sie darauf zustürzten. Jetzt war es Travis, die laut lachte, als das Auto auf die Fahrbahn krachte, als wäre es vom Himmel gefallen. Es knirschte verdächtig und Ethan fürchtete schon, dass der Motor sich aus seiner Verankerung gelöst hatte und er ihn gleich im Rückspiegel sehen würde. Aber der Sunny hüpfte nur ein-, zweimal, der Motor jaulte etwas und die Räder drehten einen Moment durch. Aber dann, man glaubt es kaum, griffen die Reifen wieder. Der kleine Sunny schoss die Straße hinauf, raus aus der Stadt, hinein in die Berge.

Travis musste ein paar Mal gegensteuern, und stand fast aus ihrem Sitz auf, als sie mit voller Kraft auf die Bremse trat, um anzuhalten. Sie waren jetzt vielleicht fünf Kilometer von der Stadt entfernt schon wieder oben in den Bergen, von wo sie auf das Dorf hinunterschauen konnten. Anscheinend war ihnen niemand gefolgt. Travis gähnte und streckte sich, dann drehte sie sich zu Ethan um und sagte: „Ich würde sagen, da habt ihr eine ganz ordentliche Leistung für euer Geld bekommen, oder?"

Weiter geht's mit „Abschied von Travis" auf Seite 354.

Ein anderer Ausweg

Ethan sagte: „Auch wenn ihr es wahrscheinlich nicht mögt, aber ich finde, dass wir einen anderen Ausweg suchen sollten."

„Doch, das ist bestimmt eine kluge Idee", bestätigte Emily. „Wobei ich die genauen Offroad-Fähigkeiten dieses einzigartigen Fahrzeugs natürlich nicht kenne."

Travis startete den Motor. „Ratet doch mal, wie diese Offroad-Fähigkeiten wohl aussehen?"

„Nach all dem, was wir bisher mit diesem Auto erlebt haben, würde ich stark darauf wetten, dass sie sehr außergewöhnlich sind", sagte Emily.

„Wie Recht du hast." Travis machte eine Vierteldrehung, um zu sehen, ob es irgendwo nach rechts oder links noch einen Weg gab, um von der Hauptstraße abzubiegen. Weitere Schüsse knallten gegen die Scheiben. Travis nahm davon keinerlei Notiz.

Genau gegenüber der Gasse, aus der sie gerade gekommen waren, gab es eine ganz ähnliche Lücke zwischen den Gebäuden.

„Soweit wir es bei der Anfahrt von oben gesehen haben, ist der ganze Ort nicht mehr als ein paar Häuserblocks breit", sagte Travis. „Wenn ich mich von meiner letzten Fahrt hierdurch richtig erinnere, dann gibt es noch eine Straße rauf in die Berge. Sie führt zwar in östlicher Richtung, aber ich bin mir ziemlich sicher, dass sie dann irgendwann nach Norden biegt und auf eine andere Straße führt, die in Richtung Grenze verläuft. Es fragt sich nur, ob wir schnell genug wegkommen, bevor die Rückscheibe durch ist."

Wie als Teil einer Antwort auf ihre Frage zersplitterte bei einem weiteren Schuss die komplette Rückscheibe. „Nur noch fünf Prozent Abschirmung", kommentierte Travis. Sie wendete und trat das Gaspedal dann bis zum Anschlag durch. Der Sunny schoss rückwärts die Straße hinauf in Richtung der Abbiegung und fuhr dabei mit voller Geschwindigkeit direkt auf die Gangster zu.

Sie schafften es gerade noch rechtzeitig, zur Seite zu springen. Vor lauter Schreck ging El Chapos letzter Gewehrschuss in den Himmel.

Travis riss das Lenkrad herum und der Sunny machte eine Dreivierteldrehung. Dann gab sie erneut Vollgas und sie rasten durch die kleine Lücke zwischen den Gebäuden.

Es ging ganz geradeaus die Gasse hinunter. Aber die Straße war so schlecht und voller Schlaglöcher, dass es für den Sunny eine echte Qual war.

Wie ein freigelassener Mustang jagte das Auto nach dem letzten Haus dann über den Feldweg in Richtung Osten. Ein weiterer Gewehrschuss traf die hintere Stoßstange. Zum Glück war El Chapo kein besonders guter Schütze.

„Das war knapp, Freunde", sagte Travis. „Jetzt fragt es sich, ob wir diese kleine Schönheit schnell genug so weit den Berg rauf bringen können, dass sie nicht noch einmal getroffen werden kann."

„Wir haben ihm ordentlich zugesetzt. Bestimmt wird er nicht so leicht aufgeben", überlegte Emily.

In voller Fahrt wirbelte das Auto so viel Staub auf, dass sie nicht erkennen konnten, ob ihnen jemand folgte. Aber es schien nicht so. Einige Kilometer weiter, als sie schon in den sattgrünen Bergen waren, wurde klar, dass Emily sich geirrt hatte. El Chapo *gab* leicht auf.

Travis stellte die beiden Schalter unter dem Armaturenbrett wieder zurück und sie fuhren wieder im normalen Tempo. Jetzt war die Fahrweise also nur noch *leicht* selbstmörderisch.

Emily zog eine Menge Splitter von der Rückscheibe aus ihrer Kleidung. Durch das offene Heck zog jetzt jede Menge Staub ins Wageninnere und bedeckte alles.

Travis sagte: „Ich denke, mit denen werden wir keine Probleme mehr haben. Sofern es hier oben in den Bergen keine weiteren Gangster gibt, ist das jetzt ein guter Zeitpunkt für ein Picknick mit diesem ausgezeichneten Essen."

„Ich nehme an, du meinst ein Picknick *im* Auto während der Fahrt", fragte Ethan und öffnete seinen Rucksack. „Nichts gegen ein gemütliches Essen in netter Gesellschaft. Aber du hast Recht – je schneller wir aus dem Land kommen, desto besser, finde ich."

Emily verteilte das Essen aus der Kühltasche. Travis reduzierte die Geschwindigkeit und sie fuhren in ruhigem Tempo weiter bis zum Gipfel. Als sie einen guten Aussichtspunkt erreicht hatten, hielt Travis an. „Auch wenn wir es ziemlich eilig haben, brauche ich doch mal eine kleine Pause, um mich, äh, zu strecken und zu dehnen. Hm, am besten dort in den Büschen."

Emily sagte, genau das müsse sie auch. Also stiegen sie alle drei aus.

Ethan konnte in Richtung Norden eine ziemlich breite, gut befahrene Straße erkennen.

Aber bis dorthin schien es noch eher unangenehm zu bleiben. Die Straße, auf der sie jetzt unterwegs waren, war längst schon nicht viel mehr als eine Viehweg. Vermutlich wurde sie normalerweise nur von Leuten mit ihren Schafen oder Ziegen auf dem Weg zur Weide benutzt und auch das wohl schon zuletzt vor längerer Zeit. Der Sunny meisterte die schwierige Strecke allerdings hervorragend. Seine Reifen waren viel robuster, als Ethan es gedacht hätte.

„Sollen wir versuchen, hier quer abzukürzen und schauen, ob wir dort eine bessere Straße finden?", fragte Travis, als sie zurückkam und ihre Jeans noch die letzten Zentimeter hochzog.

Sie waren wieder auf der Regenschattenseite des Berges. Hier gab es nur spärlichen Pflanzenwuchs und so konnten sie recht weit sehen.

„Mir scheint, dass wir gar keine andere Wahl haben", antwortete Ethan. „Führt diese Straße dort nach Ecuador?" Er deutete auf eine Linie, die sich zwischen den Bergen in Richtung Norden windete.

„Wenn die Karte stimmt und wenn es die Straße ist, die hier auf der Karte angezeigt wird, dann ja. Außerdem bin ich mir ziemlich sicher, dass jede größere Straße in diesem Teil des Landes nach Ecuador führt, oder zumindest mündet fast jede Straße auf eine, die dorthin führt."

„Also – Zeit für ein weiteres Abenteuer", sagte Emily und stieg zurück ins Auto.

Weiter geht's mit „Abschied von Travis" auf der nächsten Seite.

Abschied von Travis

Ethan hatte heimlich ein wenig gehofft, dass noch eine weitere Gelegenheit kommen würde, bei der das kleine Auto seine erstaunlichen Fähigkeiten noch einmal beweisen könnte. Und auch die fabelhafte Fahrerin ihr Talent und ihren Mut. Aber zu seinem Bedauern verlief der Rest der Fahrt relativ ereignislos. Es gab nur noch eine Sache von Bedeutung, und das war der Grenzübergang.

Durch die Berge außerhalb von St. Lucia waren es noch einige Stunden Fahrt auf den unbefestigten Straßen des Hinterlandes von Allqukillan gewesen. So konnte – oder musste – Travis auch noch die Offroad-Fähigkeiten ihres kleinen Sunny demonstrieren. Aber das war bei weitem nicht so spektakulär wie ihre abenteuerliche Flucht zuvor aus dem Dorf. Gut versorgt mit ihren Speisen aus dem Mercado, konnten sie bis spät in die Nacht durchfahren.

Kurz vor der Grenze nach Ecuador hielt Travis an. „Hier gibt es eine kleine Baracke", sagte sie und zeigte auf die Karte. „Ich schätze, dass es dort für uns am besten ist, um die Grenze zu überqueren."

Sie hatten die ganze Zeit über kaum weiteren Flüchtlingsverkehr gesehen. Sie waren noch durch eine andere kleine Stadt gekommen. Dort hatten sie gehört, dass die Regierung einen Bankstopp ausgerufen hatte. Sämtliche Konten waren gesperrt, keinerlei Abhebungen waren mehr möglich.

„Selbst wenn es Handyempfang gäbe, könnten wir trotzdem kein Geld abheben", sagte Ethan.

Die Telefonnetze waren aber immer noch ausgefallen. Selbst wenn es Strom gegeben hätte, hätten die Automaten nicht auf die in der Zentrale gespeicherten Kontodaten zugreifen können. Aber zum Glück brauchten sie auch kein weiteres Bargeld. Alles, was sie wirklich brauchten, hatten sie bei sich. Oder aber in den Fluten des Takewawa-Staudamms verloren. Das würde die Zeit zeigen.

„Ich hätte ja gerne noch ein paar tausend *Saladeras*", sagte Ethan. „Man weiß nie, wann man die noch einmal brauchen könnte."

Der Grenzübergang war nur mit einem einzigen Wachmann besetzt. Er saß fröstelnd und gelangweilt in der Baracke, von der Travis gesprochen hatte. Die Schranke an der Grenze erwies sich als Holzpfosten, den er von Hand bewegte. Auf ecuadorianischer Seite war überhaupt niemand.

Sie sprachen den Wachmann darauf an. Er lachte. „Niemand kommt jemals hierher", sagte er. „Ich bin nur hier, weil ich hier im Dorf lebe. Und hier ist es angenehmer, als im Haus zu sitzen und zuzuhören, wie meine Mutter sich den ganzen Tag lang über mich beschwert."

Sie schenkten ihm einen Teil ihrer Verpflegung und aßen gemeinsam mit ihm. Das tat ihnen allen gut. Er hatte keinerlei Interesse an ihren Papieren oder an eventuell fehlenden Papieren. Als sie mit dem Essen fertig waren, hob er die Holzschranke an und winkte sie durch.

Travis ließ ihren kleinen Sunny über die Grenze rollen und dann fuhren sie weiter hinein nach Ecuador. Es dauerte noch weitere drei Stunden, bis sie wieder auf einer anständigen Straße waren. Ab da ging es zügig voran in Richtung Hauptstadt. An der amerikanischen Botschaft dort war man nur zu froh über ihre Ankunft. Der Sachbearbeiter der Botschaft schien sich gar nicht zu wundern, wie sie es geschafft hatten, ohne einen ecuadorianischen Stempel in Ethans Pass oder, wie in Emilys Fall, ganz ohne Pass die Grenze zu überqueren.

„Wir haben gerade so eine Zeit, wo es sich nicht lohnt, die Dinge zu genau zu untersuchen", sagte der Beamte. „Ihr wollt nach Hause und genau das wollen wir für euch auch. Je länger ihr hierbleibt, desto schwieriger wird es für euch und für uns."

Hier in Ecuador funktionierte auch der Zugang zum internationalen Bankensystem wieder. Sie konnten also Überweisungen tätigen und Tickets kaufen, so dass sie innerhalb eines Tages nach Hause fliegen konnten. An den – hier funktionierenden –

Geldautomaten konnten sie etwas ecuadorianisches Geld abheben. Damit gönnten sie sich gemeinsam mit Travis ein nettes Abendessen, bevor sie sich auf den Rückweg machte.

„Ich bin mir sicher, dass es in die andere Richtung viel weniger Ärger gibt", sagte Travis. „Ihr beide hattet einen ziemlichen Abenteuerurlaub – teils mit mir, teils ohne mich. Ich hoffe, dass ihr noch an uns denkt, wenn ihr wieder in den Staaten seid."

„Mal angenommen, ich würde eine Postkarte zum Internetcafé schicken", sagte Emily. „Wird sie dich erreichen?"

Travis kicherte. „Letztendlich bestimmt. Und ganz gewiss dann, wenn derjenige aus dem Café, der mir die Karte weitergeben soll, ein Trinkgeld bekommt."

„Wir werden schon dafür sorgen, dass Pietro etwas bekommt, das ihn motiviert", sagte Ethan. Travis umarmte sie beide und stieg dann in ihren Sunny ein. Die Zwillinge schauten ihr so lange nach, bis sie den Wagen nicht mehr sehen konnten.

Ihre Rückreise in die Staaten hatten sie sich eigentlich ganz anders vorgestellt. Kein Gepäck außer Ethans Rucksack und dem Rucksack, den Emily von Pietro bekommen hatte. Außerdem auch kaum Souvenirs zur Erinnerung an ihre Reise.

„Genau genommen bleiben uns nur unsere Erinnerungen", meinte Ethan, als sie am Gate saßen und auf das Flugzeug warteten.

„Na, sind da nicht unsere beiden Weltenbummler?", sagte eine Stimme hinter ihnen.

Die Zwillinge wirbelten herum und sahen ihren Vater hinter sich. Sie warfen sich ihm in die Arme und konnten kaum sagen, wie überrascht sie waren, dass er da war. Sie konnten auch kaum aufhören, ihm gleich von all den aufregenden Erlebnissen zu berichten.

„Eins nach dem anderen", sagte Dad. „Wir haben auf dem Flug noch reichlich Zeit für alle Details. Ich wollte es mir nicht nehmen lassen, ganz am Ende noch ein bisschen an eurem Abenteuerurlaub teilzuhaben. Mom und ich haben uns zwischendurch furchtbare

Sorgen um euch gemacht. Deshalb wollte ich nun sichergehen, dass ihr dieses Mal auch tatsächlich in ein Flugzeug steigt, wenn ihr am Flughafen seid."

Eine Stunde später war es dann so weit.

ENDE.

Der Autor

Connor Boyack ist Präsident des Libertas Institute, einer öffentlichen Denkfabrik in Utah (USA). Er hat mehrere Bücher über Politik und Religion geschrieben sowie hunderte von Artikeln, in denen er sich für die persönliche Freiheit einsetzt.

Über seine Arbeit wurde national und international in Radio, Fernsehen und Zeitschriften berichtet.

Er wurde in Kalifornien geboren und hat an der Brigham Young University studiert.

Er lebt zusammen mit seiner Frau und seinen zwei Kindern in Lehi (Utah).

Der Zeichner

Elijah Stanfield ist Inhaber des Medienunternehmens Red House Motion Imaging in Washington.

Er beschäftigt sich seit langem mit der Österreichischen Schule der Nationalökonomie, mit Geschichte und mit der Philosophie des klassischen Liberalismus.

Mit großem Engagement widmet er sich der Verbreitung der Ideen von freien Märkten sowie der persönlichen Freiheit. Für die Kampagne zur Bewerbung des libertären Politikers Ron Paul als amerikanischer Präsident im Jahr 2012 hat er acht Videos produziert.

Er lebt mit seiner Frau und ihren fünf Kindern in Richland (Washington).